IMPARARE DAL VIVO*

Paola Marmini
Giosi Vicentini

IMPARARE DAL VIVO

lezioni di italiano

*
livello intermedio

2ª edizione

Bonacci Editore

Disegni: Selezione del Reader's Digest, marzo 1984: 12; marzo 1980: 31; R. Ragazzi, Grazia, Mondadori, 22/1/84: 15; L'Espresso, 21/2/84: 16, 122; M. Rota, Epoca, 9/11/84: 63, 68; House & Garden, febbraio 1985: 66; Ciao 2000, 30/10/83: 76; la Repubblica, 4/7/84: 92; Kernsten Bros. Co, 1983: 97; G. Novello, Il Signore di buona famiglia, Mondadori, 1977: 100, 104, 105, 106, 107, 134; Peyo, Famiglia Cristiana, 4/1/84: 138; 25/1/84: 141; Il secondo libro dei carabinieri, Tiger Press, Milano 1983: 152; Brikman in G. Soravia, Prima Lingua, Principato, 1980: 159; P. Cardoni, Europeo, 2/2/85: 166.

Fotografie: E. Feronelli, G. Neri, Amica, Rizzoli 1982: 20; Capital, novembre 1984: 23; Bazzanti-Pepi Merisio, Toscana, Zanichelli, 1976: 54; L'Espresso, 22/8/82: 62; 29/5/83: 91; 31/7/83: 174; La Stampa, 13/7/85: 84; la Repubblica, 17/7/84: 150.

Illustrazioni: la Repubblica, 22/5/85: 28; L'Espresso, 26/8/84: 161; 31/7/83: 176; Unità, 14/6/84: 125; J. Benoit, Il gatto e la farfalla, Selezione del Reader's Digest, marzo 1984: 180; R. Peynet, Il viaggio degli amanti, Mondadori, 1958: 181; N. Y. Journal, 11/6/34: 193; Australia Guida Viaggi, Australian Tourist Commission, febbraio 1982: 200.

Pubblicità: Guida Cucina, Mondadori, 20/5/85: 36; Sip: 38, 41; Progresso, Selezione del Reader's Digest, marzo 1984: 111; Alitalia: 201.

Vignette: La Settimana Enigmistica, Milano: 27, 34, 42, 44, 49, 51, 67, 69, 77, 114, 115, 116, 142, 153, 154, 168; Grazia, Mondadori, 29/1/84: 45.

Bonacci editore
Via P. Mercuri, 23 - 00193 Roma
(Italia)

ISBN 88-7573-060-1

INDICE

PREFAZIONE

Qualche anno fa, il Ministero degli Esteri italiano, risvegliandosi da una sonnolenza pluridecennale, ha commissionato all'Istituto dell'Enciclopedia Italiana una ricerca su scala mondiale per studiare le motivazioni che, nei diversi paesi, spingono allo studio dell'italiano. Ma non sono le motivazioni che ci interessano qui; interessa piuttosto il fatto che questa ricerca ha rivelato, per la prima volta con la chiarezza delle cifre e delle percentuali, che a studiare l'italiano erano non meno di due milioni di persone (e dal conto erano esclusi quanti lo studiavano come lingua straniera nella scuola). Il dato non è da poco, tanto più se si pensa che sicuramente non tutti gli studenti e gli appassionati di italiano hanno potuto essere effettivamente censiti. Immaginiamo allora che l'italiano interessi, in questo momento a qualcosa come due milioni e mezzo o tre milioni di persone. Non si tratta certamente delle decine di milioni di persone che studiano l'inglese; ma se confrontiamo quella cifra con le valutazioni riguardanti gli studenti di francese (in calo) o di tedesco (in disastrosa discesa) in tutto il mondo, scopriamo facilmente che, tra le grandi lingue, l'italiano è sicuramente (tolto l'inglese) l'unica che sia effettivamente in ascesa quanto a diffusione.

Che cosa facciamo, dall'Italia, per rispondere a questa gigantesca domanda culturale? La risposta è piuttosto sconfortante: la linguistica applicata italiana prende il volo solo da poco, la produzione di materiali didattici per l'insegnamento dell'italiano come lingua straniera è ancora piuttosto povera (basta confrontarla a quella, abbondantissima, per l'insegnamento del francese), e manca completamente un raccordo, anche solo di informazioni, tra le tante migliaia di persone che, nel mondo, insegnano italiano. Manca persino un certificato internazionale per definire rigorosamente i livelli di conoscenza dell'italiano come lingua straniera, uno strumento fondamentale, e tutto sommato banale, che permetterebbe la creazione di uno standard internazionale accettabile e unico. Certo, esistono oggi strumenti utili: penso al grande corso *Viaggio nell'italiano* edito dall'Istituto della Enciclopedia Italiana, o anche all'appena nata rivista «Italiano e oltre», che si propone di collegare gli studiosi di tutto il mondo e di lanciare ad essi, dall'Italia, proposte metodologiche aggiornate e di buona qualità. Ma il circuito internazionale dell'italiano è ancora ben lontano dal disporre di organi di stampa, strumenti didattici, associazioni, e tutto quel complesso e fondamentale armamentario organizzativo e culturale che ha fatto la ricchezza dell'inglese, e oggi più specificamente dell'inglese-americano.

Imparare dal vivo è un eccellente contributo alla costruzione di una biblioteca fondamentale per l'insegnamento dell'italiano, e costituisce certamente un passo avanti rispetto a quel che circola, per l'insegnamento dell'italiano, come materiale per l'apprendimento intermedio. Intanto, esso sconfessa una delle mitologie negative più tipiche dell'insegnamento delle lingue, secondo la quale il corso di lingue ha quasi il dovere di essere rigorosamente sciocco, irreale e privo di ogni contenuto di esperienza. *Imparare dal vivo* è, al contrario, rigorosamente intelligente, aderente alla realtà linguistica e culturale del nostro paese e ricco di informazioni concrete. Questo dato si coglie nella scelta dei brani, che rispecchiano effettivamente quel che in questi anni si è discusso in Italia, ma anche nel montaggio delle diverse componenti delle lezioni, che permettono una grande mobilità intellettuale e non costringono l'allievo a studiare formulette prive di senso.

Un altro suo titolo di merito è la scelta degli 'oggetti linguistici' da presentare all'allievo. La 'selezione' (come si dice nel gergo specialistico) è particolarmente attenta ai nodi strutturali e pragmatici tipici dell'italiano, a quelli che costituiscono il punto di inciampo tipico di chi lo studia e di chi lo insegna.

Tenendo presenti queste due caratteristiche, il forte senso di realismo (sostenuto spesso da una giusta quota di umorismo, perché non c'è nessuna ragione per cui si debba imparare nella tristezza) e l'attenta mescolanza di 'oggetti' linguistici, non credo che si possa dubitare che *Imparare dal vivo* potrà rispondere alle necessità sia degli allievi che degli insegnati.

È un buon augurio, per questo bel libro, aspettarsi che riesca ad insegnare offrendo sorprese, stimolando interessi, favorendo dibattiti. È un augurio, ma credo che *Imparare dal vivo* riuscirà ad attuarlo.

RAFFAELE SIMONE

PREMESSA

Imparare dal vivo è un corso di lingua a livello intermedio, cioè inteso per chi abbia già una certa conoscenza dell'italiano e desideri approfondirla e ampliarla a livello sia lessicale che strutturale.

Il corso è nato proprio con lo scopo di dare a studenti universitari che avevano già seguito un anno intensivo di italiano un aiuto e uno stimolo alla lettura, e, di fornire al tempo stesso, una revisione e un approfondimento culturale.

L'adulto che apprende una lingua straniera trova, infatti, rassicurazione nel vedere come «funziona» la lingua e nel conoscerne a fondo le strutture principali, ma richiede allo stesso tempo di constatare dal vivo l'applicazione delle proprie conoscenze linguistiche. Perciò il corso consiste di una raccolta di articoli originali tratti da riviste e giornali italiani integrata da una nutrita serie di esercizi creati appositamente.

Gli articoli presentano contenuti di vario genere, dagli avvenimenti sportivi ad aspetti del costume italiano, da personaggi famosi a problemi socioculturali dell'Italia di oggi, tali da incuriosire e interessare il lettore adulto e da immergerlo vivamente nella lingua attuale e autentica. Infatti, nella convinzione che non si possa e non si debba manipolare la complessa realtà di una lingua, i testi non sono mai stati semplificati o adattati rispetto all'originale. Sono stati, però, rimpaginati per una maggior chiarezza e, a volte, ridotti per non spaventare il lettore che desidera cimentarsi col materiale reale, ma non ha sufficiente familiarità con la lingua straniera o fiducia nelle proprie capacità linguistiche.

Per abituare lo studente ad una attenta lettura, subito dopo il testo, sono stati inseriti alcuni esercizi di vocabolario tendenti anche a sottolineare espressioni idiomatiche o tipiche dell'italiano che potrebbero altrimenti passare inosservate, o, addirittura, essere interpretate in modo non corretto. Lo scopo di questi esercizi è duplice: costringere all'analisi del contesto generale per ricavare il significato delle parole e delle espressioni, e, inoltre, abituare all'uso regolare di un buon dizionario per controllare e verificare la correttezza della propria intuizione linguistica.

Imparare dal vivo presenta poi una serie di esercizi a carattere più strettamente strutturale, ma non del tutto tradizionali perché anche questi esercizi «grammaticali» sono in realtà dei piccoli testi a sé stanti che hanno attinenza con l'articolo iniziale e che vanno capiti nella loro interezza. Ciò permette di rielaborare, ampliare e suggerire possibili deviazioni dall'argomento di base e di fornire nuovo vocabolario sul tema, dimostrando come e quando usare ciò che viene appreso.

Molti degli esercizi si prestano, poi, al commento, al riassunto, alla discussione orale; permettono, cioè, una serie di utili attività che l'insegnante esperto non mancherà di sfruttare, per arricchire appunto lo studente di quella scioltezza nell'uso della lingua che ancora gli manca, ma a cui certo aspira.

Come attività conclusiva di ogni lezione, c'è un suggerimento di rielaborazione orale e/o scritta a livello personale dell'argomento introdotto durante la lezione stessa: ed è confortante constatare a questo punto quanto del materiale precedente lo studente interessato riesca ad elaborare in maniera originale e autonoma.

Imparare dal vivo comprende 25 capitoli raccolti e scritti per gli studenti del secondo anno di corso presso il dipartimento di italiano dell'università di Sydney in Australia: ma abbiamo la convinzione che possa essere usato anche altrove, con altri gruppi e in altre istituzioni proprio perché rivolto a studenti adulti che abbiano già conoscenza dell'italiano parlato e scritto.

È per soddisfare le necessità di un più ampio gruppo di fruitori del testo che abbiamo deciso di inserire, alla fine, delle schede grammaticali. Lontane dal voler essere una completa esposizione della grammatica, queste schede sintetizzano i punti trattati in ogni lezione e sono un rapido ed esauriente mezzo di consultazione e di revisione sistematica delle principali strutture dell'italiano. Rispondono, perciò, all'esigenza di chi desideri una visione complessiva, ma non pedante, e indirizzano a consultare, sotto le diverse voci, testi più dettagliati ed esaurienti.

Ringraziamo prima di tutto gli studenti per la vivace partecipazione e valutazione critica del testo sperimentato con loro nell'arco di due anni accademici, e il prof. Gino Rizzo, capo del dipartimento, per averci incoraggiato e stimolato a dare forma più definitiva al materiale raccolto nella normale attività didattica. Ringraziamo anche colleghi e amici i cui commenti e suggerimenti sono stati tenuti nella dovuta considerazione. Ringraziamo infine l'editore Bonacci che ha creduto nel nostro lavoro permettendoci di farne partecipe un pubblico più vasto di colleghi e studenti a cui rivolgiamo i più vivi auguri di buon lavoro.

Paola Marmini e Giosi Vicentini
Sydney, agosto 1985

Lezione 1

MODE/L'AMERICA HA SCOPERTO IL NOSTRO PAESE

Tu vuoi fare l'italiano

«Vivere all'italiana»: ecco cosa piace agli americani. Ma non si tratta solo di vestire, abitare, o mangiare come noi. Negli Stati Uniti conoscono Moravia, hanno scoperto Calvino, traducono Croce...

di Gianni Perrelli
foto di Guido Rossi e Santi Visali

Insomma vivere «all'italiana» va di moda negli Stati Uniti.

Tutto è cominciato quando gli americani hanno scoperto di amare i vestiti di Armani, di Versace, di Krizia, di Missoni. E persino di Fiorucci, il più «americano» dei nostri stilisti. Il secondo passo è stato il «made in Italy»: «Tutto ciò che ha il marchio Italia», dice il direttore di Bloomingdale, il più elegante grande magazzino di New York, «si vende a scatola chiusa». Ora, però, l'«Italian style» penetra lentamente, ma con forza, nel modo di vivere, di pensare, di lavorare della classe medio-alta.

«Leggere Calvino in America è un segno di stile, un modo raffinato per sentirsi più colti» spiega Charles Simmons della *Book Review* (l'inserto settimanale del *New York Times*).

«Ma l'interesse per la nostra letteratura», dice invece Umberto Eco, che tiene un corso di semiologia (sei mesi ogni anno alla Yale University), «non è così circoscritto. I libri più importanti sono già stati tradotti. Certo, se uno si aspetta di trovare *Gli indifferenti* di Moravia nei drugstores del Midwest, va incontro a una cocente delusione. La cultura italiana ha un suo spazio, uno spazio di qualità».

Una volta gli studenti americani di origine italiana, al momento di scegliere la seconda lingua da studiare all'università, sceglievano l'italiano con l'idea di saperlo già. Ma poi scoprivano che quell'italiano parlato dai loro genitori con l'italiano dell'università c'entrava ben poco: il loro era siciliano, abruzzese o calabrese. Ma allora a studiare l'italiano erano in pochi: adesso che la tendenza si è invertita, è invece la cultura italiana che si serve dell'inglese per diffondersi in America.

L'esempio viene da un raffinato mensile che fa bella mostra di sé nei salotti dei professionisti americani, affascinati dall'idea di vivere all'italiana. Si chiama *Attenzione* ed è nato nel '75. «Il 70 per cento dei nostri lettori», dice Leda Sanford, la direttrice, «è composto da professionisti di origine italiana. Il 30 per cento, invece, da americani che vogliono sapere tutte le novità della cultura italiana. Negli Stati Uniti, per tutti gli anni Sessanta, aveva cittadinanza solo la cultura anglosassone. Sbaglierò, ma credo che gli anni Ottanta saranno all'insegna del gusto italiano».

Ma che cosa piace della cultura italiana in America? Cosa succede quando un italiano ha successo negli Stati Uniti? Finora si poteva citare solo il caso di Luciano Pavarotti, della passione americana per l'opera lirica. Mai comunque ci si sarebbe aspettati che il paese che ha esportato la pop-art in tutto il mondo, potesse apprezzare un pittore italiano, conosciuto in Italia dalla critica, ma ancora un ignoto per il suo pubblico naturale.

Due anni fa Sandro Chia era un nome difficile da pronunciare in inglese. Oggi, *Gli ozi di Sisifo*, la tela che meglio compendia il suo neoespressionismo alla Chagall, sta entrando nella storia della pittura contemporanea. *Gli ozi di Sisifo*, infatti, sta per essere acquistato (si dice per 35 mila dollari, più di 35 milioni di lire) dal Museo d'arte moderna di New York.

Sandro Chia ha solo 35 anni: insieme con Enzo Cucchi e Francesco Clemente è il caposcuola di quella «Transavanguardia» (inventata in Italia dal critico Bonito Oliva) che secondo i critici del *New York Times* ha rilanciato la pittura italiana negli Usa.

«Quando venni in America», dice ora Chia, «nutrivo poche speranze. Quasi tutti gli italiani che mi avevano preceduto erano rimasti disillusi. Forse perché, nell'ansia di imitare gli americani, apparivano più realisti del re. Io, invece, ho conti-

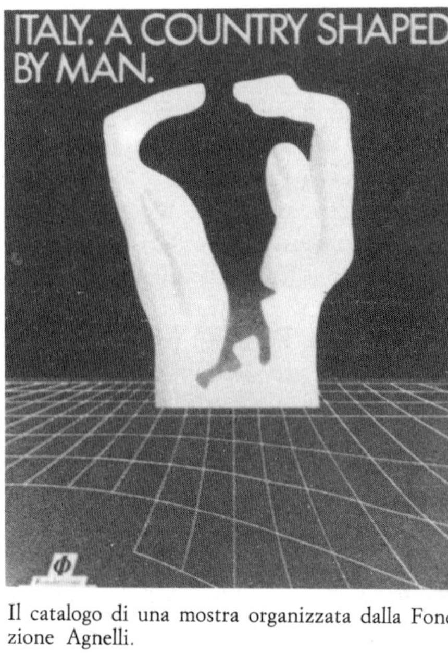

Il catalogo di una mostra organizzata dalla Fondazione Agnelli.

nuato a dipingere le stesse cose che dipingevo in Italia. E l'America, dove c'è una concezione quasi fotografica della pittura, ha accolto i miei quadri come una stimolante provocazione. Il pubblico e i critici sono stati impressionati dal modo diverso di tagliare le immagini». E così Chia ha conquistato l'America.

Più di cinquant'anni invece sono occorsi a Benedetto Croce per essere tradotto in americano. Ma ora, finalmente, la prestigiosa casa editrice dell'università dell'Illinois ha pubblicato, a cura di Giovanni Gullace, il testo più rappresentativo della sua concezione estetica: *La poesia*. Ma che c'entra Croce con la filosofia italiana di oggi?

«Marxismo, filosofia, crisi delle ideologie; sono questi i temi che interessano gli intellettuali americani», dice Luigi Ballerini, direttore del dipartimento italiano della New York University, «e su questi temi l'Italia ha dato i contributi più moderni e più acuti».

Insomma, se in Italia ci dibattiamo nel rifiuto dell'ideologia, nel riflusso dal politico al privato, gli intellettuali americani, in un paese tradizionalmente refrattario a ogni interpretazione ideologica, guardano con interesse alla filosofia italiana più impegnata. «Per gli americani», spiega Mario Miele, direttore dell'Istituto italiano di cultura di New York, «l'Italia è come un laboratorio, un pettine in cui si impigliano tutti i nodi irrisolti del pensiero occidentale. Anche per questo suscitiamo tanto interesse: prima o poi, si teme, quei nodi arriveranno anche qua!»

Europeo, 11 gennaio 1982

A. *Leggete attentamente l'articolo «Tu vuoi fare l'italiano» e stabilite se le seguenti affermazioni sono Vere o False.*

1. Negli Stati Uniti vivere all'italiana è fuori moda.
2. Gli articoli italiani si vendono con fatica.
3. L'interesse per la letteratura italiana non è generalizzato: i libri italiani si vendono in luoghi specializzati.
4. La cultura italiana si diffonde in lingua inglese.
5. *Attenzione* è un mensile raffinato scritto in italiano.
6. Agli americani piace solo la musica lirica italiana.
7. Nessun pittore italiano contemporaneo si è affermato negli Stati Uniti.
8. I filosofi italiani non interessano gli intellettuali americani.
9. Benedetto Croce è stato tradotto da poco in americano.
10. L'Italia, per gli americani, è un paese che mostra tutti i problemi irrisolti del pensiero occidentale.

B. *Sostituite le parole o espressioni sottolineate con altre ad esse equivalenti.*

1. Tutto ciò che ha il marchio Italia si vende a scatola chiusa.
2. Una volta gli studenti americani di origine italiana, arrivati all'univer-

sità, scoprivano che l'italiano parlato in casa c'entrava ben poco con l'italiano dell'università.
3. Adesso la tendenza si è invertita.
4. Negli Stati Uniti, per tutti gli anni '60, aveva cittadinanza solo la cultura anglo-sassone.
5. Gli anni '80 saranno all'insegna del gusto italiano.
6. Il paese che ha esportato la pop-art in tutto il mondo apprezza un pittore italiano ancora ignoto al pubblico.
7. Gli *Ozi di Sisifo*, la tela che meglio compendia lo stile di Sandro Chia sta entrando nella storia della pittura contemporanea.
8. «Quando venni in America nutrivo poche speranze».
9. Altri artisti apparivano più realisti del re.
10. Più di cinquanta anni sono occorsi a Benedetto Croce per essere tradotto in americano, in un paese refrattario a ogni interpretazione ideologica.

C. Inserite opportunamente nel brano le espressioni che seguono:

Va di moda	I nodi arrivano al pettine	Abbia uno spazio
C'entra ben poco	Fanno bella mostra di sé	Sono all'insegna
A scatola chiusa		

L'irresistibile fascino della moda italiana

Il fatto che la moda italiana .... ben preciso in campo mondiale è ormai risaputo: le collezioni italiane .... nelle vetrine più eleganti di tutte le città e la donna o l'uomo di classe sceglie il modello italiano quasi .... , sia per un'occasione speciale che per la vita di tutti i giorni e non solo perché ....

tutto ciò che è italiano, ma perché gli articoli italiani effettivamente .... della qualità e del buon gusto e dell'originalità. Certo che tutti .... prima o poi, e il conto a volte è un po' salato. Del resto il prezzo .... quando si tratta di vera eleganza.

D. *Rintracciate nel testo i nomi corrispondenti ai seguenti verbi e poi volgete al plurale.*

1. vestire
2. interessare
3. deludere
4. criticare
5. rifiutare
6. sperare
7. concepire
8. provocare
9. contribuire
10. rifluire

E. *Fate i cambiamenti necessari seguendo l'esempio.*

Esempio. Fate una frase sola?
No, facciamo molte frasi.

1. Avete una casa sola?
2. I giovani seguono una moda sola?
3. Mettete un'insegna sola?
4. Viaggi in un paese solo?
5. Insegna in una classe sola?
6. Vivi una gran passione e temi una forte delusione?
7. Comprate un mensile e un giornale solo ogni giorno?
8. Avete un solo interesse?
9. Ammiri un pittore e uno scrittore solo?
10. Cambiate un vestito solo alla settimana?
11. Frequenti un corso solo e hai un solo testo?

F. *Volgete al plurale le frasi seguenti.*

Esempio. Quello è un famoso stilista italiano.
Quelli sono famosi stilisti italiani.

1. Quel cantante è un famoso artista.
2. Quella scrittrice è anche una linguista molto conosciuta.

3. Un regista romano ha riscosso molto successo al Festival di Venezia.
4. Un poeta italiano è generalmente un artista apprezzato.
5. Il professionista di origine italiana compra il mensile raffinato.
6. Conosci il giornalista che ha scritto quest'articolo?
7. Quella ragazza che diventerà senz'altro una musicista famosa è mia collega.
8. Quel ragazzo che è un musicista terribile è pure mio collega.
9. Un comunista di cui non ricordo il nome ha fatto la proposta.
10. C'è una donna comunista che spiega la legge sull'aborto.

G. *Riempite gli spazi con gli articoli indeterminativi appropriati.*

1. Arriva improvvisamente .... interminabile telegramma nella sede del Congresso industriale.
2. Contiene la proposta di .... interessante programma commerciale da attuare immediatamente.
3. Presenta anche .... sistema esauriente per favorire le esportazioni.
4. Il messaggio costituisce senza dubbio .... tema interessante.
5. Tutti lo discutono animatamente suscitando .... psicodramma allarmante.
6. «Può provocare .... terribile cataclisma».
7. «Può essere stato mandato da .... fantasma ostile».
8. «È .... poema».
9. «È .... problema insolubile, piuttosto».
10. «Anzi .... enigma».

H. *Inserite gli articoli determinativi al posto dei puntini e gli articoli indeterminativi al posto delle lineette.*

Non sapevamo di essere tanto felici!

.... risultati degli studi realizzati da tre diversi e autorevoli enti economici — .... settimanale inglese «Economist», ... Banca di Italia e ______ istituto di statistica — concordano su ______ dato di fondo: .... nostro è uno dei migliori paesi del mondo.

Infatti ha ______ economia capace di positivi sviluppi e ______ popolo che ha ______ gran fiducia nel suo futuro. ______ cosa in cui

eccelliamo è .... qualità della vita: lavoriamo ______ media di 39 ore settimanali, contro .... 50 degli indiani e .... 35 degli statunitensi. .... vita della famiglia, con appena .... 4% di divorzi è generalmente tranquilla.

Abbiamo, poi, ______ altro primato: .... nostro clima. Battiamo .... isole Maldive, ... Bahamas e .... Kenia. .... fatto è che anche noi abbiamo .... sole, come .... altri, ma non abbiamo .... tifoni né .... grandi piogge annuali.

Siamo .... popolo che va di più al cinema, che non si fa mancare ______ bicchiere di vino, che non si rattrista se .... numero dei Premi Nobel non è alto come in altri paesi, e che sopporta con dignità .... undicesimo posto in classifica per .... economia nazionale.

Ma, si sa, ... soldi non danno .... felicità. Anzi, ... straordinario risultato di queste indagini è che siamo .... quinto paese felice della terra. Ma, sarà proprio ______ studio attendibile?! .... pregio delle statistiche è che ognuno può leggerle nel senso che gli fa più comodo.

I. *Entusiasti dei prodotti italiani, pronunciate le esclamazioni opportune.*

Esempio. Quella macchina da corsa?
Che bella macchina!

In un negozio di abbigliamento

1. Quella maglietta?
2. Quei colori?
3. Quella linea?
4. Quel taglio?
5. Quell'accappatoio?
6. Quegli occhiali?
7. Quelle scarpe?
8. Quegli stivali?
9. Quello stile?
10. Quel prezzo?

Esempio. Le porto un piatto di spaghetti?
Che buoni spaghetti!

A tavola

1. Le consiglio dell'antipasto.
2. Prenda la pasta: è fatta in casa.
3. Ci metta il parmigiano.
4. Assaggi la specialità della casa.
5. Vuole delle scaloppine?
6. Usi l'olio d'oliva.
7. Prenda una bistecca.
8. Le suggerisco l'insalata mista.
9. Oppure ordini degli zucchini ripieni.
10. Deve assaggiare lo sformato di spinaci.

L. *Preparatevi a discutere in classe sugli aspetti della vita italiana che vi interessano maggiormente: clima e posizione geografica; stile di vita e divertimenti; gastronomia; artigianato e industria; arte, cinema, spettacolo, letteratura; politica e economia; ecc.*

Lezione 2

LUCIANO PAVAROTTI HA CONQUISTATO L'AMERICA

VITA DA SCEICCO CON I MELODOLLARI

Un recital italiano del grande tenore, come quello recentissimo di Torino, è una rarità: lui ormai ha villa, piscina e interessi a New York. I teatri «nazionali» non possono certo garantirgli i munifici ingaggi Usa, con grande delusione dei fan nostrani.

Non lo si ascolta alla Scala, e neppure negli altri teatri italiani, quest'anno: le sue apparizioni nel nostro piccolo mondo mediterraneo sono rare, addirittura eccezionali. Luciano Pavarotti, il re dei tenori, il gigante buono di Modena, ormai è quasi tutto a stelle e strisce, americano. Ma eccolo, improvvisamente, apparire a Torino per un recital benefico, al Teatro Regio. E subito in tutta Italia si scatena la follia dei fan. In Emilia i suoi ammiratori usano fare spedizioni; partono pullman anche da piccoli centri, mancano solo le bandiere e i fuochi d'artificio. Ma le occasioni sono sempre meno frequenti, e il dolore dei fan proporzionato alle lunghe assenze del «divo».

In realtà Luciano è diventato l'idolo degli americani, da qualche anno in qua, perché ha saputo interpretare un tipo umano (voce a parte) che non può non piacere alle folle di quel paese. È un uomo simpatico e disponibile, che risponde a tutte le lettere che riceve, che si diverte a sfilare a cavallo, avvolto nella bandiera americana, per la gran via di New York nel Columbus Day. È un uomo che ama la famiglia, con qualche timidezza e hobby puliti: dipinge, è sportivo, gioca a tennis, nuota, fa equitazione. Ha anche un padre tenore come lui, che canta in coro e che ha portato in America recentemente. Chi non ha palpitato di simpatia quando al Metropolitan Pavarotti padre e figlio hanno cantato insieme?

Cinque suoi dischi erano fra i primi venti della hit parade del classico, in America, e in testa a tutto stava la raccolta di canzoni napoletane intitolata '*O sole mio*'. Anche questo conta: Pavarotti vende più di Karajan.

Non è solo la Little Italy, che certo ora è tutto fuorché un luogo emarginato, a trovare in Pavarotti una sua bandiera; anche la così detta società buona o alta lo adora. E i mass media trovano in lui il personaggio giusto, per esempio, per augurare un buon anno sui canali della Tv, un sorriso e una romanza; grandi riviste come *Time* gli hanno dedicato copertine affettuose, «Bravo Luciano», perché la sua faccia è rassicurante e forte insieme, occhio gentile e barba maschia, proprio come quella dei pionieri dell'unica storia popolare che ecciti gli americani.

Pagato a colpi di diecimila dollari, coccolato dalle case discografiche, inseguito dai teatri d'opera, idolatrato da milioni di persone, Pavarotti non si scompone tanto. «Finito lo spettacolo», dice, «desidero solo andare a casa o in albergo, rientrare nel guscio. Quando cantavo a Verona, finita la recita salivo in automobile e via a tutta birra a Modena. A un party preferisco la stanza d'albergo, dove mi rilasso dipingendo, perché i disegni e i colori mi affascinano. Mi tengo in forma giocando a tennis. Mi chiedono: "Ma non temi di sudare, di perdere la voce?" Certo, non rischio l'afonia per un buon match, ma non sono neanche pauroso come tanti miei colleghi, sempre avvolti in sciarpe».

Le tre figlie non hanno nessuna disposizione per il canto, ma Luciano non se ne preoccupa. Pensa solo che lui, che non è nato ricco, potrà dare a loro un avvenire bellissimo. E si considera fortunato, se è riuscito perfino a sopravvivere a un incidente aereo, nel 1975.

Si parla ancora di questo avvenimento, perché Pavarotti ha chiesto alla compagnia aerea Twa un miliardo per i danni subiti, sostiene, dal suo udito. È in corso una causa che andrà certo per le lunghe. Renderà, pubblicitariamente, oppure offuscherà un poco l'immagine dell'uomo generoso, simpatico? Be', tutto dipenderà dall'opinione che ha la gente della Twa.

MARIO PASI, *Amica*, Rizzoli, 1982

A. *Scegliete tra le tre proposte l'alternativa giusta.*

1. Luciano Pavarotti è

   a. uno sceicco
   b. un cantante lirico italiano
   c. un tenore americano

2. Pavarotti si esibisce in Italia

   a. sempre
   b. spesso
   c. raramente

3. Recentemente si è esibito

   a. a Modena
   b. a Torino
   c. a New York

4. Pavarotti è l'idolo degli americani perché

   a. è solo un bravo cantante
   b. ha un padre tenore
   c. è un artista simpatico

5. Pavarotti

   a. non incide dischi
   b. incide dischi anche di musica leggera
   c. incide dischi unicamente di pezzi d'opera

6. Il pubblico americano di Pavarotti è formato

   a. da gente di ogni tipo e provenienza
   b. solo dall'alta società americana
   c. solo da italo-americani

7. Pavarotti è

   a. pagato da milioni di persone
   b. inseguito da milioni di persone
   c. idolatrato da milioni di persone

8. La vita di Pavarotti è dedicata

   a. solo alla musica e al canto
   b. solo allo sport e alla famiglia
   c. all'attività artistica e alla vita privata

9. Dopo uno spettacolo Pavarotti preferisce

   a. giocare a tennis
   b. rilassarsi dipingendo
   c. andare a un party

B. *Trovate, se possibile, il corrispondente italiano delle seguenti parole inglesi contenute nel testo:*

1. recital
2. fan
3. pullman
4. hobby
5. hit parade
6. Little Italy
7. mass media
8. party
9. tennis
10. match

C. *Date il contrario di:*

1. nazionali
2. munifici
3. nostrano
4. rare
5. eccezionali
6. gigante
7. pauroso
8. gentile
9. maschia
10. simpatico

D. *Sostituite con parole vostre le parole o espressioni del brano sottolineate.*

1. Un recital italiano del grande tenore è una rarità.
2. Non lo si ascolta alla Scala.
3. Chi non palpita di simpatia?
4. In testa a tutto stava *O sole mio*.
5. A un party preferisco la stanza di albergo dove mi rilasso.
6. Non sono pauroso come tanti miei colleghi.
7. Non è solo la Little Italy a trovare in Pavarotti una sua bandiera.
8. Pavarotti non si scompone.
9. Desidero ritirarmi nel guscio.
10. Nel passato andava a Modena a tutta birra.

E. *Completate gli aggettivi aggiungendo la vocale finale.*

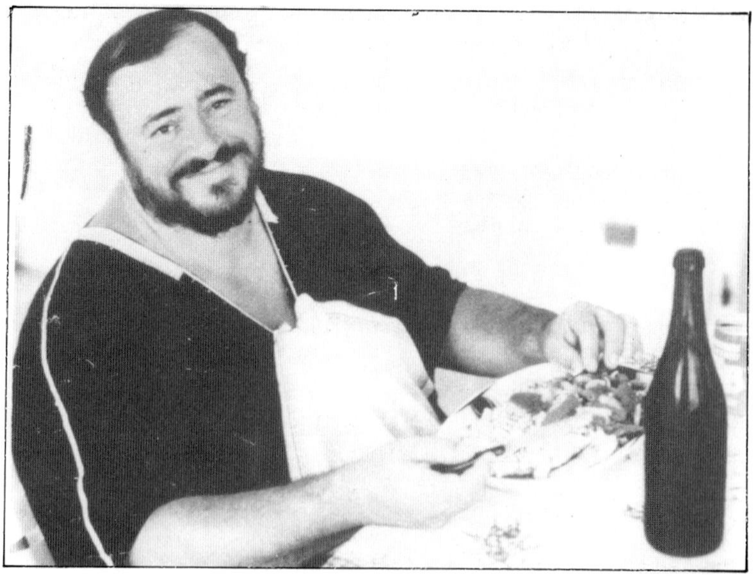

Luciano Pavarotti è un bravissim .... tenore; ha una voce eccezional .... e dotat .... di una grand .... varietà di toni, ma è anche un uomo. Anzi un omone: è infatti grand .... e gross .... , ama la buon .... cucina emilian .... e si vede. Ha le spalle larg .... e quadrat .... e una «pancia» important ....

Ha un viso apert .... e cordial .... , occhi gentil .... ma attent .... , una barba folt .... e maschi .... , un sorriso simpatic .... e accattivant .... Pavarotti deve il suo incredibil .... successo anche a quest .... suo aspetto che fa di lui, insieme alle sue molt .... altr .... doti, un personaggio gradit .... a chiunque.

F. *Mettete il verbo nella forma appropriata del presente indicativo.*

1. Il divo APPARIRE .... improvvisamente a Torino.
2. Le persone simpatiche RISPONDERE .... a tutte le lettere che RICEVERE ....
3. Noi DIVERTIRSI .... a sfilare a cavallo.
4. I «fan» PALPITARE .... di simpatia quando padre e figlio CANTARE .... insieme.
5. Tu PREFERIRE .... la stanza di albergo a una festa?
6. Le figlie del tenore non CANTARE .... bene.
7. Le case discografiche COCCOLARE .... il divo.
8. La vittima CHIEDERE .... un miliardo per i danni subiti.
9. Pavarotti FINIRE .... la rappresentazione e ANDARE .... verso casa.
10. Io non SCOMPORSI .... tanto davanti alle lodi del pubblico.

G. *Sostituite ai puntini le preposizioni semplici o articolate.*

1. Pavarotti preferisce lo sport .... un party. Non esita .... giocare .... tennis .... tenersi in forma, anche se non rischia .... perdere la voce .... un buon match.
2. .... New York i suoi dischi sono .... i primi .... hit parade. La sua raccolta .... canzoni napoletane sta in testa .... tutto.
3. Pavarotti fa scatenare ugualmente la follia .... ammiratori italiani e .... americani. Sembra piacere .... fan .... tutto il mondo.
4. .... America, Luciano ha ormai casa e interessi. Le sue visite .... paese natale sono sempre meno frequenti.

5. ………… qualche anno in qua, il re ………… tenori, inseguito ………… teatri d'opera americani, appare raramente ………… Scala.
6. Coccolato ………… fan, inseguito ………… case discografiche, Pavarotti ormai viene considerato il personaggio giusto ………… fare gli auguri natalizi ………… canali ………… TV.
7. ………… Metropolitan, Pavarotti ha cantato insieme ………… padre ………… grande successo.
8. Si parla ancora ………… incidente aereo ………… 1975, ………… quale Pavarotti è riuscito a sopravvivere.
9. …………Pavarotti non dispiace che le figlie non abbiano disposizione per il canto.
10. Quale è la tua opinione ………… questo cantante?

H. *Generalizzate le seguenti affermazioni completando le frasi in base all'esempio.*

Esempio. È un uomo simpatico.
Certo, in genere i grassi sono simpatici.

1. È un casalingo. Certo gli italiani sono spesso …………………… .
2. È un fuoco d'artificio. Certo gli emiliani sono quasi sempre …………………… .
3. È un romantico. Gli italiani sono sempre …………………… .
4. È un maniaco della buona forchetta. Certo gli emiliani sono tutti …………………… .
5. Il suo ultimo ingaggio è molto munifico. Certo gli americani sono spesso …………………… .
6. Il suo ultimo disco è straordinario. Certo sono straordinari tutti i suoi …………………… .
7. *O sole mio* è un classico. Le canzoni napoletane sono sempre dei …………………… .
8. È ironico. Certo le persone di teatro sono quasi sempre ………… .
9. È ricco. Gli artisti famosi sono sempre ………… .
10. È fanatico dello sport. Certo i quarantenni sono …………………… .
11. La sua vita è da sceicco. Certo i miliardari sembrano tutti …………………… .

I. *Scrivete una composizione sul personaggio della scena teatrale, musicale o cinematografica che preferite, considerando i seguenti punti:*

1. descrizione fisica
2. dati biografici
3. tappe della carriera artistica
4. motivi della vostra preferenza
5. riferimento a spettacoli a cui avete assistito

Lezione 3

UNA DIETA ANTI-TV

LA PACE DEI SENZA

Un manuale americano insegna come liberarsi della videodipendenza in quattro settimane

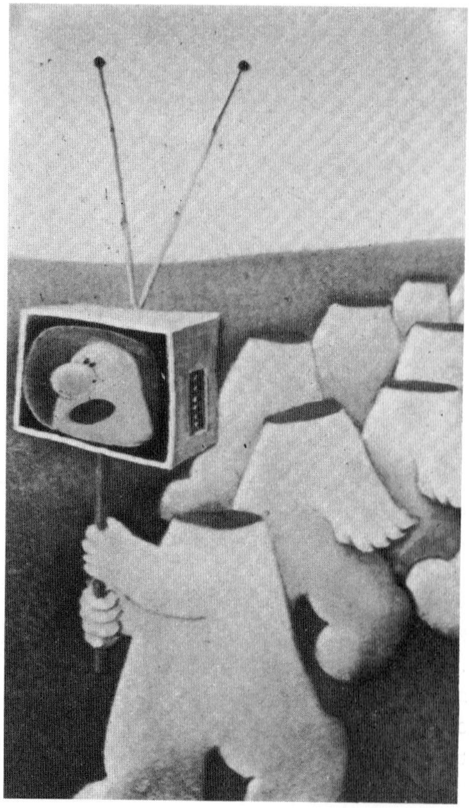

New York. La televisione è il diavolo, gli americani lo sostengono da un pezzo. Secondo i ripetuti rapporti del ministero per l'Igiene fisica e mentale, il telespettatore incallito è un disgraziato che non sa ormai più chiacchierare né scrivere una lettera, non va mai a trovare gli amici, dorme poco e male, non legge libri, ed è più passivo, nevrastenico, violento e aggressivo di chi non vive quotidianamente incollato al video. Ma in America sono pochi quelli che non vivono incollati al video. Il cittadino medio si fa sei ore di televisione al giorno. Quando arriva al diploma, il liceale tipo ha già collezionato 15 mila ore di programmi televisivi contro 11 mila trascorse in classe. Adesso una tranquilla madre di famiglia, Joan Wilkins, ha inventato un sistema per debellare questo vizio nazionale, spegnere per sempre il televisore e «riscoprire la vita».

Un pomeriggio di qualche anno fa il figlio della Wilkins tira involontariamente un calcio al televisore e lo mette fuori uso. Superato il panico iniziale, i Wilkins si mettono a giocare a carte e a monopoli, pasticciano con pennelli e plastilina, vanno in biblioteca, ascoltano la radio e s'accorgono di sopravvivere a meraviglia. ''Breaking the tv habit'' — vuol dire ''rompere l'abitudine alla tv'' — edito da Scribner's Sons (9 dollari e 95 cents), è il risultato di quella magica esperienza, un manuale pratico per sottoporsi in 4 settimane ad una ferrea dieta di svezzamento. «La gente ha paura di vivere senza la tv», dice la Wilkins, «quella macchinetta è come la coperta di Linus, ci si aggrappa ad essa e si implora: "per favore, non portarmela via". Per tante mamme, inoltre, la tv fa da baby-sitter. Ma quando si impara a fare senza televisione o a ridurla al minimo, la vita diventa una cosa completamente nuova».

Come molte diete, anche quella della Wilkins è graduale. La prima settimana bisogna solo tener conto di quante ore si passano davanti al video, che programmi si guardano, quante pubblicità ci sono in un'ora e quante scene violente in un telefilm. «Così si capisce quanto tempo perdiamo per pigrizia, seguendo programmi che non ci interessano e che non sceglieremmo mai di vedere deliberatamente», nota Joan Wilkins.

Ed ecco la dieta della seconda settimana: ogni giorno decidere che trasmissioni guardare, e riflettere sul perché della scelta; quindi attenersi rigidamente al piano stabilito. Dopo ogni trasmissione esprimere un voto di gradimento, per iscritto. «È incredibile accorgersi che tanti programmi che consideriamo tra i nostri favoriti, si rivelano poi una delusione», spiega l'autrice.

Nella terza settimana si comincia a fare sul serio. Tenere un solo televisore acceso (gli americani ne hanno da 3 a 5 per famiglia), coprire gli altri con lenzuola o portarli via. Niente tv durante i pasti, niente tre sere feriali su cinque, solo un'ora nelle altre due.

Si arriva così alla quarta settimana: video spento sette giorni (e notti) su sette. Suggerimenti: mettere il televisore fuori portata per evitare tentazioni; non comprare la "Guida Tv" (che con 16 milioni di copie è il periodico più venduto d'America); se c'è un film o uno show che vi piace da morire, cercate d'essere impegnati fuori casa quando va in onda; tenere un diario delle proprie sensazioni, aiuta a sfogarsi.

In questa tremenda quarta settimana occorre trasformare la casa in laboratorio, invitare amici, giocare a baseball e a nascondino, cucire, cucinare, costruire giocattoli, disegnare, passeggiare, andare al cinema e allo zoo. Se non si impazzisce val la pena di insistere e lasciare la tv in cantina, facendo un'eccezione solo per i grandi avvenimenti (l'uomo sulla luna, le finali di un importante evento sportivo).

Meglio farla finita anche con biscottini, caramelle, coca-cola e patatine fritte, tutti prodotti reclamizzati in tv e così adatti al consumo davanti al video. «C'è da aspettarsi più rumore, più confusione, più domande dei bambini e più stanchezza generale», avverte la Wilkins, che tiene corsi in scuole ed università per divulgare la sua crociata.

La dieta per svezzarsi dalla tv non si può certo fare in solitudine; ma non è mai troppo tardi per cominciare. «Ci sono riusciti persino i miei genitori, pensionati che vivono su un'isola, vecchi patiti della televisione», dice Joan Wilkins: «Letto il mio libro, hanno deciso di provare. "Che fatica queste cene senza tv", diceva mia madre all'inizio, "mi ricordano il tempo in cui tuo padre mi faceva la corte, e dovevo prepararmi in anticipo i temi su cui chiacchierare per vincere imbarazzanti silenzi. Ma a furia di insistere siamo stati più felici"».

ENRICO FRANCESCHINI, *L'Espresso*,
20 febbraio 1983

A. *Leggete il brano e dite se le seguenti affermazioni che ad esso si riferiscono sono Vere o False.*

1. Gli americani hanno scoperto da poco che la televisione, diffuso vizio nazionale, è un'invenzione diabolica.
2. Una signora americana ha trovato il modo per vivere con un uso moderato della televisione.
3. La televisione dà sicurezza alla gente, secondo la signora.
4. Per apprezzare la vita, bisogna buttar via la televisione, sempre secondo la signora.
5. Il sistema descritto nell'articolo prevede uno svezzamento deciso e brutale.
6. Di solito, la gente guarda la televisione per pigrizia, passivamente.
7. La dieta non conosce limiti d'età: tutti la possono fare.
8. Alla fine della dieta, si vive felici e contenti nella tranquillità generale.
9. Il periodo piú difficile è la quarta settimana durante la quale si può guardare il video solo per una notte.
10. Per avere più successo bisogna fare la dieta anti-televisiva in compagnia.

B. *Scrivete, settimana per settimana, i comportamenti previsti dalla dieta «anti-TV».*

	COSA SI DEVE FARE	COSA NON SI DEVE FARE
I SETTIMANA	....	....
	....	....
	....	....
	....	....
II SETTIMANA	....	....
	....	....
	....	....
	....	....
III SETTIMANA	....	....
	....	....
	....	....
	....	....
IV SETTIMANA	....	....
	....	....
	....	....
	....	....

C. *Fornite il verbo corrispondente ai seguenti nomi presenti nel testo.*

vizio
abitudine
esperienza
scelta
piano
delusione
suggerimento
consumo
stanchezza
corte

D. *Spiegate con le vostre parole le seguenti frasi.*

1. Una madre di famiglia ha inventato un sistema per debellare questo vizio.
2. Il figlio della Wilkins tira involontariamente un calcio al televisore e lo mette fuori uso.
3. Superato il panico iniziale, si accorgono di sopravvivere a meraviglia.
4. È un manuale per sottoporsi ad una dieta ferrea di svezzamento.
5. Bisogna attenersi rigidamente al piano stabilito.
6. Nella terza settimana si comincia a fare sul serio.
7. Si deve mettere il televisore fuori portata.
8. C'è un film che vi piace da morire che va in onda oggi.
9. Meglio farla finita anche con i biscottini.
10. Ma a furia di insistere siamo stati più felici.

E. *Scrivete accanto a ogni parola o espressione del testo altre di significato opposto.*

1. disgraziato
2. diavolo
3. fare sul serio
4. feriale
5. spento
6. favoriti
7. aggressivo
8. debellare
9. mettere fuori uso
10. in anticipo

F. *Elencate gli aggettivi di significato negativo con cui sono descritti nell'articolo i telespettatori.*

G. *Volgete al plurale le seguenti frasi.*

1. Il programma della TV privata trasmette molta pubblicità.
2. Anche il cinema, prima del film, presenta una reclame.
3. Lo show musicale è molto popolare tra i giovani.
4. Adesso va di moda il video.
5. Nella città moderna è meglio usare l'autobus.
6. L'Università è uno «zoo» di animali rari?
7. Avete visto la foto dello studente tipico?
8. Non capisco il perché di questa domanda!?

H. *Riferendovi ai programmi di RAI Tv1, rispondete alle seguenti domande usando* C'È *e* CI SONO.

RAIUNO

10.00	**TELEVIDEO**
11.55	**CHE TEMPO FA**
12.00	**TG 1 FLASH**
12.05	**PRONTO... RAFFAELLA?** - In diretta dallo Studio 5
13.30	**TELEGIORNALE**
13.55	**TG 1** - Tre minuti di...
14.05	**PRONTO... RAFFAELLA?** - L'ultima telefonata
14.15	**CIVILTA'** - Un punto di vista personale di Kenneth Clark: «Il sorriso della ragione»
15.00	**LE MERAVIGLIOSE STORIE DEL PROF. KITZEL** - Cartone animato: La zattera che traversò l'oceano
15.15	**68° GIRO D'ITALIA** - Eurovisione. Italia: Cervia. 6ª tappa: Vittorio Veneto-Cervia
16.30	**RICHIE RICH.** Cartone animato di Hanna e Barbera: La miniera di diamanti - Gli scherzi... educativi
17.00	**TG 1 FLASH**
17,05	**POMERIDIANA** - Un programma di Luciano Rispoli.
18.10	**TG 1 CRONACHE:** Nord chiama Sud - Sud chiama Nord
18.40	**IL FIUTO DI SHERLOCK HOLMES** - Cartone animato: «La bambola sbagliata»
18.50	**ITALIA SERA** - In diretta dallo Studio 7 di Roma con Enrica Bonaccorti e Piero Badaloni. Regia di Lucio Testa
19.35	**ALMANACCO DEL GIORNO DOPO** **CHE TEMPO FA**
20.00	**TELEGIORNALE**
20.30	**L'ATTENTATO** - Telefilm
21.25 ▼	**CALCIO: REAL MADRID-VIDEOTON.** Eurovisione. Spagna: Madrid. 2ª finale Coppa UEFA
22.50	**LINEA DIRETTA** - Trenta minuti dentro la cronaca
23.35	**TG 1 NOTTE - OGGI AL PARLAMENTO - CHE TEMPO FA**

1. Che programma c'è oggi alla televisione italiana, sul primo canale, alle 8.30?
2. Quanti telegiornali ci sono su RAI Tv1 e a che ora sono?
3. Che cosa c'è prima del telegiornale delle 20.00?
4. Ci sono i cartoni animati oggi sul primo canale? Se sì, quando?
5. Ci sono film in programma?
6. A che ora c'è la partita?
7. A che ora c'è «Pronto Raffaella»?
8. Che programma c'è alle 22.50?

I. *Alcune persone che seguono la dieta «anti-TV» confrontano le proprie esperienze. Riformulate le frasi dette da loro, usando il presente indicativo* + DA.

Esempio. Ho cominciato la cura due settimane fa. Ancora la sto facendo.
Faccio la cura da due settimane.

1. Il primo giorno ho cominciato ad ascoltare la radio. Cosa che faccio tuttora.
2. Il secondo giorno ho cominciato a scrivere tutti i programmi preferiti. Lo faccio ancora e poi non li guardo.
3. Tre settimane fa, mio marito ha cominciato a dipingere la cucina, ma ancora non ha finito.
4. Io ho cominciato ad avere problemi l'ultima settimana: mangio sempre.
5. I miei figli hanno cominciato ad andare al cinema tutti i giorni la settimana scorsa.
6. Noi, quattro settimane fa, abbiamo cominciato a giocare a carte e tutte le sere abbiamo incontrato i nostri amici fino ad oggi.
7. Quindici giorni fa, ho ripreso a fumare disperatamente e anche ora non so più smettere.
8. Quando ho eliminato il televisore, ho smesso di arrabbiarmi con mia moglie su quale canale scegliere.
9. Mia suocera ha cominciato a parlare il primo giorno della sua visita e finora non ha mai smesso.

L. *Cambiare le seguenti frasi usando* È/SONO + ESPRESSIONI DI TEMPO + CHE + PRESENTE.

Esempio. Parliamo di televisione da una settimana.
È una settimana che parliamo di televisione.

1. Gli americani sostengono da un pezzo che la TV è il diavolo.
2. Ma la gente guarda la TV tranquillamente da più di trenta anni.
3. I Wilkins vivono senza da qualche anno.
4. I ragazzi giocano allegramente da diverse ore.
5. La signora tiene corsi in scuole e università da alcuni anni.
6. I nonni non seguono più il loro passatempo preferito da alcuni mesi ormai.
7. In famiglia, i ragazzi non mangiano più patatine da molti mesi.

M. *Al posto delle parole o espressioni sottolineate scrivete la forma corrispondente del SI impersonale / passivante.*

1. In America i telespettatori vivono incollati al video. Guardano in media sei ore di televisione al giorno. I ragazzi trascorrono più ore davanti al video che in classe a studiare.
2. Se non sapete più chiacchierare, se non scrivete mai una lettera, se non andate mai da amici, se non leggete libri e siete nevrastenici, aggressivi o passivi, dimostrate i classici sintomi della videodipendenza.
3. Ecco la dieta di svezzamento dalla TV che consiglia la Wilkins: dovete mettere il televisore fuori portata; non dovete comprare la «Guida TV»; dovete cercare impegni fuori casa; dovete tenere un diario per sfogarvi.
4. Se imparate a fare senza TV diventerete una persona completamente nuova.
5. In America, migliaia di persone leggono già il libro della Wilkins e seguono le sue raccomandazioni.

N. *Preparatevi a parlare dei seguenti argomenti:*

1. *I miei programmi televisivi preferiti: quando li guardo, per quanto tempo e per quale motivo.*
2. *Se non guardo la televisione, cosa posso fare.*
3. *«La televisione è come la coperta di Linus». Per me è vero / falso. Ecco il perché.*

Lezione 4

Piselli: Riduceteli in puré, e poi spalmateli sul piatto in modo da coprirlo uniformemente con uno strato sottile. Premete il dorso della forchetta sui piselli, tenete la forchetta in posizione verticale e leccate quel po' di piselli che vi è rimasto attaccato.

Puré di patate: Spianate la parte superiore del puré. Scavate tante piccole buche. Immaginate che siano stagni o pozze d'acqua. Riempite le buche di sugo. Con la forchetta, incidete canali tra una buca e l'altra — i «fiumi» — e divertitevi a vederci scorrere dentro il sugo. Decorate con piselli. Non mangiatelo.

Sandwich: Divoratelo senza curarvi dei pezzetti di crosta di pane che cadono. Se vostra madre dice che dovete mangiare anche quelli perché sono la parte migliore del sandwich, metteteveli in tasca e nascondeteli tra i cuscini del divano.

Spaghetti: Prendete una forchettata gigantesca di spaghetti lasciandone almeno due penzolanti. Spalancate la bocca e cacciateci dentro gli spaghetti, succhiando rumorosamente per far entrare quelli rimasti penzoloni. Ripulite il piatto, chiedete un'altra porzione e mangiatene soltanto metà. Riportate il piatto in cucina tenendolo inclinato, in modo che il resto degli spaghetti scivoli sul pavimento. Dite che non vi piace la colla da falegname.

Cono gelato: Chiedete una doppia porzione. Mentre state per uscire dal bar fate cadere metà del gelato. Mettetevi a piangere. Leccate quel che rimane lentamente, affinché il gelato, sciogliendosi, goccioli fuori del cono e vi impiastricci le mani. Quando siete arrivati al livello dell'orlo del cono, staccate con i denti il fondo e finite il gelato aspirandolo rumorosamente dal buco così ottenuto. Poi applicatevi il cono sul naso e fate l'imitazione di Pinocchio.

Gelato in coppa: Stringete nel pugno il cucchiaio rivolto all'insù. Ficcatelo nella coppa e girate con forza fino a ridurre il gelato quasi allo stato liquido. Prendetene poi una cucchiaiata abbondante, mettete il cucchiaio in bocca e tiratelo lentamente fuori ancora mezzo pieno. Agitate il cucchiaio in aria. Leccatene il dorso. Ripetete l'operazione fino a completo esaurimento del gelato nel cucchiaio e ricominciate dall'inizio.

Spinaci: Divideteli in due mucchietti, poi disfateli e formate altre due montagnole. Dopo aver ripetuto quattro o cinque volte il giochetto, appoggiatevi allo schienale della sedia e dite che siete sazi.

Uovo fritto al tegamino: Mangiate, a piacere, il rosso oppure il bianco, usando possibilmente solo le dita.

Dolcetti con la ciliegia: Sdraiatevi sul letto con un cuscino dietro la schiena. Leggete un libro. Mettete i dolcetti accanto a voi sul cuscino in modo che le briciole finiscano dentro il letto. Continuando a leggere, togliete tutte le ciliegie ai dolcetti.

Patatine fritte: Prendetene una e agitatela in aria mentre parlate. Fingete di dirigere un'orchestra, mettete in bocca quattro patatine in una volta e masticatele. Voltatevi verso vostra sorella e mostratele la lingua coperta di patatine in poltiglia. Chiudete la bocca e inghiottite. Fate un bel sorriso.

DELIA EPHRON, *Selezione del Reader's Digest*, marzo 1980

A. *Rileggete il brano «Pierini a tavola»: sostituite l'imperativo con la forma del* SI *impersonale / passivante, seguita dall'indicativo.*

B. *Scegliete il comportamento che vi è sembrato più disgustoso e raccontatelo usando il* SI.

C. *Descrivete oralmente un episodio da «Pierino» di cui siete stati protagonisti o spettatori.*

D. *Riformulate i seguenti annunci usando il* SI.

Esempio.

Abito da sposa
Vendo un modello esclusivo nuovo, a metà prezzo. La taglia è 46-48

Si vende un modello esclusivo.
(Vendesi modello esclusivo).

il mercatino

1. Offriamo una splendida collezione di francobolli.
2. Vendiamo autovetture usate.
3. Diamo lezioni private a prezzi modici.
4. Cerco amici e amiche da tutta Italia.
5. Compriamo riviste e giornali del primo dopoguerra.
6. Affitto un appartamento in località di villeggiatura.
7. Eseguiamo a domicilio maglioni e scialli ai ferri.
8. Cerchiamo gatto persiano blu maschio con pedigree.
9. Amante animali cerca disperatamente cagnolino da salotto di qualunque razza.
10. Scambiamo dischi di cantautori italiani con altri stranieri.

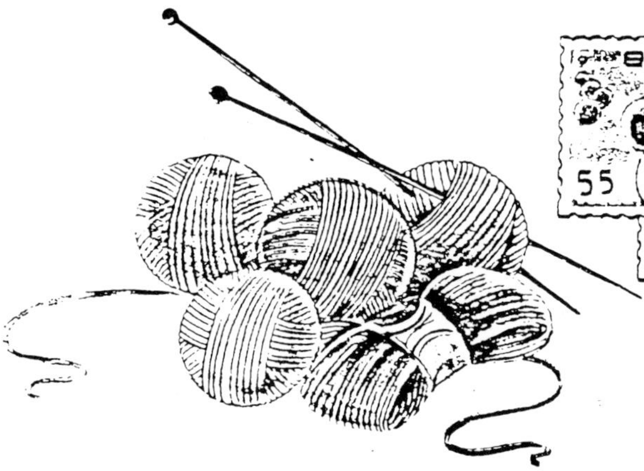

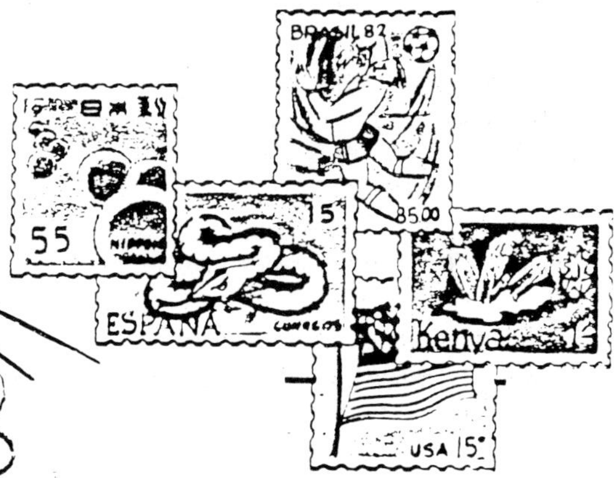

E. *Date spiegazioni riguardo alle seguenti parole in base all'esempio.*

Esempio. Discoteca: *è il luogo dove si ascolta la musica e si ballano balli indiavolati.*

1. Farmacia
2. Mercato
3. Agenzia matrimoniale
4. Carrozzeria

5. Paninoteca
6. Edicola
7. Cinema d'essai
8. Rosticceria
9. Stazione
10. Scuola

F. *Nelle seguenti frasi, sostituite con* SI *e il congiuntivo, secondo l'esempio.*

Esempio. Si deve leggere il titolo e si devono fare le frasi.
Si legga il titolo e si facciano le frasi.

CARO RECIOTO, AMABILE E SOAVE

Prodotto nella zona classica della Valpolicella, questo rosso di fine pasto è un fiore all'occhiello dell'enologia italiana.

1. Preferibilmente si deve bere questo rosso amabile a fine pasto o con formaggi saporiti.
2. Si deve servire a temperatura di 15 o 16 gradi.
3. Non si deve mai mettere la bottiglia in frigorifero: sarebbe la sua morte.
4. Si deve stappare la bottiglia un momento prima di portarla in tavola.
5. Per goderne a pieno colore e profumo, si devono usare calici di cristallo.
6. Non si deve scuotere la bottiglia nel versare il contenuto.
7. Ci si deve ricordare che, se di buon'etichetta, è un grandissimo vino.
8. Quindi si devono scegliere le etichette di cantine pregiate.

G. *Riformulate le ricette culinarie che seguono usando il* SI *e il congiuntivo.*

le frittatine alle cime di salvia

In una terrina battete 6 uova con un cucchiaio di farina e un pizzico di sale. In un padellino soffriggete un pezzetto di cipolla con un goccio d'olio e gr. 15 di burro. Aggiungete le cime di salvia, fatele insaporire, poi versate un quarto del composto uova-farina. Dorate le frittatine da ambo i lati e ripetete per altre tre volte fino a esaurire gli ingredienti.

H. *Ripetete le istruzioni di partecipazione al concorso usando il* SI *e il congiuntivo.*

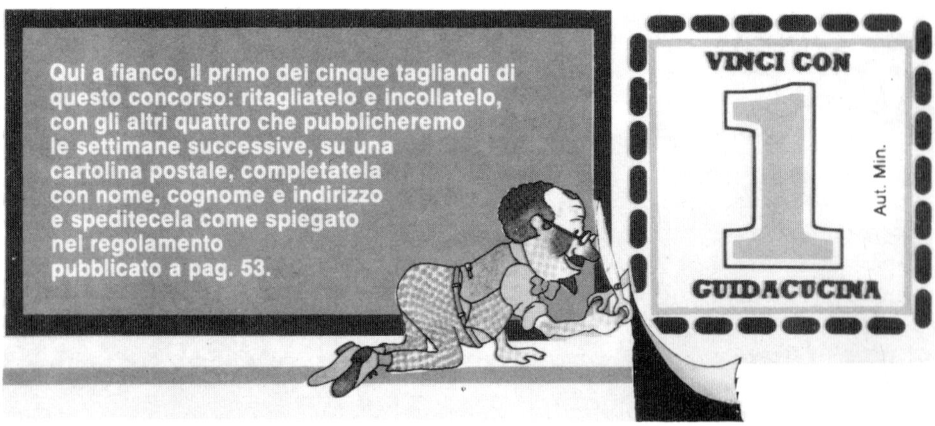

I. *Date una ricetta tipica del vostro paese. Precisate gli ingredienti e quantità e spiegatene l'esecuzione.*

Lezione 5

Pronto, chi straparla?

di SERGIO SAVIANE

ROMA. Cos'è il telefono, una macchinetta che serve al cittadino per il lavoro, gli affari, i saluti, gli appuntamenti, un giocattolo diabolico e costoso con cui trastullarsi giorno e notte, oppure un nemico in casa?.

In quasi tutti i paesi del mondo, il telefono è un servizio pubblico che viene usato con discrezione, dai cittadini. È difficile vedere nei paesi europei o negli Stati Uniti una persona aggrappata al telefono per ore o mezz'ore come le scimmie sugli alberi del mango. Chi forma un numero sa per quale ragione ha chiamato una persona; e chi viene chiamato, a sua volta, sa che deve ascoltare, rispondere e poi riattaccare. Nel nostro paese invece col telefono si fa l'amore, la pasta asciutta, i compiti, la vacanza, tutto. Si discute a lungo e appassionatamente di ricette culinarie, del cane o della canarina vedova, dei pannolini, di politica o del tempo; gli studenti fanno i compiti con i compagni di scuola lontani; i bambini giocano alle signore, e le signore, in lunghe conversazioni pomeridiane, giocano alle bambine. Per non parlare di quelli che al telefono fanno la dichiarazione d'amore quotidiana, o quelle centinaia di migliaia di mentecatti che ingolfano i microfoni delle città per chiedere canzonette agli sventati conduttori delle seimila radio private o nazionali. Sono infiniti gli abusi che se ne possono fare. Il telefono ti porta a casa, senza chiedere permesso, qualsiasi intruso, perfino gente estranea, qualcuno che ha sbagliato numero e non domanda nemmeno scusa, un cialtrone che chiede: «Chi parla», senza tener conto che è lui che ha chiamato. Ti porta in casa anche un creditore, un maniaco degli scherzi, un rapinatore anonimo e l'amico imbecille che, data la confidenza, ti chiama a mezzanotte per chiederti, senza nemmeno domandare permesso o scusa dell'ora, il numero telefonico di un altro, per poi disturbare anche quello.

Nessuno si accorge che, quasi sempre, quando suona il telefono, è sempre una persona che chiede, quasi mai una persona che ti dà qualcosa. Raramente qualcuno che ti porti in casa una buona notizia. Tuttalpiù ti domandano come stai, e non è detto che anche quella non sia una telefonata interessata. S'è ormai creata in tutti noi una tale abitudine alla tirannia del telefono, questo mostro ingordo che ti guarda giorno e notte con i suoi occhietti

UNA TELEFONATA
E' IL GESTO PIU' NATURALE PER ARRIVARE
IN AMERICA, ASIA, AFRICA E AUSTRALIA.
Per te una telefonata è un gesto molto semplice. Eppure questo gesto ti fa superare migliaia di chilometri.
Ti fa attraversare gli oceani, con i cavi sottomarini o raggiungere altri continenti, con i collegamenti via satellite.
È il gesto più naturale per andare lontano, dove vuoi.
Il Telefono. La tua voce

tondi e traditori, che si va a rispondere di corsa come se il suo fosse un ordine. Ma chi ha detto che si deve sempre rispondere al trillo del telefono? Cos'è questa campanella che ti fa sussultare nei momenti meno propizi? Il telefono non è più un mezzo pubblico ma una violazione di domicilio. Con che diritto un parente o un amico piomba via cavo da un'altra città ed entra di prepotenza in casa tua, per raccontarti i suoi affari personali e per chiederti alle sei di pomeriggio della domenica se il Milan ha battuto la Lazio? Siamo ormai così malati di telefono che ci meravigliamo se, rarissimamente, chi chiama ci chiede prima scusa del disturbo. Perché il telefono entra di prepotenza, buca i muri e sfonda la porta come un carro armato, e tu ti trovi il nemico in cucina o in camera da letto; è ormai lì dentro la tua vita, il tuo cervello. Ed è difficile resistergli. Se qualcuno suona il campanello della porta di casa puoi difenderti. Basta non aprire. Ma chi ti difende dal telefono?

Succede soprattutto nelle grandi città, a Roma o Milano. Sarà per questo che la Sip ha istituito, a cominciare dal prossimo febbraio, lo scatto telefonico ogni sei minuti anche nelle conversazioni urbane. Se è una misura della Sip per scoraggiare quei cittadini che usano il telefono come lo spazzolino da denti, allora sono troppi anche i sei minuti.

«La persona educata si vede a tavola o al gioco», diceva monsignor Giovanni Della Casa [1]. Se tornasse sulla terra non direbbe più: dimmi come mangi e ti dirò chi sei, ma dimmi come telefoni e ti dirò chi sei. Ma è più probabile che se il volenteroso prelato tornasse sulla terra e vedesse i suoi posteri al telefono si sparerebbe subito un colpo di pistola in bocca.

L'Espresso, 28 novembre 1982

[1] Giovanni della Casa (1503-1556), letterato e poeta, autore di *Il Galateo*, trattato di buone maniere.

A. Dopo la lettura dell'articolo di Sergio Saviane, fate gli esercizi seguenti.

1. Trovate nel testo le diverse opinioni sul telefono.
2. Dite cosa significa, secondo l'autore, usare il telefono con discrezione.
3. Chi usa il telefono con discrezione?
4. Elencate almeno quattro usi (o abusi) del telefono in Italia.
5. Date esempi di gente diversa che il telefono fa entrare nelle case.
6. Nel testo, a che cosa è paragonato il telefono?
7. Come ci si può difendere dalle visite non desiderate?
8. Come ci si difende dal telefono?
9. Che rimedio ha trovato la Società Italiana dei telefoni riguardo al problema dell'abuso del telefono?
10. Quale è il nuovo detto popolare suggerito dall'autore?

B. *Riscrivete le espressioni seguenti ricorrendo all'uso degli aggettivi.*

Esempio. Un giocattolo del diavolo — diabolico

1. I paesi dell'Europa ....
2. I cittadini degli Stati Uniti ....
3. Le ricette di cucina ....
4. Le conversazioni del pomeriggio ....
5. La telefonata della sera/notte ....
6. La dichiarazione d'amore di ogni giorno..............................
7. Il numero del telefono ....
8. Il pomeriggio della domenica ....
9. Le conversazioni in città ....
10. Le chiamate fuori città ....
11. Le comunicazioni in confidenza ....

C. *Il vostro telefono suona. Rispondete come vi sembra opportuno.*

1. Pronto? Chi parla?
2. Pronto? Buongiorno. Scusi del disturbo. Sto facendo un'indagine di mercato. Permette qualche domanda?
3. Pronto? Ti ho svegliato? Lo so, è tardi, ma proprio non ho potuto fare altrimenti. Cosa dobbiamo fare per la lezione d'italiano di domani?
4. Pronto, Signorina, che bella voce. Le dispiace dirmi qualcosa. Ha un suono meraviglioso.
5. Pronto? Buongiorno. Mi chiamo Romeo. Parlo con Giulietta?
6. Pronto? Congratulazioni! Lei è il fortunato vincitore di un ricchissimo premio, se risponde alla seguente domanda del Concorso Telefonico.
7. Pronto? Parlo con il bar «Il gatto blu»? Mi può portare un cappuccino e due brioches?
8. Pronto? Scusi, sa dirmi a che ora comincia il prossimo spettacolo?

D. *Leggete il seguente annuncio pubblicitario. Poi, mettete i verbi tra parentesi al presente indicativo e completate la terminazione degli aggettivi.*

Se il telefono (entrare) .... di prepotenza nelle case, la segreteria telefonic .... (rappresentare) .... il massimo della imbecillità italian .... Ci sono ormai in Italia alcun .... centinaia di migliaia di segreterie telefonic .... Una catastrofe nazional ....

Un aggeggio simil .... (raggiungere) .... anche il mezz .... milione di lire, eppure oggi lo (mettere) .... perfino la gente disoccupat .... o le studentesse innamorat .... Finito il numero, (rispondere) .... subito una voce noios .... o aggressiv .... che ti (ordinare) .... di lasciare nome, cognome, ora della chiamata, di mandare un messaggio. Ti (dire) .... di cominciare subito dopo il fischietto e attent........... a non sbagliare. Una tortura cines ....

Ce ne sono alcun .... tipi che (parlare) .... anche per tre minuti di seguito, ti (dare) .... tutt .... le spiegazioni possibil .... , (fare) .... eventual .... previsioni, (esigere) .... informazioni decis .... Per miracolo le loro vocette fintodisinvolt .... non ti (chiedere) .... se ti (piacere) .... l'anguria o quanti soldi tu (avere) .... in tasca. La cosa stran .... è che nessuno (ribellarsi) .... Questa macchinetta (sembrare) .... indispensabil .... , anche se spesso (servire) .... soltanto a fare scherzi o crudel .... o di cattiv .... gusto.

E. *Completate con i pronomi personali o* CI/VI *o* NE.

1. — «Ciao, Stefano! Sono Roberto. Senti, c'è un bel film al Cinema 'Odeon'. .... vuoi venire?»
— «Ma, non .... so. Avevo promesso ai cugini di andare alla partita. I biglietti, ... hai già comprati?»
— « .... ho comprati stamattina. .... ho tre, ma posso ottener .... altri di sicuro. Quanti .... vuoi?»
«Come? Non .... ho sentito.»
— «Dicevo che posso comprar .... altri, se mi dici quanti .... vuoi.»
— «Aspetta che domando a Paolo. Adesso .... chiamo. Non .... vedo. Se non .... trovo, ... richiamo più tardi. Ciao.»

2. Davanti a una cabina telefonica:
— «Signore? Scusi se . ... disturbo. Ma è un bel pezzo che .... osservo. Lei sta incollato al microfono, senza dire una parola!»
— «Prego, non .... interrompa, sto parlando con mia moglie. Le mogli, bisogna ascoltar .... in silenzio.»

3. — «Pronto, signorina, ... aiuti, per favore. Debbo assolutamente veder .... al più presto. .... vediamo al caffè? .... ascolti: .... ho amata fin dal primo istante che .... ho vista.»
— «Senta, di individui idioti .... ho incontrati tanti, ma lei .... batte tutti!»

4.

4. — «Eh, sì, cinque ragazze in casa. Non è facile aver .... Il tempo, loro .... passano attaccate al filo e noi non .... incontriamo più: siamo un centralino 24 ore su 24.»

5. — «Senti, ... è un bel giallo al cinema 'Roma'. Vieni a veder .... ? Vengono anche Piero e Maria. Così .... incontri. È tanto che non .... vedete. D'accordo .... aspetto tutti davanti al teatro, 5 minuti prima dello spettacolo.»

F. *Sostituite un pronome al posto delle parole sottolineate:*

1. Gli americani usano il telefono con discrezione.
2. Chi forma il numero, sa per quale ragione ha chiamato.
3. Descrivono ricette culinarie.
4. Gli studenti dettano i compiti ai compagni di scuola lontani.
5. I mentecatti ingolfano i microfoni per chiedere canzonette.
6. Il telefono ti porta in casa l'intruso.
7. I parenti ti raccontano, via cavo, i loro affari personali.
8. Ormai il telefono è entrato nel cervello.

G. *Mettete i verbi nella forma appropriata:*

1. Chi non ha un gettone non (potere) telefonare.
2. Mi (potere) dire il tuo numero telefonico?
3. Gli impiegati della SIP non (potere) sfondare le porte delle case.
4. Se desiderate telefonare in teleselezione, (dovere) usare più gettoni.
5. Quando sentiamo lo squillo del telefono, non (dovere) sempre rispondere.
6. Gli sventati conduttori delle radio private o nazionali (dovere) rispondere a molte telefonate idiote.
7. Se non (volere) essere disturbati, staccate il telefono.
8. Se (volere) essere gentile, chiedi scusa del disturbo quando telefoni.
9. Se uno (volere) sapere se il Milan ha battuto la Lazio, non ha che da telefonare ai parenti.

H. Leggete i seguenti numeri telefonici, secondo l'esempio:

Esempio. *295-38-71* *Duecentonovantacinque trentotto settantuno*

357-97-93	356-33-88
698-36-56	692-28-74
691-04-86	943-67-81

I. Elencate le lettere dell'alfabeto che compongono il vostro cognome, immaginando di parlare con un interlocutore telefonico.

Esempio. *«Smith... Esse come Savona, Emme come Mantova, I come Imola, Ti come Taranto e Acca.»*

L. Inserite le preposizioni mancanti (con o senza articolo), se necessario.

Sai perché l'inventore .... radio era un italiano? Perché .... Italia i telefoni sono sempre guasti. Sarà un'esagerazione, ma bisogna ammettere che .... telefonare .... qualcuno .... Italia, la prima difficoltà che devi superare è quella .... trovare un apparecchio che funzioni.

Sorge poi, il problema .... gettoni. .... città italiane circolano liberamente come monete .... 100 lire, e se .... mattina ne avevi un mucchio .... tasca, ... sera li hai spesi tutti .... caramelle, biglietti .... autobus ecc.

— Uh, la solita segreteria telefonica! Detesto discutere con una macchina!

Ti servono almeno dieci gettoni .... la tua telefonata e il modo migliore .... procurarli è .... andare alla stazione dove c'è un uomo .... una macchinetta che sembra fatta .... spremere i pomodori, ma che, invece, sputa gettoni.

Fai la fila, corri .... nuovo .... apparecchio, il quale è stato scelto come telefono .... anno .... frattempo e devi fare nuovamente la coda. Finalmente, ... fine, hai .... una mano il microfono e .... altra i gettoni. Li introduci uno .... uno .... apparecchio, fai il numero tanto desiderato, aspetti.

Rispondono. Cominci .... raccontare la tua storia. Ma che? Non ti ascoltano? E come possono ascoltare se chi parla è solo una vocetta che dice .... lasciare nome, cognome, indirizzo e messaggio subito .... il segnale?

M. *Lavorando in coppia, improvvisate una conversazione telefonica che sviluppi le seguenti situazioni:*

— Vuoi telefonare alla tua ragazza/al tuo ragazzo, ma per sbaglio componi il numero della tua ex o del tuo ex.

— Chiami il centralino internazionale per avere il numero di un tuo amico polacco Zdenek Wyszczosszczy.

— La ringrazio molto della telefonata anche se, purtroppo, ha sbagliato numero!

Lezione 6

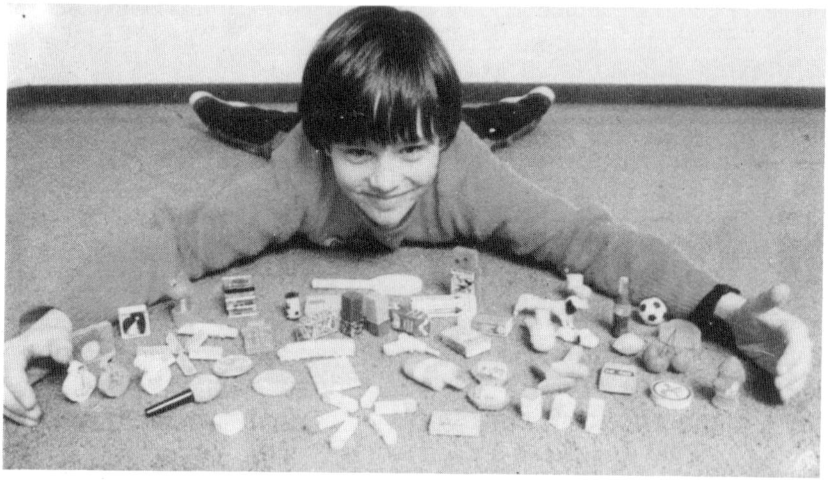

COLLEZIONI

Un tesoro di gomma

Colorate, profumate, fluorescenti le vecchie gomme da cancellare sono la nuova passione dei bambini.

Emanuele, nove anni, ne ha raccolte 35 in un mese; la prima, a forma di scacciapensieri gliel'hanno portata da Hong Kong.

Monica, sette anni, seconda elementare, preferisce quelle al profumo di frutta.

Daniele, otto anni, da qualche tempo ha avvertito genitori e zii: «Come regalo, portatemi delle gomme». Adesso ne ha quasi cento, tutte in una grande scatola rossa.

Tramontati gli autoadesivi, un po' in declino i Puffi, gli omini blu che tra autoadesivi, pupazzetti, fumetti e dischi avevano invaso il mercato dei giocattoli, la nuova passione dei bambini tra le scuole elementari e le medie è la collezione di gomme.

Naturalmente devono avere le forme più curiose, i colori fluorescenti, e magari il profumo zuccheroso come quello del chewing gum.

E, soprattutto, non si adoperano per cancellare: riservate alla scuola soltanto quelle tradizionali verdi o marroncine, o le rosse e blu, le nuove gomme da collezione sono fatte apposta per essere toccate, annusate, e scambiate con gli amici.

«Sciuparle per cancellare un disegno è un vero peccato» spiega il piccolo Emanuele anche perché i prezzi, che vanno dalle 1.200 alle 3 mila lire, sono piuttosto alti per un pezzetto di caucciù (una gomma da scuola non supera le 300 lire).

«Ma i bambini non badano a spese» commenta Paola Pennecchi, direttrice del mensile *Il cartolaio*. «Scelgono sempre le gomme più belle e quindi più costose, e sono aggiornatissimi su tutte le novità».

Per le gomme da collezione infatti si è ormai creato un vero e proprio mercato: all'ultimo Cart, il salone specializzato della cartoleria che si tiene a Milano, erano presenti ben 15 ditte che esponevano ciascuna 30 tipi di gomme, quasi tutte importate dall'estero e in particolare da Giappone, Taiwan e Hong Kong.

Anche le aziende dolciarie e che producono alimenti per i ragazzi hanno immediatamente colto al volo il fenomeno; come gadget per chi compra una merendina o una crema al cioccolato da spalmare, ecco allegato in regalo la gomma a forma di tortina o di biscotto.

Le variazioni fantasiose sul tema «gomma» sembrano inesauribili, tanto che fra i ragazzi si fa ormai sempre più strada la preferenza per una collezione specializzata: chi raccoglie solo gomme a forma di animale (gatti, e cani, ma non mancano neppure topi e scimpanzé) chi sceglie invece i personaggi dei fumetti e dei cartoni animati: da Snoopy agli immancabili Puffi, ai pupazzetti teneri della serie My Melody o Kitty.

C'è poi tutta la serie «gastronomica» delle gomme a forma di gelato, panino con würstel e hamburger, tavolette di cioccolata con tanto di carta stagnola e profumo di cacao. Infine gli oggetti quotidiani, tutti riprodotti nei minimi particolari: spazzolino da denti e dentifricio, chiavi, lampadine, sci e racchette da tenis, fiammiferi, lattine e persino una macchina per scrivere.

L'ultima novità è la gomma videogame: chiuso in una scatolina profumatissima alla frutta c'è un videogioco in miniatura. È un modello che piace molto ai maschi, che scelgono soprattutto l'idea più ingegnosa. Come per esempio le gomme tipo «impianto hi-fi» in cinque pezzi, con radio, piatto del giradischi, amplificatore e altoparlante. Un vero gioiello.

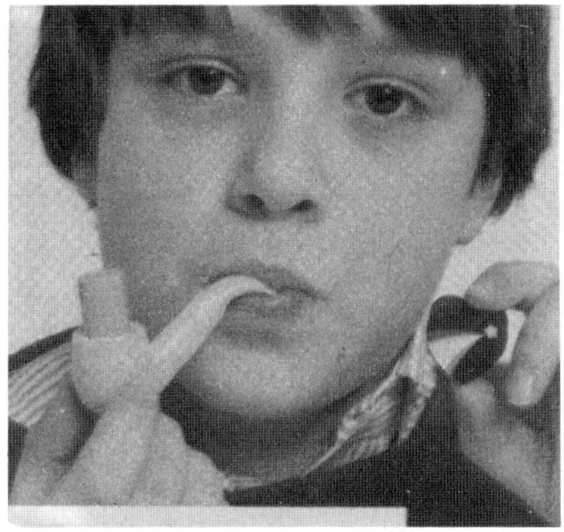

«Le bambine preferiscono quelle profumate, le scatoline col cuore o con la gomma caramella» spiega Cecilia, dieci anni, che frequenta la quinta elementare. Proprio per le bambine, i fantasiosi produttori orientali hanno inventato l'ultima gomma-ciondolo da appendere al collo «per sentire meglio il profumo».

Il fenomeno della gomma da collezione sta rappresentando un forte guadagno anche per i dettaglianti, che negli ultimi anni risentono della crisi del settore della cartoleria tradizionale da ufficio (carta per scrivere, cancelleria tradizionale) messa in difficoltà dal progressivo diffondersi dell'«office automation».

«Meglio per il negoziante specializzarsi in questo tipo di prodotti, molto richiesti dai ragazzi» dice un rappresentante della Società Cooperativa Cartolibrai. «Anche se c'è il rischio che la moda delle gomme cali da un momento all'altro, legata com'è alla volubilità del pubblico giovanissimo».

A mettere in forse il dilagare della mania delle gomme c'è poi la prospettiva di una normativa che, come in altri Paesi è già accaduto, potrebbe imporre dei limiti al mercato.

Talvolta esistono persino dei rischi in questa imprevista corsa dei bambini alla ricerca della gomma più strana e curiosa. «In Germania, per esempio, è stata proibita l'importazione delle gomme a forma di dolce o di frutta» spiegano ancora alla Cooperativa Cartolibrai «sono imitazioni così perfette e profumate da costituire un pericolo per i bambini piccolissimi che le addentano come fossero merende vere».

ROSANNA SANTONOCITO, *Panorama*, 30 gennaio 1984

A. Dopo aver letto l'articolo, scegliete, tra le tre soluzioni proposte, quella esatta.

1. I collezionisti sono

   a. adulti oltre i 25 anni
   b. giovani al di sotto dei 25
   c. giovanissimi al di sotto dei 15

2. Le nuove gomme

   a. si adoperano
   b. si collezionano
   c. si sciupano

3. Queste gomme costano in media

   a. tremila lire
   b. più di 3 mila lire
   c. meno di 3 mila lire

4. I principali produttori di gomme sono

   a. i paesi orientali
   b. i paesi europei
   c. i paesi sudamericani

5. La raccolta di gomma ha interesse

   a. solo per i bambini
   b. per i bambini e i produttori
   c. per bambini, produttori e altri

6. La gomma da collezione si può

   a. solo comprare
   b. comprare o scambiare
   c. ottenere anche in altri modi

7. I bambini sono collezionisti

   a. tirchi e attenti nella scelta
   b. spendaccioni e attenti nella scelta
   c. spendaccioni e disattenti nella scelta

8. Queste gomme sono

   a. perfette imitazioni della realtà
   b. discrete imitazioni della realtà
   c. povere imitazioni della realtà

B. *Leggete le seguenti affermazioni riferite al brano e dite se sono Vere o False, spiegando perché.*

1. La raccolta di gomme ha soppiantato la raccolta degli autoadesivi tra i bambini italiani.
2. Ai bambini piacciono le gomme normali e tradizionali.
3. I bambini non badano a spese.
4. Al salone specializzato della cartoleria di Milano non c'erano gomme.
5. I maschi preferiscono le gomme profumate e romantiche.
6. Questa moda della collezione di gomme durerà moltissimo.
7. Queste gomme presentano qualche rischio.
8. Le vecchie gomme da masticare sono la nuova passione dei bambini.

C. *Inserite, nel seguente dialogo, i pronomi necessari e la vocale finale adatta del participio passato.*

Emanuele e Daniele sono due collezionisti:

E.: «Dì, hai vist .... le ultime gomme?»

D.: «Sì, ... ho vist .... ieri a «Tutto per lo studente».

E.: «Accidenti, quella cartoleria è proprio all'avanguardia: io .... ho visitat .... molte, ma quella è di certo la migliore; è fortissima.»

D.: «Però anche il negozio vicino alla scuola è fornito, ... ha indicat .... Riccardo, che colleziona anche lui gomme, ... ha già raccolt .... una cinquantina.»

E.: «............ .... ha fatt .... vedere? Ha uno stereo-gomma fantastico, ... ha mostrat .... la settimana scorsa quando mi ha portat .... due animali che io non avevo: .... ho scambiat .... con una macchina da scrivere, ormai di animali .... ho collezionat .... circa venti e lui si sta specializzando in cose tecniche. E tu?»

D.: «Per il momento, le forme che mi hanno colpit .... ho tenut .... tutte, ma devo ammettere che ho un debole per le gomme-dolce».

E.: «Figurati, avevo un bellissimo lecca-lecca e ieri .... ho lasciat .... sul tavolo in cucina. Mia sorella, quella piccola, ... ha pres .... e .... è mess............ in bocca, per giocare ovviamente. Solo che è arrivat .... mia madre che .... ha strappat .... di mano e, arrabbiata, ... ha buttat .... fuori della finestra perché è proibito mangiare dolci prima di pranzo.»

D. Volgete al passato apportando eventuali modifiche.

Una giornata qualunque

1. Oggi porto la macchina dal meccanico per una riparazione, poi, prendo l'autobus e vado in centro.
2. Quando arrivo, faccio un giro di negozi, poi, incontro la mia amica Giulia.
3. La incontro al bar Zanarini e mangiamo qualcosa insieme.
4. Dopo pranzo andiamo al cinema a vedere «Morte a Venezia.»
5. Lo vediamo volentieri per la seconda volta perché è un bel film.
6. Dopo il film torniamo a piedi in centro e ci salutiamo.
7. Dopo aver salutato Giulia vedo due colleghi di lavoro che mi parlano di un problema urgente da risolvere.
8. Allora decidiamo di fare un salto in ufficio dove restiamo per circa un'ora.
9. Dopo, queste due persone mi accompagnano a casa in macchina. Entro e penso: «Adesso, mi riposo...».
10. Ma, mi viene incontro mia figlia e dice «Mamma, cosa mi prepari per cena?»

E. *Inserite nel brano successivo, tutto in forma impersonale, l'aggettivo possessivo* PROPRIO/A.

Le cattive abitudini

Quando si comincia a fare collezione di qualche cosa è come prendersi una malattia. Infatti, tutto il .... tempo libero è dedicato alla ricerca febbrile degli oggetti di .... gradimento.

Se si vede l'agognato «pezzo», per prima cosa, bisogna controllare le .... emozioni e far sì che le pulsazioni del .... cuore non aumentino pericolosamente.

Se poi, si vede un nemico collezionista all'attacco dello stesso oggetto, si deve usare tutta la .... tattica bellica per scavalcare l'avversario e riuscire ad accaparrarsi il .... oggetto di desiderio. Certo, in questa «crisi» la .... temperatura salirà vertiginosamente e si dovrà fare uno sforzo per mantenere il .... controllo nervoso.

Ma se ci si riuscirà, si avrà la soddisfazione di aggiungere alla .... collezione una nuova creatura che diventerà come uno dei .... figli, croce e delizia della .... vita.

F. *Inserite gli articoli e gli aggettivi possessivi, se necessari, modificando in caso le preposizioni.*

Lamento di mamma

— Si vede che la mamma di Luisella ha molta fiducia in me: figurati che mi ha affidato tutti i suoi micetti da sistemare!

«Sono disperata: ieri sera, ... figlia più piccola è andata da Luisella, ... compagna di scuola fin dalla prima elementare.

Luisella è una ragazzina simpatica e .... amore per gli animali è infinito. Ne raccoglie sempre tanti in giro e se li porta a casa .... dove ne ha molti, vivi o di pezza.

Invece .... madre è molto contraria a .... slanci, anche se .... padre, molto più permissivo, chiuderebbe .... occhi su queste .... debolezze. Spesso tutti e due non sanno come comportarsi con .... figliola e .... ospiti.

Dunque, cosa è successo? Luisella tempo fa ha trovato un bel gatto grasso e tondo per la strada che ha preso con sé chiedendo regolare permesso a .... genitori. Ma, il gatto era in realtà una mamma in attesa che in breve ha partorito .... micetti.

Luisella, contenta, ripeteva alla gatta: 'Tu sei un miracolo! .... nidiata fa cominciare oggi .... nuova collezione di animali in carne e ossa.' .... mamma era molto meno entusiasta e avendo .... figlia ospite a casa .... l'ha subito nominata madre adottiva di tutti i bei gattini.

Lei, felice, si è messa in fretta .... giacca e .... stivali ed è tornata qui con uno scatolone pieno pieno. 'Casa .... non è uno zoo,' ho gridato e garantisco che le avrei riempito .... faccia di schiaffi.»

G. *Ricordando che* ANCHE *si mette davanti alla parola che modifica, inserite* ANCHE *in posizione corretta, nelle risposte del dialogo che segue.*

Esempio. Che cosa fai oggi?
Oggi vado al cinema con Lucia.
(Oltre a ieri) Anche oggi vado al cinema con Lucia
(Oltre al ristorante) Oggi vado anche al cinema con Lucia.
Oggi vado al cinema anche con Lucia (Oltre a Piero).

Tempo libero

1. «Guarda, ti faccio vedere una cosa... Sai, per passatempo, raccolgo autografi di gente famosa e biglietti del treno.»

«Davvero? Oltre agli autografi, raccogli biglietti del treno?»

2. «Mio fratello fa la raccolta di francobolli e puffi.»
   «Oltre a lui, io raccolgo francobolli e puffi.»
3. «Lui ne ha così tanti che li ha messi in tre album.»
   «Figurati, io ne ho di più. Oltre che in tre album, li ho messi in una scatola.»
4. «Quanti autoadesivi hai! Dove li hai presi? Dal cartolaio?»
   «No, oltre che lì, li ho comprati dal giornalaio.»
5. «Ma ti saranno costati un sacco di soldi!?»
   «No, oltre che a comprarli, li ho ricevuti in regalo.»
6. «Chi te li ha regalati? I tuoi genitori?»
   «Beh, oltre a loro, me li hanno regalati gli zii, i cugini, gli amici...»
7. «Li hanno trovati tutti in Italia?»
   «Oltre che in Italia, all'estero.»
8. «Sono solo da vedere e attaccare?»
   «Oh no. Ce ne sono di speciali. Oltre che da vedere, la mia collezione è da annusare.»

H. Descrivete il vostro passatempo preferito: spiegate quando e perché lo avete cominciato; dite quanto tempo dedicate a questa attività e quale piacere o soddisfazione ne ricavate.

Lezione 7

A tutto Palio

A. Completate le espressioni di tempo contenute nel brano seguente, inserendo, se necessario, le appropriate preposizioni e articoli.

Il Palio è una delle più belle feste popolari italiane. Viene corso a Siena due volte .... anno, ... estate, una volta in onore dell'Assunta e una volta in onore della Madonna di Provenzano: .... 2 luglio 1594, infatti era accaduto un episodio che aveva commosso tutta la città.

.... quel giorno, infatti, un soldato fiorentino, forse ubriaco, aveva tirato con l'archibugio contro un'immagine di terracotta della Madonna situata in una nicchia nel rione di Provenzano. La statua si rompe, ma .... stesso istante scoppia l'archibugio e il soldato muore.

.... poco tempo si delibera la costruzione di un tempio dove, ... ottobre .... 1611 viene trasferita la statua miracolosa. Le Contrade decretano un Palio in Piazza del Campo, in suo onore.

L'altra edizione della festa si celebra sempre .... estate, ... giorno della festa dell'Assunzione, ... 16 agosto.

La preparazione, però, dura .... tutto l'anno: i senesi, anzi, dicono che dura .... nascita, anche se tutto diventa più febbrile .... settimana che precede la corsa.

I momenti di maggior emozione sono quelli .... cui si tirano a sorte i nomi delle Contrade che dovranno correre e quello del sorteggio dei cavalli. Infatti, ... ogni anno corrono di diritto le sette Contrade che non hanno partecipato al Palio .... stessa data, ... anno precedente, più altre tre Contrade scelte a sorte. .... questo momento in poi si intensificano i preparativi e le precauzioni. .... giorni precedenti il Palio, una «balia» segue il fantino dovunque, ... giorno e .... notte; e una «balia» non abbandona mai il cavallo, ma lo sorveglia .... inizio e .... fine delle prove per evitare spiacevoli incidenti.

Ed ecco il giorno della corsa: .... mattina, si porta il cavallo nella Chiesa della Contrada. .... quella giornata, il protagonista è lui, tanto che spesso il vincitore è proprio un cavallo «scosso», cioè che ha perso il fantino.

.... la cerimonia, il sacerdote fa baciare la croce al fantino, poi l'accosta al muso del cavallo, lo benedice e gli augura: «Và e ritorna vincitore».

.... 18 comincia il corteo storico. .... quell'ora tuona il cannone, si alzano in volo i piccioni, sfilano le bandiere delle Contrade. .... seguito, sfilano le Contrade in gara con un cavallo da parata montato dal fantino e col cavallo da corsa tenuto per le briglie. .... queste, sfilano le altre Contrade senza cavallo. .... fine, passano armigeri con alabarde e pugnali scortando il Palio che è un'immagine su stoffa della Madonna. .... suo passaggio, viene salutato dallo sventolio dei fazzoletti di tutte le Contrade. .... momento dell'entrata dei cavalli alla «mossa», la tensione è fortissima.

.... l'ingresso dell'ultimo concorrente, iniziano i tre giri di corsa. I risultati sono accolti con gioia e lacrime e .... tempo stesso con tumulti e risse che coinvolgono tutti i senesi, senza distinzioni di partiti o classi sociali.

.... sera, i Capitani si recano alla sede della Contrada vittoriosa a fare le loro congratulazioni.

Una piccola campana suona .... ventiquattro ore .... intervalli regolari per celebrare la vittoria.

B. *Dopo aver letto il titolo dell'articolo, rispondete alle domande seguenti.*

1. Chi ha vinto il Palio del luglio 1984? Precisate cavallo, fantino e contrada.
2. In quanti sono arrivati al traguardo?
3. Quale è la novità dell'anno?
4. Quale è la valutazione del giornalista?
5. Per quali motivi il giornalista fa questa sua valutazione?

PAGINA **17** □ la Repubblica mercoledì 4 luglio 1984 **cronaca**

A Siena ancora polemiche per la corsa: solo due cavalli hanno raggiunto il traguardo

Mai tante cadute in un Palio

Otto fantini disarcionati, cinque in ospedale

Nessuna discussione solo sulla vittoria, sin troppo facile, di "Aceto" e della contrada dell'Oca. Per la prima volta si sono cimentati sul tufo tre purosangue: è stato un disastro. C'è scappata anche qualche scazzottata. È già iniziata l'attesa per la rivincita di agosto

Il fantino «Aceto» su Baiardo, il cavallo con il quale ha vinto il Palio

C. Leggete ora l'articolo e rispondete alle domande ad esso relative.

SIENA — Siena, il giorno dopo il Palio. Cinque fantini sono in ospedale mentre la gente discute della corsa, la ricostruisce al rallentatore, litiga e si azzuffa. Il litigio è d'obbligo ma sulla vittoria di «Aceto», al secolo Andrea De Cortes, il «professore» del Palio che in vent'anni ha corso 42 «carriere» e ha vinto 12 volte, c'è ben poco da dire. Per l'Oca è la cinquantanovesima vittoria ma per i contradaioli è lo stesso festa grande come se fosse la prima volta. Era ormai dall'agosto del 1977 che il giallo, il rosso e il verde della nobil contrada non sventolavano su piazza del Campo.

«Avevo il cavallo più difficile — racconta Aceto nato nella lontana Olbia ma che a 39 anni è già entrato nella leggenda del Palio — sono riuscito a farlo partire abbastanza bene. Ho vinto il Palio al primo giro quando al Bandierino ho superato la Civetta». Ma rivediamo questa corsa che Aceto era così sicuro di vincere tanto che al secondo giro, quando ne mancava ancora uno alla conclusione, ha salutato i contradaioli dell'Oca alzando il nerbo al cielo.

Partiamo dalla vigilia ravvivata da polemiche e da qualche scazzottata. Polemiche non ancora spente e che riguardano la scelta dei cavalli operata dai capitani delle contrade. Il meccanismo che porta in piazza del Campo dieci cavalli è abbastanza complesso. Gli allevatori, o meglio i «cavallai» come li chiamano a Siena, conducono i loro animali nella piazza dove vengono accuratamente visitati da un'équipe di veterinari. Poi vengono fatti correre e a questo punto intervengono i capitani che scelgono i dieci cavalli destinati a correre il Palio e che vengono abbinati alla contrada per sorteggio. Quest'anno gli animali prescelti per la corsa non sono piaciuti molto. C'erano anche tre purosangue giudicati del tutto inadatti al tufo della piazza. Così in fondo alla gara sono arrivati solo due puledri con il fantino in sella: Baiardo, un baio di sette anni con Aceto, e Panenzio montato da Bastiano (Silvano Vigni), un cavallo considerato il grande vecchio del Palio (ha sedici anni) e che ha vinto otto volte.

Tutti gli altri cavalli, otto, avevano «scaricato» i loro fantini. Cinque sono in ospedale. Nessuno si aspettava questa conclusione. La bagarre tra i canapi al momento della partenza infatti è stata piutosto breve. Baiardo tenuto a forza da Aceto non ha fatto gli scherzi dello scorso anno quando si divertiva a passare sotto la fune scaricando un maldestro fantino. Ma al via è scattata in testa la Civetta o meglio il purosangue «Sharon» ben sostenuto da Camillo Spinelli detto Spillo. Nel frattempo la Torre prendeva a nerbate l'odiato nemico, l'Oca ovvero Aceto e Baiardo. Il «professore» però non si è lasciato intimorire e ha aspettato pazientemente il momento buono. È arrivato in prossimità del Casato quando la Civetta si è allargata un po' troppo. Aceto si è infilato nello spazio giusto e è andato in testa. Dietro sono cominciate le cadute. Sono finiti contro i materassi della tremenda curva di San Martino Drago, Onda e Giraffa. E poi via via tutti gli altri.

Ora i fantini in ospedale sono Massimo Alessandri, detto Bazzino, del Nicchio, che si è fratturato la clavicola destra, Antonio Cossu, «Cittino» della Tartuga, col ginocchio destro in pezzi; Renato Porcu, «Rino» , della Torre, che ha alcune costole fratturate; Luigi Migheli, «Musino» del Drago, con escoriazioni varie.

E ha molte escoriazioni anche Camillo Spinelli, «Spillo», della Civetta. Si è presentato in ospedale ieri mattina ma non si sa con certezza se le ferite sono state provocate dalla caduta da cavallo o, come si vocifera in città, dalle carezze dei contradaioli che gli rimproverano di essersi allargato troppo permettendo all'Oca di passare e vincere.

E i contradaioli dell'Oca hanno festeggiato alla grande, per tutta la notte, tra l'immancabile ammirazione delle migliaia di turisti accorsi anche quest'anno al Palio (c'è chi assicura che in piazza c'erano tra senesi e «stranieri» almeno cinquecentomila persone). I motivi di soddisfazione sono tanti. Il Palio di luglio è stato dipinto per la prima volta da una donna, Vita Di Benedetto, contradaiola della nemica Torre. E ancora. Baiardo è di proprietà di un cavallaio sempre contradaiolo della Torre che la sorte ha voluto che fosse assegnato all'Oca. Molto contento anche il governatore della contrada. Si chiama Adalberto Grossi ed è stato eletto pochi mesi fa. Nella vita svolge un mestiere ben diverso: è il rettore magnifico dell'università di Siena. È nato a Milano ed è alla sua prima esperienza nel Palio. Qualche senese temeva per questa origine e invece...

VITTORIO MIMMI, *la Repubblica*, 4 luglio 1984

1. Quanti cavalli partecipano al Palio?
2. Come funziona il meccanismo della scelta dei cavalli?
3. Quant'è lunga la corsa?
4. Il fantino vincitore è un «novellino»? Perchè?
5. Per la contrada vincitrice è stata la prima vittoria?
6. Per quale motivo i fantini sono finiti all'ospedale?
7. C'erano molti spettatori in Piazza del Campo?
8. Chi è stato particolarmente contento del risultato della corsa?
9. Completate il riquadro con tutte le informazioni rintracciabili nell'articolo.

CONCORRENTI AL PALIO LUGLIO '84

FANTINO	CONTRADA	CAVALLO	NUMERO-VITTORIE
1	....	....	....
2	....	....	....
3	....	....	....
4	....	....	....
5	....	....	....
6	....	....	....
7	....	....	....
8	....	....	....
9	....	....	....
10	....	....	....

D. *Ecco l'immaginario albero genealogico di Baiardo, il cavallo vincente. Descrivete accuratamente la sua parentela, rispondendo alle domande e usando gli aggettivi possessivi.*

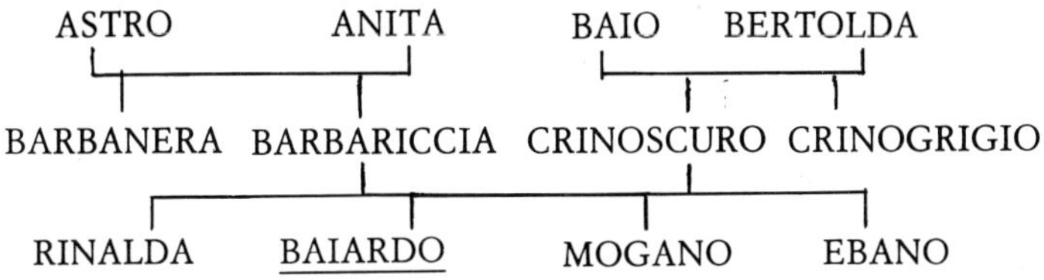

1. Chi è Ebano?
2. Chi è Rinalda?
3. Chi sono Barbariccia e Crinoscuro?
4. Chi è Astro?
5. Chi sono Baio e Bertolda?
6. Chi è Barbanera?

E. *Circa un'ora prima della cerimonia della benedizione dei cavalli, il fantino «Aceto», si prepara con l'aiuto di tutta la famiglia. C'è un po' di nervosismo. Inserite articoli, aggettivi e pronomi possessivi dove necessario.*

Aceto: «Accidenti, presto, ... tifosi aspettano, e io devo ancora vestirmi. Sono pronti .... vestiti?»

Moglie: «Sta' calmo, mettiti .... calze, intanto, mentre io finisco di stirarti .... pantaloni.»

Figlio: «Mamma, papà esce così? .... pantaloni sono buffi, oggi: così gialli, rossi e verdi. Sono .... soliti, papà?»

Aceto: «No, certo; oggi io corro il Palio per .... contrada e questi sono .... colori.»

Moglie: «Ecco .... pantaloni e .... giubba. Ma, non ti sei ancora messo .... scarpe?»

Aceto: «Macché scarpe, ... stivali cerco! Dove sono?»

Figlia: «Sono là, vicino a .... frustino, papà! Là, ai piedi di .... lettino.»

Aceto: «Grazie, tesoro .... Mi sei proprio d'aiuto. Cosa farei senza .... donnina?»

Figlio: «Ed ecco .... casco, papà, ti aiuto anch'io, vedi?»

Moglie: «Bravi, bambini, ma adesso lasciate in pace ....

padre. La corsa è importante. .... bravo papà non deve distrarsi.»

Aceto: «Fatemi .... auguri, speriamo che .... contrada vinca; .... cavallo Baiardo è un po' matto, ma io lo farò correre come il vento. Il Palio sarà ...., ne sono sicuro!»

F. *Inserite le forme corrette di* ESSERE *o* AVERE *e date la desinenza corretta del participio passato.*

1. Il fantino vincente .... vint............ già molte gare.
2. Quanto tempo .... durat .... la festa?
3. Perché gli otto cavalli non .... arrivat .... al traguardo?
4. Il fantino perdente .... ricevut .... molti rimproveri?
5. Carezze? Lui ne .... ricevut .... molte, ma non affettuose.
6. Rettore, anche lei ....venut .... ad applaudire i cavalli?
7. Tutti i concorrenti .... ricevut .... gli applausi dei turisti.
8. L'anno scorso i cavalli concorrenti si .... divertit .... a disarcionare i fantini maldestri.
9. Il fantino non si .... spaventat ....
10. Non capisco perché i contradaioli si .... adirat ....
11. I cavalli .... cors .... una bella gara.
12. Tutti .... passat .... davanti alla tribuna.
13. Ma solo due .... tagliat .... il traguardo.
14. Uno .... saltat .... tra la folla.
15. Due .... saltat .... lo steccato.
16. In fondo alla gara .... arrivat .... solo due puledri.

G. *Rispondete alle seguenti domande, usando i pronomi diretti o indiretti e facendo attenzione all'accordo dei verbi.*

Esempio. *Hai visto la gara?*
Sì, l'ho vista.

Tra concorrenti

1. Avete notato le irregolarità che ci sono state?
2. Non ho mai visto tante scorrettezze nel percorso, e voi?
3. Come ti sei conquistata la tua brillante vittoria? Con le tue mani?
4. Avete fatto imbrogli?
5. Qualcuno ha spinto il mio cavallo in curva; è vero?
6. Chi ha dato la droga al tuo cavallo? Il veterinario?
7. Avete dato pastiglie al suo cavallo?
8. Vi siete resi conto che è un rischio drogare gli animali?
9. L'anno scorso un giudice ha fatto interrompere la gara a un cavallo?
10. Avete pensato alle conseguenze?
11. Quante medicine ha preso il tuo purosangue?
12. Non avete visto l'incidente?

H. *Inserite* ESSERE *o* AVERE *ed eventualmente accordate.*

Tra spettatori

1. Io non .... potut .... arrivare in tempo, perché .... dovut .... rallentare a causa del traffico.
2. Anche noi non .... potut .... uscire di casa e .... dovut .... guardare la corsa per televisione.
3. Davanti a me c'era un signore altissimo e .... dovut .... arrampicarmi sulle sue spalle.
4. Lui .... dovut .... fare buon viso a cattivo gioco.
5. Certe persone .... dovut .... salire su un palo della luce.
6. Io .... volut .... uscire senza ombrello e per la pioggia mi .... dovut .... cambiare dalla testa ai piedi.
7. Vi ho invitati a vedere lo spettacolo dal mio balcone, ma non .... volut .... venire.

8. Se loro fossero arrivati prima, ... potut .... trovare un buon posto, ma non .... potuto.
9. Mio marito .... volut .... portare la nostra bambina ed io .... dovut .... farle da balia tutto il giorno.
10. Andare in una piazza così affollata?! Io non ci .... potut .... nemmeno pensare: soffro di claustrofobia.

I. Scrivete una cronaca stringata della corsa del 2 luglio.

Lezione 8

A. Leggere attentamente l'articolo «Duecento ricette per mangiare da soli» e, poi, dire se le affermazioni ad esso relative sono Vere o False.

"Affettuosa" ricerca di una psicologa destinata ai moderni Robinson

Duecento ricette per mangiare da soli

ROMA — Da soli è possibile sopravvivere. Almeno stando al Robinson Crusoe di Defoe. E stando anche alle cifre: il 10 per cento dei romani, ad esempio, vive solo, e si tratta perlopiù di persone che hanno meno di 65 anni. La solitudine non è più una tragedia, a volte diventa scelta di vita. «Son solo e me ne vanto», recita il singolo sbandierando la propria rinnovata libertà. Ed è incontestabile che sempre più si infittisca il numero di coloro che, non perché «è capitato», ma perché lo hanno deliberatamente scelto, assaporano il sottile piacere della solitudine.

Ma è sempre un piacere? Forse no. Si dorme soli, si legge soli, si va al cinema soli, ma mangiar soli, si sa, è deprimente. Siamo veramente soddisfatti di quel che mangiamo quando ci troviamo nelle condizioni ottimali per accorgerci di tale piacere. C'è chi sostiene che non dipende solo dalla qualità di ciò che abbiamo nel piatto. Il piacere può derivare da un incontro giusto, dall'ambiente, e da tanti piccoli particolari. E invece quante volte capita, pranzando o cenando soli, di sorprendersi in cucina in piedi, con una sola forchetta e forse anche senza piatto, a mangiare direttamente nella padella. Cibi rapidi, anzi rapidissimi, magari anche sconditi pur di non ritrovarsi in compagnia di se stessi davanti alla tavola apparecchiata.

Di singoli in cucina si occupa oggi Serena Dinelli, in arte Renadine, psicologa di mestiere e cuoca per hobby, con «Robinson in cucina», una raccolta di 240 ricette tutte dedicate a chi, non vivendo in coppia o in famiglia, non è accudito in ogni momento, e soprattutto all'ora dei pasti. Le sue ricette sono rapide, non costose, salvo qualche eccezione, e per eseguirle bisogna avere poche stoviglie, pentola a pressione compresa. Ma la vera novità sta nelle dosi: le ricette, infatti, sono tutte calcolate per una sola persona. E non si tratta di poca cosa, visto che la maggior parte dei manuali di cucina è diretta a tavolate composte da sei o addirittura dodici persone. Ed è escluso pensa-

re, in quei casi, di dividere per il numero necessario ad ottenere la dose per una persona. Sembra che non funzioni.

L'autrice tiene a precisare di non essere una dietologa e quindi suggerisce di mangiare ogni cosa. Ce n'è per tutti i gusti, caratteri e tempi. Si parte dalle colazioni e dagli spuntini e si scopre, non solo che per la preparazione di un toast non occorre più di un minuto — già lo sapevamo —, ma che non ci è mai venuto in mente di surgelare una notevole quantità di toast da tenere pronti per ogni evenienza. Dieci secondi per preparare lo yogurt al miele, dai due ai cinque minuti per quello alla frutta mista. E poi i piatti unici: fantasia di insalate alle molte mode, pizze di tutti i tipi, grande attenzione dedicata all'avocado che viene presentato in tre varianti: solo, in insalata o con pesce.

Per concludere l'autrice avverte: «Il ricettario può essere utile anche a una coppia in cui entrambi lavorano o a un genitore che vive con un figlio. Del resto, per come è organizzata oggi la vita, può capitare di mangiare soli anche vivendo in famiglia».

la Repubblica, 29 marzo 1984

1. Robinson Crusoe è la prova che è possibile vivere da soli.
2. I romani che vivono da soli sono molto pochi.
3. Sono solo gli anziani che vivono da soli.
4. Vivere da soli sta diventando una scelta.
5. Vivere da soli ha solo lati positivi.
6. Mangiare da soli porta a farsi abbondanti pasti raffinati.
7. Serena Dinelli ha scritto un libro sulla psicologia di Robinson Crusoe.
8. Serena Dinelli è una dietologa di mestiere.
9. La principale novità della sua opera consiste nel dare i giusti ingredienti.
10. Le ricette consigliate dall'autrice sono veloci, pratiche e fantasiose.

B. *Cambiare le parti sottolineate al* SI *impersonale / passivante.*

Esempio. In genere, in Italia, gli italiani mangiano bene.
In genere, in Italia si mangia bene.

LA CUCINA ITALIANA

Se vai in qualche ristorante famoso o in alcune trattorie, trovi raramente cibo mediocre o cattivo. Anzi, assaggi sapori schietti perché in genere la gente consuma cibi freschi di stagione.

Gli italiani non fanno crescere spesso frutta e verdura nelle serre e non danno sapore artificiale ai prodotti. Una volta non li coglievano mai prima del momento giusto né li lasciavano maturare in magazzino. Ai nostri giorni qualche industria usa questi sistemi, ma molti sono tuttora diffidenti a queste novità.

Tutti si trovano d'accordo nel dire che la cucina è un'arte anche figurativa perché uno mescola colori e tinte diverse. Ne puoi vedere tanti in giro e puoi sentirti allegro alla loro vista.

A Milano, i milanesi condiscono il risotto di giallo, al centro, napoletani e romani colorano di rosso gli spaghetti con la salsa di pomodoro. In Liguria li tingono di verde con il pesto. In Veneto, uno si rallegra con la polenta luminosa come il sole. Infine, dappertutto la gente si riempie la vista e si sazia lo stomaco con fettuccine dorate al burro.

C. *Inserire i pronomi personali (soggetto, oggetto diretto e indiretto),* CI *e* NE *dove necessari.*

da «IL DIARIO DI UN VITA-SOLA»

Dunque, ora vado proprio a casa: .... vado volentieri dopo una lunga giornata di lavoro. Il capo-ufficio, poi, proprio non .... sopporto; .... è così antipatico: parla con noi impiegati e non .... guarda mai in faccia. Deve essere un frustrato, forse la moglie .... picchia!

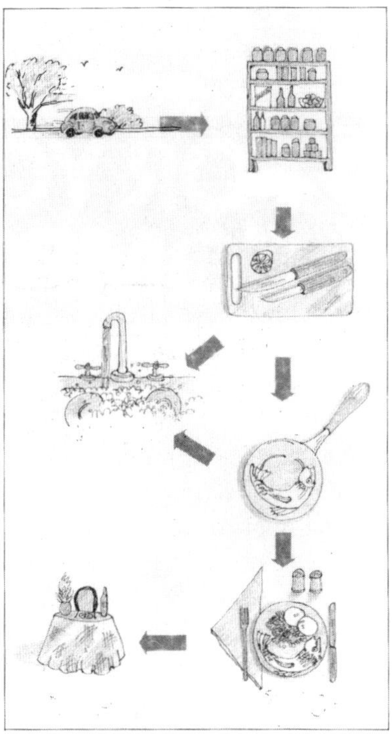

Basta parlare di lavoro. Devo pensare alla cena; è tutto il giorno che .... penso! Ho comprato tutti gli ingredienti, anzi, forse .... ho comprati troppi; ma, se manca qualcosa in cucina è un disastro.

Per prima cosa devo pulire le verdure e tagliar .... a pezzetti. Poi, devo pulire il pesce e toglier .... tutte le parti interne. Dopo .... cuocio nella padella nuova che .... ha dato zia Anna per il mio compleanno. Alla fine lavo tutte le cose che ho sporcato: faccio una bella schiuma e poi .... sciacquo e asciugo bene.

Presto, devo apparecchiare la tavola e tirare fuori il servizio buono e le posate d'argento. Quanti ospiti pensate che abbia? .... ho solo uno: sono .... , il più importante. Dite la verità, non .... faccio invidia?

D. Volgere gli infiniti alla forma appropriata dei tempi richiesti.

A TAVOLA

«Michele, noi VIVERE .... insieme da tre anni. Adesso, tra noi, qualcosa CAMBIARE .... : tu non COMPORTARSI .... più come prima. ESSERE .... un bel po' di tempo che ti VOLERE .... dire le mie impressioni. Tu RICORDARSI .... come noi FESTEGGIARE .... il nostro primo anniversario di matrimonio? Per l'occasione, io ti CUCINARE .... con le mie mani una cenetta piena di vivande prelibate e tu le TRASCURARE .... completamente. Io ti PREPARARE .... i tuoi dolcetti prediletti, ma tu non li GUARDARE .... nemmeno. Per tre anni noi VIVERE .... praticamente d'amore; adesso, invece, a tavola tu SPAZZARE .... via anche il mio piatto. Mi SENTIRE .... ? Io PARLARE .... da un quarto d'ora e tu non mi RISPONDERE .... una parola.»

— «VOLERE .... dire qualcosa, cara? Certo che ti SENTIRE .... La ragione per cui adesso DIVORARE .... anche il tuo boccone ESSERE .... che, col matrimonio, tu IMPARARE .... a cucinare. La mia e la tua vita TRASFORMARSI .... : tu le CAMBIARE .... completamente.

— Ho l'impressione, Michele, che tu non mi ami più come una volta!

F. Guardare con attenzione l'illustrazione a p. 63 e, poi, dare le seguenti informazioni, badando all'uso delle preposizioni.

1. Dove si trovano l'appartamento della donna e quello dell'uomo?
2. Cosa sta facendo la ragazza? E cosa sta facendo l'uomo?
3. Cosa si vede dietro a queste due persone?
4. Nelle due stanze centrali, come sono disposti i mobili che si vedono attraverso le finestre?
5. Cosa c'è nella camera in alto a sinistra?

G. *Volgere al plurale nomi e aggettivi sottolineati apportando i necessari cambiamenti.*

Lei: «la mia libertà»

Dopo enorme difficoltà sono riuscita a trovare la casa che cercavo. Mi piace moltissimo: una finestra fino quasi a terra, il soffitto alto, un albero sempre-verde in cortile che copre la vista del brutto condominio di fronte.

Con l'aiuto di un mio collega pieno di energia, un robusto atleta, mi ci sono trasferita portando una valigia carica come il piombo e un baule pesantissimo: un camion stracolmo di roba.

La prima notte, dormendo per terra, guardando la parete sporca, non riuscivo a chiudere occhio pensando alla trasformazione necessaria e urgente. Ho lavorato intensamente, per un lungo mese assorbita nell'estenuante opera di restauro. In ogni momento libero ero a discutere con il muratore, l'idraulico, l'elettricista per controllare che non combinassero un guaio.

Poi, ecco il miracolo tanto atteso: il muro candido, il pavimento soffice con la moquette blu; stanza da letto accogliente, libreria comoda e ricca. Ho messo una pianta dovunque, anche nel bagno con un gancio appeso al soffitto. Poi in un altra stanza, il sofà e lo stereo per suonare il mio disco preferito.

Viva l'indipendenza e la donna sola! Ho letto un libro su questo tema e ho trovato un consiglio prezioso. Che bello decidere la propria vita senza imposizione di ruolo o di abitudine: si può andare a vedere

un film dopo l'ufficio, e magari bere solo un caffè frettoloso, oppure fare, da cuoca raffinata una gran torta da mangiare sul cuscino guardando la tele, oppure passare una domenica di pioggia a letto e stare un'ora nella vasca da bagno senza che nessuno solleciti. Perciò, spesso, dimentico il problema e la crisi della solitudine.

H. *Inserire gli aggettivi possessivi e anche gli articoli (quando necessari), modificando, in caso le preposizioni.*
N.B.: L'aggettivo possessivo non è sempre richiesto.

Quando si vive da soli, ci si deve abituare a fare .... cose da sé.

Io mi sono organizzato piuttosto bene e mi godo .... serate solitarie. Ci sono, però, due cose che odio fare: una è lavarmi e stirarmi .... camicie, e, l'altra è farmi da mangiare.

Un amico, solo anche lui, giorni fa, mi ha rassicurato dicendomi «Sta'» tranquillo, ... problemi culinari sono finiti, amico .... ! Adesso c'è Renadine che pensa a tutti noi 'soli' e che, con .... ricette, porrà fine a .... tristi cene trascurate. Ti assicuro, Renadine è meglio di tutte le mogli messe insieme e sostituirà .... cure e attenzioni in cucina.»

Naturalmente io ho comprato immediatamente il libro di ricette

e, appena in casa, mi sono messo .... grembiule e ho cominciato a seguire le istruzioni: «Prendete gr 50 di .... formaggio preferito e...».

Insomma, ho seguito alla lettera la ricetta in tutte .... varie fasi. Dopo un'ora ero ancora in cucina: mi ero fatto due tagli e una scottatura su .... mano sinistra, però .... capolavori erano in forno. A quel punto ho pensato di aver diritto a un aperitivo. Forse è stato un aperitivo un po' abbondante. Ad un certo punto la casa era piena di fumo.

Rassegnato sono corso in cucina, dove, però, ... manicaretti, perfetti, facevano un bel profumo.

Erano la vicina e .... marito che avevano mandato in fumo un pranzo per dodici persone!

I. *Preparare una discussione sul tema: «È meglio vivere da soli o in famiglia?» Motivare la propria preferenza.*

Lezione 9

Giorgio Gaber

Vive appartato, ha nostalgia dei tempi
in cui tirava mattina nelle cantine
e di quelli in cui «ciascuno seguiva un proprio sentiero»

«Una città appiattita dalle mode»

di EDGARDA FERRI

Sta seduto contratto, il busto piegato in avanti, le mani strette fra i ginocchi, attento. La faccia è lunga, lunghi i capelli scuri, lunghi gli occhi scintillanti, lungo il naso. E ride di un riso chiaro, a volte dolce e timido, la bocca sottile. Una faccia sghemba, ironica e strana, con dentro qualcosa di pulito, quasi indifeso. Però attento. Giorgio Gaber è infatti uomo svagato e attentissimo. Sa molte cose, scava, si tormenta e non si placa. A quarantatrè anni è più inquieto di quando ne aveva venti. «A vent'anni — dice — ero un cavallo al nastro di partenza: non sapevo bene cosa fare, non prendevo niente sul serio. Però ero entusiasta, antagonista a tutto. Avevo voglia di fare».

A 19 anni, suona la chitarra al «Santa Tecla». Abita in via Londonio, una vecchia strada borghese del Sempione. Figlio di un triestino medio-borghese e di una milanese autentica, studia ragioneria ed è iscritto all'Università Bocconi. Il «Santa Tecla» è un posto interessante. In quei giorni le periferie convergono verso il centro di Milano e lì vi arrivano i balordi, i ballerini di professione, quelli che vivono di espedienti. È il tempo del rock e Gaber suona il rock, ma con ironia. C'è anche Enzo Jannacci, anche lui studente universitario, curioso, che suona goliardicamente per divertirsi, con la voglia di mescolarsi alla gente che viene dai bordi di Milano. Poi, un giorno succede a tutti e due che la gente li prende sul serio. Chi? Vanno al «Santa Tecla» gli intellettuali, gli artisti, scrittori e giornalisti, borghesia illuminata, tutti per osservare e studiare la strana fauna venuta dai bordi. I due cantanti cominciano a cantare le cose che succedono tutti i giorni, vanno sulla scia dell'esistenzialismo francese. C'è voglia di rinnovamento: la gente si ritrova nelle cantine, nei locali proletari, vuole scambiare opinioni, esperienze, frequentare locali dove tirare mattina. Tirando mattina, un giorno Gaber incontra Umberto Simonetta, uno scrittore giovane, inquieto, borghese, che andando sempre in giro tra i balordi, parla come loro. Scrivono «La ballata del Cerutti Gino» e di colpo si ritrovano ad avere a che fare con la notorietà. Allora lui comincia a prendere sul serio la faccenda e decide di fare il cantautore, pur ritenendo tale attività solo un momento della sua vita, per quanto durato vent'anni. Dopo infatti passa alla prosa.

In questi giorni presenta uno spettacolo di prosa al «Carcano», con la Melato. Ha molto successo. C'è un pubblico molto vario che li va a vedere e del resto sono straordinari. Un pubblico di coetanei di Gaber, ma anche di giovanissimi. «È vero — dice con un sorriso mansueto — a Milano è accaduta una cosa molto positiva. I giovani ci accettano di nuovo. Io mi ricordo un tempo, intorno al '68, in cui guardavano anche me non ancora trentenne, come un marziano, come un appartenente ad un altro pianeta. Mi ricordo certi episodi dell'Università Statale dove c'erano le assemblee; mi lanciavano certe occhiate da incenerirmi. Quei ragazzi avevano rotto con il passato, ci avevano totalmente cancellato. C'era allora quella mania di cancellare le proprie radici, il proprio patrimonio culturale e sociale. Questa smania di totale distruzione è passata. I ragazzi possono non delirare più per Paoli o Gaber. Ma sanno chi siamo, non ci disprezzano. Molti sono oggi dei nostri grandi sostenitori. Non per le canzoni di allora, s'intende, dato che è cambiato il tempo e il linguaggio».

«Però Milano non è più interessante come vent'anni fa. Non lo è neppure come dieci anni fa, quando anch'io ero guardato come un marziano perché non avevo più vent'anni. Allora, quando andavo in giro per fare tournée, mi sembrava di perdere qualcosa stando lontano. A Milano accadeva sempre qualcosa ed io volevo esserci. Adesso è diverso; posso stare via anche dei mesi, e quando torno non mi pare di aver perso niente.

Quello che detesto della Milano di oggi è la mondanità. Quel seguire le mode, andare agli spettacoli non perché interessanti, ma perché 'sono belli' e se ne parla. Dieci anni fa era diverso. Andavi agli spettacoli per scelta ideologica, non per un fatto estetico. Non dicevi: questo è bello, quello è brutto. Dicevi: magari questo forse non è tanto bello. Però mi aiuta a trovare quelle cose che vado cercando. Ciascuno seguiva un proprio sentiero, voglio dire. Adesso c'è un solo sentiero, affollatissimo ed il percorso è comune. Perché devi. Ecco, io trovo questo atteggiamento molto pericoloso, molto antipatico. Personalmente io non ci sto».

Vive molto appartato, infatti. A Milano è difficile vederlo in giro. «Mi dicono — informa con un guizzo di luce negli occhi stretti — mi dicono che sui Navigli stanno nascendo dei locali dove si ricomincia a stare insieme, facendo musica, parlando, per il piacere di cercare insieme qualcosa che interessa. Pare si stiano formando delle correnti dalle quali potrebbero nascere 'razze' diverse. Io ci spero. Venti, o anche più, locali, mi raccontano, a costi bassi, dove si può tirar tardi senza farsi spellare vivi come nei teatri del centro». Lui, però, non ci va. «Sono molto solitario. E poi vivo malissimo l'esposizione al pubblico del mio essere un personaggio pubblico. Fatico molto anche ad andare su un palcoscenico. A volte vorrei essere molto lontano da lì. A volte, sapendo di mentire giuro di non ritornarci mai più».

Riscuote sempre moltissimi applausi che sono il segno di grande rispetto e stima. Non ha mai trascinato nessuno al fanatismo, al delirio. Ma alla riflessione, alla curiosità, alla voglia di rinnovarsi: questo sempre. Infatti la voce ironica a malinconica di Milano, è la voce di Giorgio Gaber.

la Repubblica, 4 febbraio 1983

A. *Dopo aver letto l'articolo «Una città» appiattita dalle mode», rispondere alle domande ad esso relative.*

1. Chi è Giorgio Gaber e quali sono alcune delle sue caratteristiche fisiche?
2. Quali suoi atteggiamenti psicologici sono da lui riferiti nell'intervista?
3. Quale era il suo repertorio agli inizi?
4. Cos'era il «Santa Tecla» e chi lo frequentava agli inizi degli anni '60?
5. Che attività svolge adesso Giorgio Gaber?
6. Chi è il suo pubblico e che atteggiamento dimostra?
7. Perché nel '68 gli lanciavano «occhiate da incenerire»?
8. Di quali aspetti di Milano ha nostalgia Gaber?
9. Che messaggio comunica al suo pubblico?

B. *Dare il participio passato dei seguenti verbi:*

contrarre	iscrivere
piegare	accadere
stringere	rompere
pulire	perdere
venire	riscuotere

C. *Rintracciare nel testo le parole o le espressioni equivalenti a quelle sottolineate.*

1. Quel locale è frequentato da gente strana il cui interesse principale è andare a letto tardissimo.
2. Ci si incontrano persone della stessa età.
3. Loro considerano gli adulti come individui totalmente diversi.
4. Sembrano volerli annientare con lo sguardo.
5. È giusto che ognuno vada per la propria strada.
6. Per quanto mi riguarda, io sono di diverso parere e mi comporto diversamente.
7. I conti esagerati di certi ristoranti ti svuotano il portafoglio.
8. Mi mette a profondo disagio il fatto che si parli di me.

D. *Volgere il seguente brano all'imperfetto.*

A 19 anni, suona la chitarra al «Santa Tecla». Abita in via Londonio, una vecchia strada borghese del Sempione. Figlio di un triestino medio-borghese e di una milanese autentica, studia ragioneria ed è iscritto all'Università Bocconi. Il «Santa Tecla» è un posto interessante. In quei giorni le periferie convergono verso il centro di Milano e lì vi arrivano i balordi, i ballerini di professione e quelli che vivono di espedienti. È il tempo del rock e Gaber suona il rock, ma con ironia. C'è anche Enzo Jannacci, anche lui studente universitario che ha voglia di mescolarsi alla gente che viene dai bordi di Milano.

Poi, un giorno è successo a tutti e due che la gente li ha presi sul serio. Chi? Vanno al «Santa Tecla» gli intellettuali, gli artisti, scrittori e giornalisti, borghesia illuminata, che vogliono guardare la strana fauna venuta dai bordi. I due cantanti cantano le cose di tutti i giorni, vanno sulla scia dell'esistenzialismo francese. C'è voglia di rinnovamento: la gente si ritrova nelle cantine, nei locali proletari, vuole scambiare opinioni, esperienze, frequentare locali dove tirar mattina.

E. *Completare le frasi seguenti volgendo l'infinito all'imperfetto.*

Esempio. Adesso vado a letto presto. Una volta TIRARE
Adesso vado a letto presto. Una volta tiravo mattina.

1. Adesso giro sempre in macchina. Da giovane CORRERE ....
2. Ora porto sempre giacca e cravatta. Una volta USCIRE ....
3. Ora mi metto sempre la maglia di lana. Prima, invece INFILARSI ....
4. Adesso mangio sempre a casa. Da studente invece MANGIARE ....
5. Ora digerisco solo i cibi leggeri, mentre, una volta DIGERIRE ....
6. Adesso non bevo neanche un goccio di alcool. Prima, invece, BERE ....
7. Adesso fumo solo dopo i pasti. Una volta invece FUMARE ....
8. Ora mi vedo con gente saggia e conformista. In altri tempi INCONTRARE ....
9. Ora posso spendere quanto voglio. Prima invece SPENDERE ....
10. Adesso mi annoio da morire. Una volta invece DIVERTIRSI...... .

F. *Trasformare il brano che segue all'imperfetto cominciando con* L'ANNO SCORSO.

Ho quarant'anni e mi sento in forma perché, con l'aiuto di una dieta miracolosa ho qualche chilo in meno. Sono proprio contento perché dopo la cura ho proprio un bell'aspetto. Sono felice anche perché desidero stare sempre in movimento. Sono agile e scattante e non mi devo preoccupare delle occhiate della gente. Posso muovermi con disinvoltura senza avere il respiro grosso. Se fa troppo caldo non sudo e non mi preoccupo.

Se fa troppo freddo, posso coprirmi di strati di maglioni e assomiglio perfino all'omino della Michelin. La cura non è complicata: devo solo evitare gli stravizi e fare moltissimo esercizio fisico. Infatti, tutti i giorni quando sono le sei devo svegliarmi per la mia ginnastica mattutina. Temo proprio, però, di non resistere a lungo a questo ritmo.

G. *Formulare richieste cortesi sostituendo il presente con l'imperfetto.*

Esempio. La maschera allo spettatore che sta cercando la sua poltrona a teatro: «Cerca il suo posto? Glielo indico io». «Cercava il suo posto? Glielo indico io».

1. Nel bar del foyer, il cameriere ad una signora: «Desidera qualcosa da bere?».
2. L'addetto del guardaroba ad un signore: «Signore, vuole il suo cappello? Lo cerco subito».
3. La cantante al suo amato pubblico: «Chiedete un bis? Eccovi accontentati».
4. Il regista agli attori durante le prove: «Volete un caffè? Facciamo cinque minuti di pausa».
5. Uno spettatore ai vicini durante lo spettacolo: «Desiderano sapere il nome del protagonista maschile? È sul programma».

6. Un signore galante ad una bella ragazza: «Vuole accendere la sigaretta? Le presto il mio accendino».
7. Un padre rivolto al figlio impertinente: «Vuoi uno schiaffone? Te lo dò subito».

H. *Guardare attentamente la figura, poi voltare pagina e, a memoria, descrivere quello che c'era e cosa succedeva in quella situazione.*

Lezione 10

Jazz alla macchia

Illustrazione di Piero Figus

Il mio amico non si dà pace per quello che gli è capitato. Gli è capitato che suo figlio una sera ha telefonato che non rincasava e restava a dormire da un suo amico. E fin qui non c'era nulla di strano, il ragazzo ha compiuto i diciott'anni ed è stato abituato a fare e disfare in piena libertà tutto quello che gli pare. La cosa strana di cui il padre non riesce a farsi una ragione è che questo figlio non è stato a dormire dal suo amico e invece è stato visto a Venezia. Non è stato visto al casinò a giocarsi il rolex [1] della cresima e non è stato neppure visto a fumare hascisc in un covo di hippy. È stato visto a un raffinatissimo ma innocuo concerto di jazz. Però quando è tornato a casa non ha detto niente.

Il mio amico ha educato questo figlio in modo troppo liberale e permissivo per contestargli l'accaduto. Non ha mai affrontato l'argomento con il fuggitivo ma, come dicevo, ci sta facendo una malattia e sua moglie soffre con lui per questa evasione tanto più inspiegabile in quanto lecita, anzi encomiabile sotto il profilo culturale. Mi chiede conforto e soprattutto mi chiede lumi, come spiego questo inquietante episodio? Non sono uno psicanalista e anche la mia psicologia è rudimentale ma tento ugualmente di formulare un'ipotesi.

Conosco questo ragazzo e so come è stato allevato. A quattordici anni ha ricevuto come solenne investitura l'uso delle chiavi di casa. A quindici, i genitori uscivano la sera se il ragazzino dava una festina con mangianastri e cognac. Il padre gli portava a casa dalla farmacia i profilattici, la madre gli regalava le pillole da passare alle compagne con tutte le istruzioni per l'uso. A sedici anni il padre cominciò a offrirgli la sigaretta, piuttosto che lo faccia di nascosto, gli do io quelle che hanno meno catrame. Con i denari si seguì lo stesso criterio, meglio creargli un fondo di dotazione in apposito cassetto che correre il rischio che faccia un debito o freghi qualcosa in casa per venderlo. Idem con la scuola, «se non ne hai voglia stai a casa, non c'è bisogno che tu faccia fughino [2], anzi perché oggi non te ne vai in motocicletta a fare un po' di cross, così respiri un po' d'aria di collina? La giustificazione te la faccio io».

Conosco questo ragazzo che non ha mai falsificato una firma nel libretto delle assenze, che non ha mai venduto un libro della biblioteca paterna per far su quattro soldi, che non ha mai portato una ragazza in un prato perché i suoi gli lasciavano la casa libera, che non ha mai conosciuto l'emozione della sigaretta proibita perché suo padre gliele offriva, che non ha neppure provato l'imbarazzo di chiedere certe cose al farmacista perché l'illuminato genitore gliele portava a casa. E mi sono sempre chiesto come si fa a essere ragazzi in questa orgia di tolleranza. Ora respiro di sollievo: ha avuto una reazione, almeno un concerto è andato a sentirselo di nascosto. Spero perseveri, recuperando la clandestinità perduta.

L. Goldoni, *Cioè*, Mondadori, Milano 1977

[1] rolex: nota marca di orologi.
[2] far fùghino: marinare la scuola.

A. *Leggete con attenzione il brano «Jazz alla macchia» e, poi, scegliete tra le possibilità offerte quella esatta.*

1. Il ragazzo

a. ha compiuto i 18 anni
b. non ha ancora compiuto i 18 anni
c. ha 15 anni

2. Il ragazzo non è rincasato perché

a. è rimasto a dormire da un amico
b. è andato al Casinò di Venezia
c. è andato a Venezia ad ascoltare della musica
d. ha passato la serata a fumare hascisc con gli amici

3. Il padre del ragazzo è

a. contento
b. scontento
c. molto turbato
d. arrabbiato

4. L'educazione del ragazzo è stata

   a. abbastanza tollerante
   b. poco tollerante
   c. troppo tollerante

5. Le sigarette gli erano

   a. proibite e quindi lui non fumava
   b. proibite e quindi lui fumava di nascosto
   c. permesse e quindi lui fumava liberamente

6. Quando non aveva voglia di andare a scuola il ragazzo

   a. restava a casa con il consenso dei genitori
   b. era costretto ad andarci lo stesso
   c. faceva «fughino» e falsificava la giustificazione

B. *Rispondete alle seguenti domande sul brano:*

1. Perché il padre si è preoccupato?
2. Che cosa ha fatto il figlio?
3. Che cosa NON ha fatto il figlio?
4. Cosa ha detto quando è tornato a casa?
5. Il padre ha discusso con il figlio dell'argomento?
6. Perché il figlio non ha mai venduto un libro?
7. Perché non ha mai portato le ragazze in un prato?
8. Perché non ha mai fumato di nascosto?
9. Perché non ha mai dovuto fare acquisti imbarazzanti in farmacia?
10. Perché non ha mai fatto una giustificazione falsa?

C. *Descrivete alcune delle vostre abitudini completando le frasi:*

1. Da bambino ....
2. Alle scuole elementari ....
3. Alle scuole superiori ....
4. A 15 anni ....
5. A 18 anni ....

D. Volgete i verbi sottolineati al passato (passato prossimo o imperfetto).

A concerto quasi terminato, tornano gli incidenti per il chitarrista rock

Genova, volevano sentir Santana gratis Tafferugli, lacrimogeni, anche un ferito

GENOVA — Con Carlos Santana, figura mitica del rock degli Anni Settanta, torna a Genova, giovedì sera, l'atmosfera rovente della musica. Una carica della polizia con lancio di lacrimogeni e uso di sfollagente disperde una folla di giovani che, verso le 23, tenta di forzare l'ingresso al Palasport, da cui arrivano le note accattivanti e i caldi ritmi della chitarra di Carlos Santana.

Artisti e pubblico non si accorgono di nulla, ma fuori, nei tafferugli, un ragazzo rimane ferito e va all'ospedale. Dopo anni di calma di nuovo Santana è l'occasione involontaria di una situazione critica.

La «bagarre» scoppia alle 23 circa, quando lo spettacolo, applaudito da oltre 9000 persone si avvia alla conclusione. Un venditore ambulante genovese, Maurizio Grillo, 20 anni, riporta ferite che lo mandano all'ospedale San Martino con prognosi di pochi giorni. Un fan del chitarrista, giunto a Genova da Catanzaro, finisce in carcere per detenzione di hashish. Sembra davvero di essere ritornati agli anni settanta.

I tafferugli scoppiano per la pretesa di alcune centinaia di giovani di entrare al Palasport, senza pagare il biglietto d'ingresso: undicimila lire. A concerto inoltrato i giovani rimasti fuori cominciano a premere contro i cancelli e la polizia decide di intervenire.

Lo scontro tra polizia e fans dell'artista è nell'aria. Le persone rimaste fuori dei cancelli del Palasport, non fanno nulla per nascondere l'intenzione di forzare gli ingressi: le raccomandazioni e gli inviti alla calma non servono a nulla. Poi cominciano a volare improperi e bottigliette contro le forze dell'ordine, ed è il caos.

La polizia carica i dimostranti, i colpi di manganello si mescolano al lancio di lacrimogeni e di bottigliette.

Lo scontro dura parecchie decine di minuti. Poi la polizia riesce a ristabilire l'ordine.

I giovani si disperdono, mentre all'interno scrosciano gli applausi per la conclusione dello spettacolo. La maggior parte degli spettatori non si accorge di quanto accade fuori del Palasport. Neppure il fumo dei lacrimogeni prevale sull'entusiasmo per il rock di Carlos Santana.

R.S. *La Stampa*, settembre 1983

E. *Volgete i verbi al passato prossimo o all'imperfetto.*

COSA AVETE FATTO L'ESTATE SCORSA?

Francesca: Io PARTIRE .... appena finiti gli esami. ISCRIVERSI .... a un corso di surf sui laghi e IMPARARE .... ad assecondare il vento.

DIVENTARE .... una campionessa. Alla fine dell'estate FARE .... anche delle gare.

Ma purtroppo non ARRIVARE .... prima; però, VINCERE .... il premio di consolazione. Che emozione PROVARE .... !»

Ludovico: «Mentre tu ESSERE .... ai laghi, io TROVARSI .... sulla barriera corallina. Prima, COMPRARSI .... l'attrezzatura completa da subacqueo e lì NUOTARE .... dalla mattina alla sera. Mentre ESSERE .... sotto l'acqua, VEDERE .... pesci meravigliosi che mi GUARDARE .... incuriositi, ma non SCAPPARE .... Forse loro PENSARE .... che io fossi uno di loro?!»

Ruggero: «Mentre voi SPENDERE .... i vostri soldi, io ne GUADAGNARE .... un mucchio perché CANTARE .... nei locali per turisti. Le mie canzoni PIACERE

.... molto alle straniere che mi INVITARE .... ad andarle a trovare nei loro paesi.

Filippo e Clara: «Io AFFITTARE .... una macchina e PARTIRE .... per l'avventura. Per la strada INCONTRARE .... una simpatica bionda e insieme PROSEGUIRE .... il viaggio. DIVERTIRSI .... moltissimo. FARE .... un sacco di fotografie e di risate. Alla fine DARSI .... appuntamento per le prossime vacanze.»

F. *Sostituite ai puntini le preposizioni semplici o articolate:*

Quindicimila in festa, senza incidenti

Pubblico .... adorazione .... Nizza, ... Costa Azzurra .... la rockstar David Bowie, che .... due sere si è presentato .... teatro .... Arena Romana.

Le due serate .... concerti hanno raccolto .... tutto 30.000 persone e la quantità .... pubblico italiano era pari .... quella .... francesi.

Nel teatro, le gradinate sono state prese .... assalto: almeno 5.000 persone hanno bivaccato lì intorno .... tre giorni, dormendo .... sacchi a pelo, ... spiaggia e .... erba .... giardini e prati .... attesa di comprare un biglietto .... la seconda sera. Almeno 200 venditori ambulanti vendevano panini, magliette e manifesti.

Molti ragazzi avevano fuochi .... artificio e piccoli razzi che hanno fatto esplodere .... fine del concerto: una festa .... festa, ... un'allegria che è andata crescendo .... tramonto .... notte. Nessun incidente.

G. *Mettete gli infiniti alla forma appropriata del passato (passato prossimo o imperfetto).*

Canta Bowie. Che teatro!

L'altra sera David Bowie PRESENTARSI .... all'Arena Romana e FARE .... urlare il pubblico solo togliendosi la giacca. PORTARE .... un elegante vestito azzurro cielo, camicia bianca e bretelle, cravatta a righe gialle e marrone: SEMBRARE .... un angelo degli anni '80, un figurino, capelli biondissimi, terribilmente perfetti, fondotinta.

FARE .... davvero ballare per due sere sulla Costa Azzurra i suoi adoratori. In questa tournée gli organizzatori VENDERE .... 2 milioni di biglietti. Dopo il concerto, Bowie VOLARE .... in California.

Il cantante che il cinema e il teatro SCOPRIRE ...., RAPPRESENTARE .... una bandiera per il popolo del rock: ESSERE .... l'anticipatore di tutte le mode musicali, dell'ambiguità sessuale e della seduzione spettacolare. Infatti SIGNIFICARE .... la diversità come ambizione, la pop music come teatro di maschere. Cioè DRAMMATIZZARE .... il rock, musica d'oggi.

Lo show che noi VEDERE .... , il primo dopo cinque anni molto vissuti a Broadway, AVERE .... di Broadway lo scintillio e la perfezione formale: ESSERCI .... un'attenzione sofisticata ed elegante all'interpretazione teatrale della musica.

Chitarristi e bassista VESTIRE .,.................................. da indiani, il tastierista SEMBRARE .... un mandarino, un sassofonista ESSERE

.... pronto ad una danza russa e gli altri due VESTIRE .... alla Chicago anni '30, come i due coristi che AVERE .... una funzione soprattutto mimica.

Dalle nove in punto alle undici, Bowie ESPORRE .... la sua musica partendo dalle creazioni più recenti verso le più popolari e amate. Poi IMBRACCIARE .... la chitarra e SUONARE .... il sax, FARE .... l'Amleto con il teschio, RECITARE .... e BALLARE ....

Alla fine, Bowie ANDARSENE .... nel buio, senza salutare.

Forse VOLERE .... dire che la sua bravura musicale è con se stesso non con gli altri: è duro essere un mito e voler tornare alla vita semplice.

H. *Immaginate di essere il figlio del signore di cui si parla nel brano «Jazz alla macchia». Scrivete una lettera al responsabile della rubrica «Lettere Personali» di un settimanale italiano che includa i seguenti paragrafi:*

— *presentazione*
— *motivo della lettera*
— *atteggiamento dei genitori e commento*
— *richiesta di consiglio*
— *conclusioni e saluti*

Lezione 11

A QUALCUNO PIACE GELATO

di GIUSEPPE NICOTRI

Riapre la lunga stagione dei coni. Ce n'è per tutti i gusti: dal maxicono alto mezzo metro, al gelato di polenta, di basilico o di polipo... Trentamila gelatai si lanciano la sfida. Qual è il migliore?

ROMA. Cassate, spumoni, coni, sorbetti, cornetti, semifreddi, tartufi, pinguini, affogati, mantecati, coppette... Ci risiamo. Riapre la lunga stagione del gelato, una grande abbuffata. Secondo i dati forniti dall'Istituto italiano per la valorizzazione del gelato, l'anno scorso abbiamo divorato l'equivalente di 3 miliardi e 300 mila coni, con un fatturato per i produttori che ha superato i 500 miliardi di lire. Industrie del settore, gelaterie più o meno artigianali, maestri pasticcieri, si stanno già lanciando la sfida che si consumerà attraverso le oltre 30 mila rivenditorie di queste golosità, sparse in ogni angolo della penisola. E, ovunque, si è alla ricerca della novità che sbalordisca e conquisti.

Da Giolitti a Roma, il celebre gelataio, famoso dai tempi del marchese del Grillo, arriva la prima proposta per questa primavera-estate: il maxicono da passeggio che, una volta farcito, rasenta il mezzo metro di altezza. Sempre a Roma, vicino al Pantheon, ecco il bar Viola sbandierare gelati al gusto di polenta, cicoria melanzana, pizza napoletana, prosciutto e melone... oltre che alla "marijuana" e perfino alla "coca olandese". Ma la tenzone a colpi di gelato infuria tra molti ristoratori. A Polignano a Mare, come a

Palermo, dove i gelatai stanno sgominando la concorrenza con gelati al sapore di polipo. Da Padova s'avanza il supermago del gelato che propone gelati di funghi, di gorgonzola, di salmone, di salvia e di basilico, di patate americane o di spumante italiano. Non c'è che da scegliere.

Intanto, nelle case di molti italiani cominciano ad affacciarsi in numero sempre crescente gli elettrodomestici per fare il gelato in famiglia. Nel 1982 ne sono stati venduti 50 mila (costano dalle 300 alle 600 mila lire); per quest'anno si prevede che la cifra raddoppierà abbondantemente. Così, ad esempio, il segretario del partito socialista Bettino Craxi, si ristora in famiglia con i gelati preparati dalla consorte, la signora Anna.

«Bettino adora i miei gelati alla vaniglia e al cioccolato», confida la signora Anna. «Ne è goloso anche d'inverno. Ma con l'estate preferisco tenerlo leggero, con delicati gelati alla frutta».

Anche l'onorevole Giulio Andreotti, che non nasconde un forte debole per tutti i dolci, confessa che «specie nei periodi come questo, politicamente molto pieni per via della campagna elettorale, le mie cene si limitano a un buon gelato di frutta, preparato da mia moglie. Non mi appesantisco lo stomaco e dormo beato». Un altro illustre politico, il segretario del partito repubblicano, Giovanni Spadolini, è un habitué del bar Giolitti e dei suoi semifreddi.

L'amore sfrenato verso il gelato ha avuto anche in passato celebri cultori. Come, ad esempio, Giacomo Leopardi che spesso "naufragava" nelle delizie del bar Gambrinus di Mergellina. Al punto da diventare «affetto da dissenteria da gelato», come scrisse Antonio Ranieri. E oggi, rimanendo in tema di questo culto, un'altra gelateria napoletana, la premiata "Remì Gelo" di Benvenuto Corradini, può vantare sul libro d'oro degli ospiti illustri la dedica del cardinale Corrado Ursi che invoca «la grazia di Dio per il diletto Benvenuto e la di lui famiglia». Più profana, invece, la penna dell'attrice Francesca Romana Coluzzi, la quale scrive: «Grazie, grazie, vado via da Napoli con un dolcissimo ricordo e due chili in piú».

Se nei bar, nelle gelaterie, nelle famiglie di tanti italiani si celebra ogni giorno l'apoteosi del gelato, anche nei ristoranti, esclusivi, che ostentano raffiche di stellette o di cappelli da cuoco, il gelato sta vivendo una stagione molto fortunata. Merito, soprattutto, del sorbetto. Già, perché i grandi cuochi vanno sempre più introducendo a metà pranzo, con funzioni digestive, l'uso di servire sorbetti, con maggiore preferenza verso quelli alla frutta. Così, a Venezia sono diventati una peculiarità del ristorante dell'hotel Cipriani. A Roma, al Toulà, è d'obbligo, a metà pranzo, fare una sosta con un sorbetto d'arancia al peperoncino. Mentre, sempre a Roma, il ristorante Papa Giovanni si orienta verso un sorbetto al cedro e al mandarino. «In fondo», spiega Alfredo Tomaselli, titolare del ristorante il Bolognese di piazza del Popolo a Roma, «in Francia la moda del sorbetto ha una lunghissima tradizione; non c'è da stupirsi, quindi, che anche da noi venga riscoperta dai teorici della nouvelle cuisine».

Ma non tutti la pensano allo stesso modo. Qualcuno storce il naso, oltre che la bocca. Come, ad esempio, Gualtiero Marchesi, capo dei capi dei grandi maestri milanesi della cucina: «Macché nouvelle cuisine! Sono contrario al sorbetto a metà pranzo. Meglio, allora, orientarsi verso un piatto sempre leggero, magari semplice senza stare a scopiazzare i cugini francesi».

Se, dunque, c'è qualcuno che si accapiglia sul sorbetto, qualcun altro, gli artigiani del gelato, polemizza sul gelato industriale, mettendolo all'indice perché gonfiato d'aria e, quindi, non genuino.

Comunque, al di là delle piccole polemiche sul sorbetto o sul gelato "gonfiato", un dato è certo. La passione degli italiani verso il gelato è in continuo sviluppo, e stiamo velocemente arrivando a un consumo pro capite di 6 litri di gelato all'anno per un totale di oltre 327 milioni di litri di gelato prodotti da industrie e artigiani del settore. Insomma, un vero trionfo della gola.

GIUSEPPE NICOTRI (ha collaborato TUDY GIORDANELLI)
L'Espresso, 29 maggio 1983

A. *Leggete il brano «A qualcuno piace gelato» e poi rispondete alle seguenti domande.*

1. Quale è la sfida di cui si parla nell'articolo?
2. Chi sono i protagonisti della sfida?
3. Completate la seguente scheda riportando quali sono le città, i relativi gelatai nominati e le loro specialità.

LOCALITÀ	GELATERIE	SPECIALITÀ
1	....	....
2	....	....
3	....	....
4	....	....
5	....	....
6	....	....
7	....	....
8	....	....
9	....	....
10	....	....

4. Fornite le seguenti cifre:
   a. Numero delle gelaterie
   b. Consumo dei gelati nel 1982
   c. Fatturato dell'industria
   d. Numero degli elettrodomestici per fare il gelato venduti nel 1982
   e. Costo degli elettrodomestici
   f. Consumo annuale pro capite di gelato.
5. Elencate i personaggi più o meno famosi nominati nell'articolo e golosi di gelato.

6. Quale è il tipo di gelato più di moda e perché?
7. Gli esperti sono tutti d'accordo?
8. Quale difetto presenta il gelato industriale?
9. Quale è la conclusione dell'articolo?

B. *Sostituite alle parole indicate il pronome indefinito suggerito, apportando cambiamenti ai verbi, se necessario.*

Esempio. *Noi abbiamo letto l'articolo «A qualcuno piace gelato». (ognuno)*
Ognuno ha letto l'articolo «A qualcuno piace gelato».

1. Trentamila gelatai si sono lanciati una sfida. (tutti)
2. Tutti hanno gustato un gelato al cioccolato. (ciascuno)
3. Le casalinghe usano gli elettrodomestici per fare gelati in famiglia. (qualcuno)
4. B. Craxi adora gelati al cioccolato e vaniglia. (uno)
5. All'on. Andreotti piacciono i gelati alla frutta. (un tale)
6. Spadolini ama i semifreddi. (chiunque)
7. Tutti sono golosi. (nessuno)
8. Due signore sono ingrassate di qualche chilo. (uno)
9. A metà pranzo si devono prendere dei piatti digestivi. (qualcosa)
10. Forse la gente consuma gelati per superare le proprie amarezze. (tutti)

C. *Cambiate le seguenti frasi sostituendo* QUALCHE *ad* ALCUNI/E *e viceversa.*

1. Alcuni gelatai hanno prezzi esorbitanti.
2. Qualche pasticciere ha inventato golosità straordinarie.
3. Alcuni gelati toccano il mezzo metro.
4. Qualche sapore è decisamente insolito.
5. Qualche persona prepara il gelato in famiglia.
6. Alcuni golosi viziati si ristorano con gelati fatti dalla mamma.
7. Alcune persone mangiano gelato solo d'estate.
8. Qualche fanatico lo prende tutto l'anno.
9. Qualche dieta esclude il gelato.
10. Alcuni chili in più dipendono dall'amore sfrenato per il gelato.

D. *Dite se nel vostro quartiere si vedono molte (poche, parecchie, troppe) delle seguenti cose.*

Esempio. *ristoranti*
Ci sono molti (o pochi, parecchi, troppi) ristoranti.

1. gelaterie artigianali
2. bar
3. locali italiani
4. monumenti
5. discoteche
6. grandi magazzini
7. negozi di lusso
8. cinema

E. *Completate con la forma corretta dell'aggettivo tra parentesi.*

Esempio. *Mia moglie ha (molto) attenzioni per me.*
Mia moglie ha molte attenzioni per me.

1. Al momento ho (alcuno) .... amarezze, per via di (qualche) .... problema personale.
2. Mia moglie mi presta (molto) .... cure affettuose.
3. Per addolcirmi, mi prepara (moltissimo) .... dolci.
4. Ma io mangio solo (qualche) .... gelato.
5. Di solito, d'inverno consumo (poco) .... gelati.
6. D'estate, invece, mi compro (parecchio) .... cassate, semifreddi e (troppo) .... coni.
7. Li prendo di (tutto) .... i gusti.
8. Infatti, mi piacciono soprattutto i gelati industriali di (ogni) .... ditta.
9. Mia moglie, però, vuole prepararmi personalmente (diverso) .... tipi di gelati.
10. Lei ha (troppo) .... pazienza.

F. *Completate la seguente rielaborazione dell'articolo letto con le parole adatte.*

Ogni anno, all'inizio dell' .... , riapre la lunga stagione dei .... Quest'anno la produzione è molto .... e .... Tutte le pasticcerie cercano le novità con cui possono .... e conquistare i .... Novità? Ce ne sono per tutti i .... e .... dimensioni. Alcuni negozi sono cari, ...

sono a buon mercato. .... gelati sono zuccherati, ... no. Insomma, è una stagione .... eccezionale.

Se in .... bar, gelaterie e famiglie si celebra .... giorni l'apoteosi del gelato, anche in qualche .... più esclusivo e raffinato il gelato .... Già, perché molti cuochi .... sorbetti a metà pranzo, con funzioni ....

Infatti c'è qualcuno che .... che è obbligatorio riposarsi con un sorbetto, ... i bravi canoni della cucina francese.

Ma non .... la pensano allo stesso modo: qualcuno storce la .... e il naso. Ad esempio dice di essere contrario al sorbetto a metà .... e suggerisce di .... qualcosa di più leggero, senza imitare le usanze francesi.

Inoltre, ci sono .... che criticano il gelato industriale che in alcuni casi è alterato e non .... Pare che .... industrie disoneste mettano un po' di .... nella composizione e quindi .... controllo è necessario per evitare .... Ma, al di là delle polemiche, è evidente che .... di tutti .... italiani verso il gelato è in continuo ....

G. *Inserite le forme e i tempi adatti del verbo* PIACERE.

Pensieri di gelato

Signori e signore, mi presento, sono il gelato italiano. Sono un alimento che .... a grandi e piccini. Io .... ai bimbi perché sono freddo, dolce e gustoso e quando mi sciolgo, lascio quelle gocce appiccicose che ai bambini .... immensamente.

Ma anche ai grandi .... sempre, anche se a volte non l'hanno voluto ammettere.

Certo perché sono poliedrico e multiforme: se a qualcuno non

.... il sorbetto perché troppo acquoso, gli .... senz'altro gli spumoni così morbidi e ricchi di panna; se a un altro non .... i coni perché è imbarazzante leccarli, gli .... una raffinata e comoda coppa senza rischi.

Sù, confessate, che tipo di gelato vi .... ? Ricordo quando una famosa ditta mi vestiva tutto di bianco, mi .... molto quel vestito; poi mi hanno aggiunto un cappottino di cioccolata e sono diventato un pinguino. Questo cambiamento mi .... un po' meno perché la gente ha cominciato ad addentarmi, ad aggredirmi. Però, ero sicuro di .... loro!

Dite che sono vanitoso? Certo mi .... molto quando mi presento in due o tre gusti diversi e in colori ben abbinati (zabaglione e caffè? pistacchio e cioccolata?). È come una sfilata di moda: a chi non .... mettersi in mostra così?

H. *Trasformate le frasi seguenti usando il verbo* PIACERE *e* NON PIACERE *e apportando le opportune modifiche.*

Esempio. Qualcuno trova ottimo il gelato al polipo?
A qualcuno piace il gelato al polipo?

1. Queste specialità, voi le avete trovate buone?
2. Per carità detestiamo i dolci! Odiamo ogni tipo di gelato!
3. Io odio mortalmente tutte le novità in fatto di cibo, balli, mode...
4. Nessuno di mente sana sopporterebbe queste espressioni di cattivo gusto.
5. Una volta era diverso! Io da ragazzo amavo alla follia le ragazzine con i capelli rossi.
6. Ma loro sono sempre andate pazze per i più grandi.
7. Noi quarantenni preferiremmo gli hippies di una volta ai punk di oggi.
8. Ma domani, chissà, forse ameremo anche questi mostri colorati?
9. Io sono molto simpatico a tutti quelli che mi conoscono.
10. Non esagerare: qualcuno ti trova insopportabile.

I. *Siete un gruppo di amici che vogliono organizzare una festicciola estiva per una ventina di persone, in occasione del compleanno di uno di voi. Discutete insieme l'organizzazione del menù, cosa comprare, cosa preparare, come dividervi i compiti.*

Lezione 12

ARCHITETTURA

Dall'altare alla polvere

Raderlo al suolo o conservarlo come monumento al cattivo gusto? La polemica sul Vittoriano di Roma si riaccende e si allarga: ha ancora senso parlare di «bello» e «brutto» in architettura?

C'è chi lo vorrebbe trasformare, fantasiosamente ricoperto di edera, vite americana e glicine, in una sorta di immenso polmone verde nel cuore della città. E c'è chi invece preferirebbe ingabbiarlo in una curiosa struttura in ferro e vetro per destinarlo alle grandi esposizioni.

Ma ciò che divide il mondo degli architetti e degli urbanisti italiani, è un interrogativo. Raderlo al suolo, smantellarlo pezzo dopo pezzo perché simbolo della retorica patriottarda e monumento al cattivo gusto? Oppure lasciarlo lì, orribile forse, ma comunque parte integrante della memoria storica?

Vero e proprio pomo della discordia, il Vittoriano di Roma. L'immenso monumento a Vittorio Emanuele II, l'altare della Patria che, nel corso dei suoi quasi cento anni di vita (fu inaugurato solo il 5 giugno 1911, ma i lavori erano già iniziati nel 1884), è stato indicato con i nomignoli più strani e irriverenti. Da «calamaio» a «macchina da scrivere», da «catafalco» a «dentiera». Fino all'appellativo più dissacrante, quello di «bianco pisciatoio di lusso», inventato da Giovanni Papini.

La polemica sul grande mausoleo di piazza Venezia, scoppiata sulle colonne del *Messaggero* è subito rimbalzata sulle pagine di riviste specialistiche come il mensile *L'architettura*, coinvolgendo i nomi più prestigiosi dell'architettura e dell'urbanistica italiane.

Non basta. A discutere infatti sull'opportunità di distruggere o di riconsiderare esteticamente non solo il Vittoriano, ma anche edifici come il palazzo di Giustizia (il «Palazzaccio») a Roma, i due palazzi littori dell'Arengario a Milano o la struttura del Politeama a Palermo, sono scesi in campo filosofi, storici e teorici dell'arte.

«Quando, qualche mese fa, lanciai la proposta di demolire l'Altare della Patria, non pensavo proprio di scatenare un putiferio di così vaste proporzioni» ammette Giancarlo Busiri Vici, presidente del Consiglio nazionale degli architetti. «Al contrario. Pensavo di sostenere una posizione largamente condivisa. Anche perché tutta l'Italia scoppia di opere, monumenti, edifici che deturpano i centri storici».

In realtà l'idea di distruggere il Vitto-

L'Altare della Patria in un disegno di Franco Testa

riano di Roma era già venuta una decina d'anni fa, a un altro urbanista, Leonardo Benevolo. E anche allora, la proposta aveva fatto scalpore. Benevolo, infatti, aveva provocatoriamente suggerito di segare in due il monumento per metterne all'asta la parte superiore fra i ricchi petrolieri del Texas. E ricavare così i fondi per la distruzione della metà inferiore. «Ma con una mentalità simile, si sarebbe buttata giù mezza Italia!» esclama Eugenio Battisti, che insegna storia dell'architettura all'università di Milano. «Proprio perché monumenti bruttissimi se ne trovano ovunque, mi sembra insensato parlare di demolizione. Sarebbe come voler strappare qualche pagina sgradevole dal libro della storia del nostro Paese».

Divisa dunque fra recupero e vera e propria cancellazione di quel patrimonio architettonico riconosciuto come di cattivo gusto, la polemica si è però allargata su un terreno più ampio. Il terreno cioè di una riflessione più generale sulle stesse categorie del bello e del brutto. E sulla possibilità o meno di tracciare una netta linea di demarcazione fra l'arte e ciò che si definisce kitsch.

«Molti elementi di kitsch attraversano gran parte dell'arte moderna, dalla transavanguardia al post-modern» sostiene il teorico dell'arte Gillo Dorfles. «Si tratta di elementi che mescolano gli stessi concetti di brutto e di bello» continua Dorfles. «Due idee che nella nostra era sono ormai inestricabili, legate l'un l'altra. Ed è appunto questo legame che ci consente oggi di poter rivalutare edifici considerati finora esecrabili come la Ca' Brütta di Milano, o interi movimenti come, per esempio il Liberty».

Sostanzialmente concordi nel considerare i concetti di bello e di brutto come ormai indissolubilmente intrecciati, architetti e teorici dell'arte non sono però in sintonia nell'indicare le soluzioni. «Sono certo d'accordo sulla funzione artisticamente produttiva del kitsch, che nasce sempre da quanto si produce al di fuori del linguaggio codificato delle accademie e che in questo senso esprime la sua carica più propria» afferma convinto Bruno Zevi, uno dei critici più noti dell'architettura italiana. «Ma non mi sembra che l'Altare della Patria o il "Palazzaccio" abbiano una potenza dissacratrice. Caso mai, il contrario. E, per questo, li demolirei».

Ma, di fronte a un dibattito fattosi ormai rovente, c'è anche chi minimizza e richiama ai problemi più concreti dell'urbanistica. È il caso di Lorenzo Berni, docente di architettura all'università di Milano.

«È vero» chiarisce «nella nostra società non ha più senso parlare di bello e di brutto. Proprio per questo, dovremmo impegnarci su problemi più urgenti. E occuparci meno di dispute così estetizzanti».

MARIO FORTUNATO, *Panorama*,
20 giugno 1983

A. *Dopo la lettura dell'articolo, controllare se le seguenti affermazioni sono Vere o False.*

1. L'Italia è un bel paese dove fortunatamente ci sono pochissimi monumenti brutti.
2. La polemica attuale riguarda solo il grande mausoleo di Piazza Venezia.
3. I romani hanno sempre trattato l'Altare della Patria con riverenza e affetto.
4. I pareri sul destino del monumento sono diversi.
5. L'idea di demolire l'Altare della Patria è di qualche mese fa.
6. Chi ha proposto la demolizione non pensava di scatenare tante polemiche, perché era certo che la sua idea era condivisa da tutti.
7. La polemica è anche una riflessione estetica sulle categorie del bello e del brutto.
8. Oggi si rivalutano edifici tradizionalmente considerati orribili.
9. Filosofi, storici, teorici e critici d'arte sono d'accordo nel dire che il bello e il brutto sono strettamente collegati.
10. Per alcuni critici il kitsch è positivo e vitale perché non è prodotto nelle accademie e ha una potenza dissacratrice.
11. Nella società italiana di oggi è bene occuparsi di problemi estetici: si eviteranno altri esempi di cattivo gusto.

B. *La polemica coinvolge i nomi più prestigiosi dell'architettura e dell'urbanistica. Sistemare i nomi che appaiono nell'articolo, in base alle loro diverse posizioni, nella scheda seguente.*

DEMOLIZIONE DELL'ALTARE DELLA PATRIA

CHI HA AVUTO L'IDEA	CHI È FAVOREVOLE	CHI È CONTRARIO	CHI MINIMIZZA
....	....	....	....
....	....	....	....
....	....	....	....
....	....	....	....

C. *Dare i sinonimi o espressioni di significato equivalente citate nell'articolo.*

1. disputa
2. demolire
3. palazzo
4. concordare
5. orribile
6. appellativo

D. *Trovare nel testo i verbi che si usano con le seguenti parole per indicare l'inizio dell'azione.*

Esempio. Guerra scoppiare

1. putiferio
2. dibattito
3. discussione
4. polemica
5. proposta
6. scalpore

E. *L'Altare della Patria sopravvive alle polemiche e colpisce l'attenzione di due stranieri che arrivano a Piazza Venezia e, guardando lo strano edificio, formulano delle ipotesi sulla sua funzione e identità.*
Cambiate le loro frasi in altre al futuro.

1. «Forse, è un capolinea della metropolitana?!»

2. «Può darsi. Dici che con quella possiamo andare al mare?»
3. «No, c'è poca gente. Che sia piuttosto l'ingresso del cimitero? Forse i romani ci seppelliscono i morti.»
4. «No, non è così triste. Chissà i romani ci fanno il bagno: una specie di terme moderne.».
5. «Secondo me, gli italiani lo usano per le cerimonie pubbliche: è troppo retorico e ci sono le corone.»
6. «Un edificio con i cavalli sul tetto?! Magari, funziona come un ippodromo o un'arena.»
7. «Io ci entro: forse vedo cavalli e fantini o magari incontro leoni e cristiani.»
8. «Quelle colonne, piuttosto, non vogliono dire che è il Museo di Arte Classica?»
9. «Mah, deve essere l'ingresso secondario di San Pietro. Può darsi che la gente applauda il Papa anche da questa piazza qui.»
10. Un romano che li sente: «Questi non conoscono né piazza San Pietro, né piazza Venezia?! Che vengano da Marte?!»

F. *L'Altare della Patria è ingombrante: diverse personalità esprimono le loro opinioni sul futuro del monumento.*
Trasformare le loro proposte in decise dichiarazioni completando le frasi usando il futuro.

1. Buttarlo giù?... D'accordo, noi ....
2. Lasciarlo in piedi? Certo, voi ....
3. Ricordare agli italiani il passato? Senz'altro il monumento ....
4. Usarlo come teatro o tempio dell'effimero?... Certo, i giovani ....
5. Trasformarlo in parco pubblico?... Come no? Il Comune ....

6. Tagliarlo in due? Buona idea! Un'impresa edile ....
7. Venderlo agli sceicchi arabi? Certo, un pezzo anche ai petrolieri texani. La Banca d'Italia ....
8. Farlo crollare? È semplicissimo: i lavori sotterranei del metrò ....
9. Trasferirlo nella pianura padana? Noi ....
10. Sentirne la mancanza? Falso, nessuno ....

G. *Ecco la pagina di un'agenda che riporta sinteticamente tutti gli impegni di un giorno a Roma.*
Riformulare gli appunti in frasi complete usando il *<u>futuro anteriore</u>* *e il* *<u>futuro semplice</u>*, *secondo l'esempio.*

Esempio. Ore 8. Colazione-Incontro con gli altri del «Circolo di Roma».
<u>Alle 8, dopo che avrò fatto colazione, incontrerò gli altri</u>...

Luglio

13 Venerdì

s. Enrico imperatore
28 settimana 195-171

ore 8 - Colazione - Incontro con il "Circolo di Roma"

9 - Appuntamento con Cicerone a Piazza Venezia - Inizio gita turistica

10 - Visita al Campidoglio - Passeggiata per il Foro

11 - Arco di Traiano - Colosseo

12 - 'Mosè' di Michelangelo - Casa del Marchese del Grillo

12.30 - Aperitivo al Bar Nazionale - Pranzo da "Mario"

ore 14.00 - Caffè de 'Romano' - Siesta

15.30 - Appuntamento con Romolo e Remo - Cinema Capitol 'Quo vadis?'

17.30 - Incontro con Giulia - Gelato da 'Giolitti' -

H. *Durante la passeggiata romana di Venerdì, 13 Luglio, due componenti del gruppo sono scomparsi. Gli altri provano ad indovinare dove saranno finiti. Scrivere delle frasi al futuro semplice e composto, usando i verbi suggeriti.*

1. Andare al bar.
2. Sbagliare autobus.
3. Rimanere al Colosseo.
4. Vedere la lupa al Campidoglio.
5. Essere a casa.
6. Stufarsi di antichità.
7. Incontrare delle belle ragazze.
8. Essere investiti da una macchina.
9. Stare all'ospedale.
10. Essere sani e salvi in un caffè.

L. *Immaginate di avere degli ospiti italiani e di dover far loro da guida, per una giornata nella vostra città. Preparate un itinerario interessante e, prima di partire, illustratelo loro.*

Lezione 13

il signore di buona famiglia

A. *Cambiare le forme verbali al passato (passato prossimo), se possibile.*

Giuseppe Novello nasce a Codogno (Milano) il 7 luglio 1897, alle sette in punto, come dice lui.

Lo zio, Giorgio Belloni, valente paesaggista lombardo, lo avvia agli studi d'arte. Mentre il padre gli fa fare quelli giuridici.

Così, Novello diventa dottore in legge e successivamente si diploma all'Accademia di Brera.

La Biennale di Venezia riconosce subito il suo successo come pittore; ma lo invitano anche a numerose mostre nazionali a cui lui partecipa con opere di paesaggio, interni e figure.

Nel frattempo, i critici intuiscono il suo forte talento, e, uno di loro, Paolo Monelli lo incoraggia ad iniziare quella attività di caricaturista che attraverso i fogli dell'«Alpino» e poi della «Gazzetta del Popolo» e della «Stampa» lo rende famoso.

La prima e la seconda guerra mondiale lo vedono combattente tra gli Alpini. Se il fortunato esito della prima guerra gli suggerisce spunti per un album intitolato *La guerra è bella, ma scomoda*, i tragici eventi del secondo conflitto gli ispirano i disegni di *Steppa e Gabbia* che mostrano il valore di sofferta esperienza.

Infatti egli osserva come diretto testimone la ritirata dalla Russia ed è prigioniero nei Lager tedeschi.

Da anni divide la sua vita tra la idillica pace della casa paterna a Codogno e lo studio al centro di Milano dove è diverso tempo che si ritrova con gli amici più cari.

Negli ultimi quarant'anni unanimi consensi sottolineano l'attività di questo umorista della cronaca italiana, dalla pubblicazione della raccolta *Il signore di buona famiglia* a quelle di *Che cosa dirà la gente?, Dunque dicevamo..., Sempre più difficile*, ultima in ordine di tempo, *Resti fra noi.*

Cioè è quasi mezzo secolo che queste raccolte testimoniano la vitalità, attualità e genuinità di Novello.

B. *Leggere l'articolo che segue.*

Dizionario delle facce correnti

di BERNARDINO ZAPPONI

Una banca, a Roma, espone quadri e vignette di uno dei più ironici e sarcastici cantori della piccola borghesia degli anni Trenta e Quaranta. Ma i suoi personaggi sfidano il tempo e ancora oggi sono fra noi. Anzi, siamo tutti noi.

ROMA. L'idea di presentare i disegni di Novello nell'atrio della Banca Popolare di Milano (sede di Roma) è veramente degna di Novello stesso, e potrebbe fornire spunto per qualcuna delle sue tavole. Per esempio: «Il rapinatore, sbalordito alla vista di tanti capolavori, si lascia cadere la pistola e rinuncia al colpo» (titolo: "Il sogno dell'artista"). Oppure: «il critico d'arte, venuto per fare il "pezzo" su Novello, preferisce parlare di Bot [1] col direttore». Eccetera.

I personaggi di Novello sono ancora vivi, sono fra noi, siamo noi. Qui hanno esposto una dozzina di tavole, commoventi nella loro carta da disegno un po' ingiallita: sono taluni originali dei famosi libri "Il signore di buona famiglia", "Che cosa dirà la gente?", "Dunque dicevamo...", "Sempre più difficile" e "Resti fra noi". Alcuni di questi disegni sono ormai classici: il signore che apprende angosciato che è morto il marito della sua amante (titolo: "Tutta sua"), poi "L'avvenimento della sua vita". «E allora mi domandò: / Quanti anni hai, bimbo? / E io pronto: Otto anni, Altezza», episodio che non cesserà di raccontare fino alla vecchiaia; poi quello che raffigura Novello stesso in un salotto dove descrive la ritirata di Russia, e la signora frivola commenta: «Ma lei li avrà tenuti allegri tutti!».

TUTTA SUA - « Il signore apprende che il marito della propria amica è morto improvvisamente ».

Sono fra noi, siamo noi. Quei cinque libri vengono ancora ristampati, anche in piccolo formato, e ancora portano buonumore e malinconia. Anche se il nome di Novello evoca gli anni Trenta e Quaranta, anche se quegli arredamenti borghesi non esistono più, se il decoro e la rispettabilità sono scomparsi, se non ci sono più "buone famiglie" e le cameriere in satin nero e crestina sono un sogno lontano, possiamo dire che Novello "data" molto meno di quanto può sembrare. O meglio: a prima vista "data" certamente: non c'è dubbio che le pettinature e i vestiti e le facce sono "d'epoca" (facce riconoscibilmente lombardo-venete), e anche d'epoca è l'edilizia ("Villa Sorriso" scritta in fiori sull'aiola, nanetti di coccio, chioschetti, villino falso Coppedè [2], e il proprietario che dice con orgoglio: «qui non c'erano che i ruderi d'un antico castello e un bosco di castagni»), e perfino il segno grafico nitido e caricaturale che ricorda Grosz, ma senza acredine; insomma tutto Novello si colloca nella sua epoca con esattezza da "puzzle", eppure il suo mondo è senza tempo, non ha il sapore corposo della realtà, è storico ma non attuale.

Novello non fa la cronaca, ignora i fatti del giorno; si pensi che i suoi tempi sono quelli di Rabagliati, di Starace, dei telefoni bianchi, della signorina Grandi Firme, del "Bertoldo", di Danzi e Bracchi, delle figurine Perugina, ma tutto questo resta fuori, è come se non ci fosse, i suoi personaggi vivono protetti da quelle vetrate liberty, soffocati fra tappetini tende pianoforti poltroncine vasi di fiori, e le loro situazioni e le battute sono quelle della Eterna Borghesia, la più nobilmente idiota, quella del "Dizionario delle Idee Correnti" di Flaubert, degli impiegati di Courteline, dei villeggianti pazzi di Campanile. Qui sta la grandezza di Novello, che signorilmente distratto ignora le vere volgarità quotidiane. Ignora perfino il fascismo: nella tavola "La sua serata d'onore" (è del '37) si vede un ministro che indossa il tight e il cilindro, fra due dignitari ugualmente vestiti; e questo in un'epoca dove i ministri erano dei pupazzoni d'orbace, con stivaloni e aquile. Egli non è satirico ma ironico: e «perdona tutto». Benché impeccabile disegnatore, è soprattutto un letterato, le sue tavole sono racconti: la famigliola meschina che siede alla gelateria nel deserto domenicale («quando anche la ghiacciata di marene è finita»), l'impiegato che prende le ferie solo quando già stanno smontando le cabine, e il famoso disegno ormai proverbiale: «Il giovanetto, avviato dal padre organista allo studio della musica, s'alza furtivo di notte per darsi ai suoi prediletti studi di ragioneria». Qui c'è più sarcasmo che ironia, questo piccolo anti-Mozart tutto sommato fa pena, è una vittima dello snobismo, ed è anche un vero ragazzo milanese, che ha più fiducia nelle cifre che nelle stupidate musicali.

Pietà e sorriso potrebbe essere il motto di Novello. Egli è l'ultimo poeta crepuscolare, un Gozzano più scanzonato, che ha fatto l'alpino e ha schivato la Tbc. Ma le buone cose di pessimo gusto sono il suo habitat, e dalla minuzia con cui le disegna (ha una sapienza sbalorditiva di calendarietti, orologi a pendolo, statuine, tomboli, tovaglie ricamate) si capisce quanto le ama e le rimpiange. E sono, questi oggetti, ricercati oggi da tutti: ninnoli di caro prezzo, poiché quella borghesia è finita, gli arredamenti sono dispersi, le tovaglie e le sopracoperte di Novello vestono, ingoffandola, la gioventù attuale in un disperato desiderio di appropriazione del Passato. Novello, che ha 86 anni ed è vitalissimo, vivacissimo, potrebbe trarne ispirazione per una serie di nuove vignette.

L'Espresso, 5 febbraio 1984

[1] Bot: Buono Ordinario del Tesoro, titolo dello stato che rende interessi.

[2] Coppedè: stile architettonico che mescola gli stili più vari, con effetto vistoso.

C. *Completare le affermazioni che seguono con le appropriate spiegazioni, rintracciabili nel testo.*

1. Il presentare al pubblico i disegni di G. Novello in una banca è degna di Novello: infatti ....
2. I libri di Novello portano allo stesso tempo buonumore e malinconia, perché ....
3. I personaggi di Novello «datano» perché ....
4. Novello ignora i fatti del giorno: infatti ....
5. Novello non parla delle vere volgarità di tutti i giorni: infatti ....
6. Novello è soprattutto un letterato perché ....
7. Le buone cose di pessimo gusto sono il suo habitat; per esempio ....
8. Gli oggetti che Novello rappresenta sono oggi ricercati da tutti perché ....

9. Chissà, forse avremo occasione di sorridere a una nuova serie di vignette di Novello dato che ....

D. *Individuare tra le seguenti vignette di Novello, quelle che sono menzionate nell'articolo.*

LE BELLE DOMENICHE

Quando anche la ghiacciata di marene è finita

LA RIVINCITA DELLA MAGGIORANZA

Il primo della classe è debolino in ginnastica

IL GRIDO DI PIERINO

Mentre la padrona di casa dice:
Come vedono non abbiamo fatto complimenti

LA POTENZA DELLA VOCAZIONE

Il giovanetto, avviato dal padre organista allo studio della musica, s'alza furtivo di notte tempo per darsi ai suoi prediletti studi di ragioneria

VITTORIE DELLA CIVILTÀ

Il proprietario della villa, con orgoglio:
« Ora Lei deve pensare che qui prima non c'erano che i ruderi di un antico castello in mezzo a un bosco di castagni »

LA SCRITTA È DELL'ARCHITETTO

... ma il cane è del padrone della villa

IL SIGNORE CHE NON SA NUOTARE

... ma non vorrebbe farlo capire

BAGNI DI MARE

L'impiegato che comincia solo oggi le vacanze

E. *Trovare nel testo i nomi alterati corrispondenti a quelli che seguono.*

1. nani piccini
2. piccoli chioschi
3. graziosa villa
4. tappeti minuscoli
5. piccole poltrone
6. famiglia non grande
7. giovane uomo
8. piccoli calendari
9. statue in miniatura
10. figure minute
11. pupazzi grandi
12. stivali alti

F. *Modificare i seguenti nomi, dando i diminutivi, gli accrescitivi e i peggiorativi.*

1. orologio
2. tovaglia
3. balconi
4. finestre
5. donna
6. bottone
7. signorina
8. fiore
9. vento
10. mano

G. *La signora gentile (il corpo) rivolge ai propri ospiti una serie di inviti cortesi. Cambiare gli infiniti nella forma appropriata.*

IL CORPO E L'ANIMA

Quando non c'è di pranzo che il lesso avanzato ieri
ed il marito torna a casa con due invitati

1. Entrare
2. Accomodarsi
3. Restare a cena
4. Togliersi il cappotto
5. Dare l'impermeabile a Teresa
6. Cav. Bianchi, non fare complimenti
7. Comm. Rossi, seguire me
8. Prendere un aperitivo
9. Non fare caso al disordine
10. Portare pazienza.

H. *Ora cambiare gli infiniti nella forma appropriata, formulando i comandi che la signora colta di sorpresa (l'anima) rivolge al marito e alla cameriera Teresa. Poi ripetere ogni frase usando i pronomi.*

1. Gigi, non sorridere / a me
2. Teresa, andare in cucina
3. Gigi e Teresa, non fare / quella faccia / a me
4. Teresa, fare / una pastasciutta / a noi
5. Teresa, aggiungere / due posti a tavola
6. Gigi, dare una mano / a lei
7. Gigi, andare subito in rosticceria
8. Gigi, comprare / arrosto / per noi
9. Gigi e Teresa, stare lontano / da me
10. Voi due, non fare perdere tempo / a me

I. *Il marito che ha accettato l'invito a fare da testimonio al matrimonio di una cugina, non ha tempo per fare diverse commissioni prima della cerimonia. Perciò non le farà personalmente, ma le farà fare.*
Formulare delle frasi seguendo l'esempio.

Esempio. La camica bianca è sporca.
La farò lavare subito.

1. Le scarpe sono da lucidare.
2. I bottoni sono troppo lenti.
3. La giacca è da stringere.
4. Ho il vestito macchiato.
5. Il cappello è da spazzolare.
6. I pantaloni sono troppo lunghi.
7. Le bretelle sono rotte.
8. Il cappotto è da pulire.
9. Le maniche sono corte.
10. Gli sposi aspettano.

TESTIMONIO ALLE NOZZE CON SPOSA IN BIANCO

Anche il tight dello zio Giorgio mi è largo di spalle

L. *Alle richieste del marito, la moglie anche lei indaffaratissima nei preparativi, risponde suggerendogli di farsi aiutare da Teresa o da qualcun altro.*

Esempio. Il vestito è da smacchiare?
Fallo smacchiare a/da -Teresa.

1. Le scarpe sono da lucidare?
2. I bottoni sono lenti?
3. Il cappello è pieno di polvere?
4. La giacca è larga di spalle?
5. L'orlo dei pantaloni è da tirare su?
6. La tua camicia è sgualcita?
7. Hai dimenticato di spedire il regalo?!
8. Devi mandare un mazzo di fiori?
9. Non sai annodarti il cravattino?
10. Fare da testimonio è una seccatura?

M. *Inserire i pronomi personali nel seguente brano.*

«Cara Signora, se lei sapesse, ma mio marito e i miei figli .... fanno fare tante di quelle figuracce.

L'altro giorno, Gigi all'ultimo momento ha invitato due colleghi a casa. Io avevo già fatto preparare la cena alla nostra cameriera Teresa: .... avevo fatto riscaldare il lesso. Anzi .... avevo fatto già servire a tavola.

All'ora di cena arriva Gigi con gli ospiti. Che vergogna! Appena .... ho visti, ... ho fatti accomodare con un sorriso. Ma la faccia di Gigi, per poco non .... faceva venire un attacco isterico. Comunque, ... ho fatti entrare tutti in salotto e .... ho fatto servire l'aperitivo da Teresa. Poi, ... ho fatto fare quattro chiacchiere sul più e sul meno.

Intanto, cosa faceva mio marito? .... ho fatto scendere al più presto dal droghiere all'angolo. .... ho fatto comprare del salame e del formaggio.

E i miei figli? .... ho fatti stare in camera fino all'ultimo momento.

Volevo far .... mangiare in cucina. Ma non c'è stato verso. Nella confusione, mio marito .... ha lasciati entrare in salotto così come erano, in pigiama. Sì, perché proprio quella sera, ... avevo fatto fare il bagno.

Loro, vedendo gli ospiti, si sono pure messi a piangere perché hanno capito che noi non .. .... avremmo fatto mangiare gli avanzi del dolce del giorno prima.

Ma io domando e dico chi ha fatto fare a Gigi di invitare gente a cena all'ultimo momento. Non era nemmeno il capoufficio!»

N. *Raccontare una barzelletta o un aneddoto particolarmente umoristico.*

Lezione 14

Medicina. Recenti statistiche ci dimostrano che tra le pareti domestiche si possono correre più pericoli che in autostrada

Perché in casa è necessaria tanta prudenza

Sempre di più sono i prodotti tossici a contatto dei quali ci costringe a vivere la nostra «civiltà del progresso», e perciò sempre di più sono i rischi di incidenti ai quali si trovano esposti specialmente i bambini. Bisogna dunque sapere come comportarsi quando si presentano, ma soprattutto bisogna difendersene con una buona prevenzione.

Un recente convegno svoltosi presso l'Università di Pavia ha confermato i dati di alcune statistiche già pubblicate negli Stati Uniti secondo le quali la casa sarebbe «più pericolosa di un'autostrada». In Italia, infatti, gli infortuni domestici mortali sono oltre 4000 all'anno, secondi cioè soltanto a quelli stradali, che superano i 10 mila, ma doppi rispetto agli incidenti sul lavoro che sfiorano i 200. Si tratta, dunque, di una vera «strage».

Grazia, Mondadori, 22 novembre 1983

A. *Fate una breve conversazione sui seguenti punti:*

— quali motivi potrebbero causare incidenti tra le pareti domestiche?
— quali prodotti potrebbero far male?
— quali incidenti potrebbero succedere?

B. Dopo aver letto l'annuncio pubblicitario, esprimete la vostra opinione.

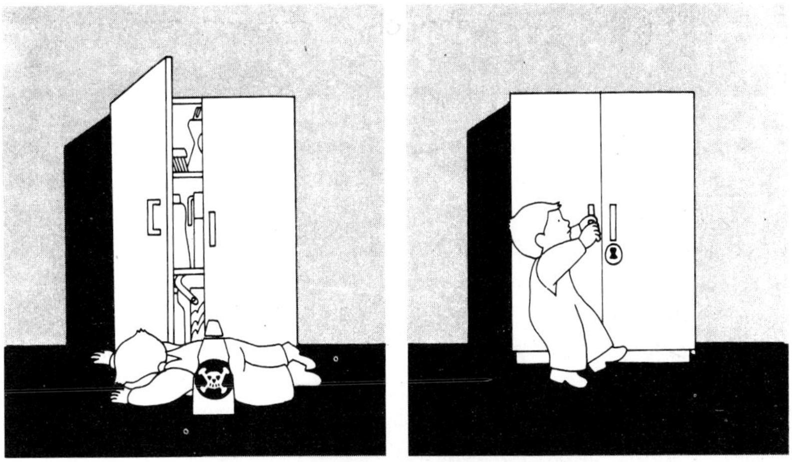

Per chiudere la porta in faccia a un incidente, certe volte basta proprio una serratura.

Per evitare un incidente basta poco, è vero. Ma tu hai fatto almeno questo "pocò"?

Gli incidenti che provocano ustioni, avvelenamenti o addirittura la morte di un bambino si possono prevedere e quindi si può agire preventivamente per ridurre al minimo il pericolo.E i bambini sono un patrimonio troppo importante per non intervenire a favore di una loro maggiore sicurezza.

Lo sai, ad esempio, che bastano pochi grammi di cera per pavimenti per uccidere un bambino? E gli insetticidi, credi che siano meno pericolosi se spruzzati sul viso o ingeriti? Le tue prese di corrente sono di sicurezza? La varichina dov'è in questo momento? Tuo figlio può arrivare a prenderla? E le medicine dove le tieni? Sono forse a portata di mano di tuo figlio?

Gli incidenti più frequenti di cui sono vittime i bambini troppo spesso nascono dalla disattenzione, dalla noncuranza dei genitori. Nascono dal non pensare che oggetti o prodotti di uso comune diventano una minaccia alla vita se messi a disposizione dei bambini che non possono conoscere il pericolo reale che sta dietro a queste cose.

Eppure basterebbe poco per non rischiare un incidente:
- *detersivi e prodotti per la casa mettili sotto chiave;*
- *l'armadietto delle medicine tienilo fuori dalla portata dei bambini;*
- *quando fai bollire l'acqua, le pentole spostale sul fornello più lontano;*
- *usa prese di corrente sicure;*
- *non lasciare un bambino da solo nella vasca mentre fa il bagno;*
- *non lasciargli usare oggetti elettrici (il phon, ecc.)*
- *evita che possa prendere coltelli e forbici.*

Già, basta poco per evitare un incidente. E per saperne ancora di più basta ancora meno: ritaglia e spedisci il tagliando qui sotto.

Ti invieremo gratuitamente un opuscolo piú esauriente sui pericoli che può correre un bambino in casa e su come evitarli. E anche sul cosa fare nel caso un incidente capiti lo stesso.

Compilate e inviate a Pubblicità Progresso: via Larga, 13 - 20122 Milano - Tel. 87.86.48

NOME ______

COGNOME ______

VIA ______

CAP ______ CITTÀ ______

PUBBLICITÀ PROGRESSO

Campagna di utilità sociale.
Realizzata e pubblicata gratuitamente.

La tua attenzione può salvargli la vita.

1. L'annuncio ha lo scopo di accusare i genitori, farli sentire colpevoli o di invitarli a riflettere?
2. Ritieni utile questo tipo di pubblicità? Perché?
3. Ci sono altri pericoli a cui un bambino è esposto durante la giornata?
4. Cosa faresti per avere l'opuscolo sui rischi che un bambino può correre?

C. *Inserite nel brano l'imperativo alla seconda persona singolare e aggiungete il pronome se necessario.*

Eppure basterebbe poco per non rischiare un incidente:

1 - *detersivi e prodotti per la casa* .... *sotto chiave;*	1. mettere ....
2 - *l'armadietto delle medicine* .... *fuori dalla portata dei bambini;*	2. tenere ... .
3 - *quando fai bollire l'acqua, le pentole* .... *sul fornello più lontano;*	3. spostare ... ...
4 - .... *prese di corrente sicure;*	4. usare ... .
5 - *non* .... *un bambino da solo nella vasca mentre fa il bagno;*	5. lasciare
6 - *non* .... *usare oggetti elettrici (il phon, ecc.)*	6. lasciare
7 - .... *che possa prendere coltelli e forbici.*	7. evitare .....

D. *Ripetete gli stessi suggerimenti usando il condizionale.*

1. Mettere sotto chiave detersivi e prodotti per la casa.
   Io ....
2. Tenere fuori dalla portata dei bambini l'armadietto delle medicine.
   La mamma attenta ....
3. Spostare le pentole sul fornello più lontano nel far bollire l'acqua.
   Noi ....
4. Usare prese di corrente sicure.
   I genitori affettuosi ....
5. Non lasciare un bambino solo mentre fa il bagno.

Perfino un padre distratto ....
6. Permettere di usare oggetti elettrici (il phon ecc).
Nessuno ....
7. Evitare coltelli e forbici.
Chiunque ....

E. *Date consigli ad una mamma disattenta, secondo l'esempio.*

Esempio. «Questa presa di corrente è antiquata; se fossi in te, io la farei cambiare».

1. «Questo filo elettrico è sfilacciato; se fossi in te, ...».
2. «Questo armadietto delle medicine non chiude bene; se fossi in te, ...».
3. «Questi ripiani sono troppo bassi; se io fossi in te, ...».
4. «Questo vetro rotto è pericoloso; se io fossi in te, ...».
5. «Il parapetto del balcone è troppo basso; se fossi in te, ...».
6. «Il cancello del giardino non si chiude; se fossi in te, ...».
7. «La caldaia del termosifone è in una posizione troppo accessibile; se io fossi in te, ...».
8. «Le mattonelle del pavimento ballano, si può cadere; se fossi in te, ...».
9. «Le scale per andare in cantina non hanno ringhiera; se fossi in te, ...».
10. «Tutte quelle piante spinose in giardino sono un continuo pericolo; se io fossi in te, ...».

F. *Completate con i pronomi mancanti.*

Chiacchiere di mamme

Io, i miei figli, ... faccio giocare spesso, ma cerco di fare .... capire quali pericoli possono correre. A volte, ad esempio, ... faccio restare in cucina mentre io preparo da mangiare: Lucia mi aiuta con le verdure; .... faccio pulire l'insalata, ... faccio sgranare i piselli, ... faccio lavare le patate, però non .... ho mai fatto tagliare niente. Lei sa che i coltelli non ....

faccio toccare. Invece, Piero, il maschietto, mi aiuta in altri modi: .... faccio prendere le pentole nell'armadietto, ... faccio portare la farina o lo zucchero e .... faccio pesare, ma anche lui sa bene che, ad esempio, il gas non .... faccio accendere.

Mio marito dice che, agendo così, ... faccio sentire stupidi e incapaci di valutare il pericolo, ma a me non sembra: io .... faccio partecipare alla vita di tutti i giorni, ma non voglio far .... correre rischi inutili.

Voi cosa ne dite? .... faccio ridere con questi miei problemi? Non importa: .... prego, fate .... avere le vostre opinioni in proposito!».

G. *Fate un elenco di almeno 5 cose che fareste fare ai vostri figli, in casa e 5 che* NON *fareste fare loro.*

H. *Come vi comportereste nelle seguenti situazioni?*

— **Io, quando incomincio un libro, devo assolutamente finirlo!**

1. Tuo figlio ha inghiottito per errore otto pastiglie di sonnifero.
2. Tuo figlio, per giocare, si è seduto sul davanzale della finestra di cucina (il tuo appartamento è al sesto piano).
3. I bambini, giocando, hanno preso tutti i bottiglini dall'armadietto dei medicinali e hanno mescolato le pillole e le capsule di vari colori.
4. Tuo figlio di sei anni per giocare agli indiani ha legato la sorellina alla ringhiera delle scale e lei urla disperata.
5. Tua figlia, di un anno e mezzo, mette in bocca tutto quello che trova; la vedi, tutta contenta, seduta per terra accanto al barattolo dell'Ajax.
6. Tuo figlio sta mettendo il gatto nella gabbia del canarino per far fare loro amicizia.

I. *Continuate il trafiletto cambiando al condizionale per esprimere l'idea di notizie non confermate; togliete le espressioni superflue.*

Bimba italiana muore sul traghetto greco

ATENE — *Una bambina italiana, di anni 10, in vacanza con la famiglia in Grecia, è morta lunedì mattina all'ospedale di Corfù, in seguito a incidente. Ancora non sono note le cause che hanno provocato l'incidente perché le notizie ricevute sono incerte.*

1. *La bambina, pare, si era imbarcata sul traghetto a Patrasso per raggiungere il porto di Ancona con una nave-traghetto greca in viaggio tra l'Italia e la Grecia.*
2. *La famiglia della bambina appartiene, sembra, alla ricca borghesia lombarda.*
3. *Durante il pranzo, a bordo, la bambina si è recata nel gabinetto adiacente al salone della nave.*
4. *I genitori si sono spaventati, non vedendola tornare, e sono andati a cercarla.*
5. *Poi, l'hanno trovata esanime nel gabinetto con una grossa ecchimosi in testa.*
6. *Forse è scivolata a causa del rollio della nave e ha battuto la testa.*
7. *A quanto si è appreso, i soccorsi sono stati lenti perché non c'era medico a bordo.*
8. *La bimba ha raggiunto l'ospedale tre ore dopo l'incidente, ma ormai era troppo tardi.*
9. *Secondo i medici, la bambina non è morta in seguito alla contusione.*
10. *Pare che le esalazioni di ammoniaca che era stata versata con troppa abbondanza per la pulizia abbiano provocato l'incidente.*

L. *Raccontate cosa fareste voi nelle seguenti situazioni: come vi comportereste?*

1.

2.

3.

4.

5.

6.

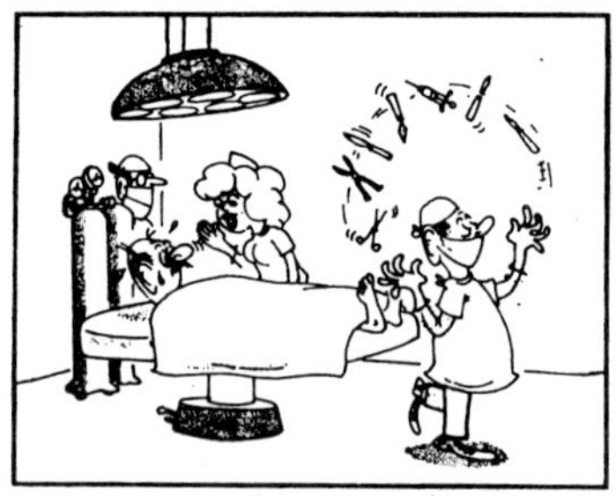
7.

8.

9.

10.

M. *Abbinate a ciascuna barzelletta la battuta corrispondente.*

a. Ma non essere ridicolo! Sono due, i cani...
b. Detesto che qualcuno legga dietro le mie spalle!
c. Non fare quella faccia, Arturo! Dovresti ringraziare il cielo che si tratta solo di qualche graffietto.
d. Sto controllando i campanelli: il vostro funziona?
e. Lo sento, Elvira: hai di nuovo perso al Lotto il denaro che io guadagno col sudore della mia fronte...
f. E allora, Gualtiero, che cosa aspetti per venire a salutare la signora Rossi?
g. Su ad asciugare i piatti, pigrone!
h. Non impressionatevi! Fa sempre così, quando sa che sta riprendendoci la televisione...
i. Avevo pensato di fare delle frittelle, cara, ma poi me ne è passata la voglia!
l. È nell'età difficile, sapere...

N. *Raccontate come eravate da bambini. Tranquilli? Pasticcioni? Terribili? Riferite qualche episodio.*

Lezione 15

MILANO CONTRO ROMA

di PIER VITTORIO BUFFA

Le due capitali amministrano diecimila miliardi. Come? E chi spende quei soldi Insomma, quale delle due funziona meglio e spreca di meno? Abbiamo messo il termometro ad entrambe e risulta che...

Fra le varie "questioni" del paese quella "Milano-Roma" è sicuramente la meno studiata, eppure sta diventando importante e interessante.

Il cronista si è messo così nei panni di un cittadino curioso che viva un po' a Roma e un po' a Milano, e, quindi, sia in grado di fare confronti.

Primo problema, il più elementare, il più immediato. La casa. È difficile trovarla, sia a Roma che a Milano, e i due Comuni spendono un bel po' di soldi per tentare di risolvere il problema. Con quali risultati? «Guardi che qui a Milano non è mica come a Roma», dice Angelo Capone, socialdemocratico, assessore milanese competente in materia. «Laggiù spendono miliardi per mantenere in albergo gente senza casa. Qui è diverso, il problema quasi non si pone, spenderemo, sí e no, un paio di centinaia di milioni l'anno per gli alberghi». È vero. Il Comune di Roma ha speso, nel 1982, sette miliardi per ospitare in alberghi e pensioni una media rotante di settecento famiglie senza tetto. E il censimento ha "scoperto" almeno 104 mila alloggi tenuti sfitti dai proprietari: basterebbe utilizzarne una parte per soddisfare la fame di case dei cittadini romani. Tanto piú che nella capitale il Comune non ha costruito molto negli ultimi anni: 4 mila alloggi comunali contro i 5 mila realizzati nella meno popolosa Milano.

Ma ammettiamo che il cittadino trovi casa e diventi, quindi, residente. Si scontra subito con altri problemi: i servizi forniti dal Comune. Primo fra tutti quello che dovrebbe garantire l'igiene e la pulizia della città.

L'immondizia che gettiamo ogni giorno viene inghiottita da una complessa organizzazione che alla fine la ridurrà in poltiglia, la brucerà o la sotterrerà. A mettere in moto il meccanismo sono quegli uomini che girano per le città appesi dietro capienti camion.

Quelli milanesi lavorano di più: ciascun addetto a questo servizio essenziale raccoglie, in media, 45 quintali di immondizia al giorno contro i 23 di un suo collega romano. A Milano va anche la palma della "ramazza veloce". Ciascuno "spazzatore" vi tiene puliti 50 mila metri quadrati di strade e marciapiedi. C'è da dire però che a Milano lo spazzatore è piú aiutato da migliori attrezzature meccaniche e che esistono squadre speciali d'intervento per i rifiuti di grosse dimensioni.

Ma Roma, la "sporca" Roma, dà qualche punto a Milano... per quanto riguarda i depuratori delle acque di fogna. Nel capoluogo lombardo non ce n'è nemmeno uno mentre nella capitale ne sono in funzione tre, che puliscono, in tutto, le acque fognarie prodotte da almeno un milione di cittadini. È ancora poco, perché il resto va "a fiume" così com'è; comunque è già in costruzione un nuovo impianto che dovrebbe raddoppiare la capacità di quelli già esistenti.

E ora cominciamo a girare per la città utilizzando i mezzi pubblici. Il primo dato non è che una conferma di vecchie esperienze. A Roma ci si muove piú lentamente: un autobus in un'ora non percorre, in media, più di tredici chilometri contro i quasi diciassette di Milano. Le ragioni sono storiche. Roma si è sviluppata in modo caotico. Negli anni del boom edilizio sono state costruite disordinate città satelliti senza nessun efficiente collegamento con il centro.

Milano è urbanisticamente assai più ordinata. Grandi arterie collegano la periferia con il centro, la città è percorsa da ampi viali e circonvallazioni. Inoltre i vigili urbani vi sorvegliano meglio il traffico: il 60 per cento di loro sono impiegati per le strade (circa 1.200 "ghisa", uno ogni 1.350 milanesi) e, nel 1982, hanno fatto in media due multe e mezzo a ogni macchina: quasi due milioni di contravvenzioni. I "pizzardoni" romani invece se la prendono più comoda, per le strade ne girano di meno: poco più di un migliaio di vigili è addetto ogni giorno, ufficialmente, alla viabilità: è il 40 per cento dell'organico, un pizzardone ogni 2.700 romani; e quanto alle multe hanno la mano piú leggera: una multa per ciascuna automobile.

E se si ha un bimbo piccolo? Se si lavora tutti e due, marito e moglie, e non si hanno nonne e zie a disposizione? Si ricorre agli asili nido, quelli privati e quelli comunali. Quelli privati costano duetrecentomila lire al mese, quelli comunali poco o niente. Ma i comunali, sia a Roma che a Milano, stentano a reggere il passo delle richieste in grande aumento. Eppure — cosa che lascia interdetto il nostro cittadino curioso — i Comuni per garantire questo servizio, incompleto, spendono una quantità di denaro pubblico imponente.

Qualche mamma o qualche papà, potrebbe fare un discorso molto semplice. Perché non danno a me questo danaro? Prenderei una baby sitter tutta per mio figlio e mi resterebbero anche i soldi per comprargli qualche filetto in più, o per portarlo al mare d'estate.

Dagli asili il nostro cittadino va a mettere il naso in altri posti che suo figlio predilige, i giardini pubblici, i parchi, gli spazi verdi.

Roma è più verde (7,2 metri quadrati a cittadino contro i cinque di Milano), spende un po' di piú (800 lire a metro quadro contro le 600 di Milano). Malgrado ciò i parchi romani non sono nello stato migliore. Vengono sì acquisiti nuovi spazi ma spesso gli interventi di sistemazione sono rinviati. Così i giardini aperti al pubblico hanno un aspetto non propriamente lindo. Una sola scusante. Il 30 per cento delle spese che affronta il servizio Giardini della capitale (sono sette miliardi piú le spese per il personale) è causato direttamente dal vandalismo, cioè da gratuite aggressioni contro panchine, alberi eccetera.

Il figlio del nostro cittadino cresce. Ha bisogno di verde ma anche di imparare, di conoscere le ricchezze artistiche conservate nella sua città, di leggere. Come i turisti in visita nella sua città, ha bisogno di entrare nei musei, di vedere, di conoscere. Si sa che Roma, da questo punto di vista, è una delle città più attraenti del mondo. Ma solo in teoria. I musei comunali, tra cui l'antico e ricchissimo Capitolino, è difficile vederli. Il 50 per cento di essi è chiuso. Non perché siano in corso dei lavori. Semplicemente perché non ci sono custodi disponibili, o perché mancano i soldi per sistemare opere d'arte in pericolo. A Milano questo non succede. Al massimo, in giorni particolari, chiudono un paio di sale del Castello Sforzesco.

Dai musei alle biblioteche comunali. Non sono biblioteche specializzate, bensì biblioteche di base adatte soprattutto a studenti o a chi voglia avvicinarsi al mondo dei libri.

In tutto, le biblioteche romane dispongono di 240 mila volumi, uno ogni 12 abitanti. Quelle milanesi hanno più di un milione e mezzo di volumi, quasi uno ogni abitante. Le biblioteche funzionanti sono 28 a Roma, una ogni centomila abitanti, e 34 a Milano, una ogni 49 mila abitanti.

Il cittadino curioso ha terminato il suo giro. Ne ritorna con un po' di amaro in bocca. Ha constatato che, in effetti, a Milano le cose funzionano un po' meglio, si spende con maggiore oculatezza e gli amministratori pubblici hanno più saldamente sotto le loro dita il polso della città. Ma non gli basta. Ha infatti scoperto che un po' di quei soldi che lo Stato gli prende di tasca potrebbero essere spesi meglio, molto meglio.

PIER VITTORIO BUFFA, *L'Espresso*,
15 maggio 1983

A. *Sottolineate nel seguente elenco i settori che il cittadino curioso studia nel suo confronto tra Roma e Milano.*

scuola alloggi divertimento asili-nido nettezza urbana musei trasporti giardini vigili urbani biblioteche licei uffici comunali depuratori.

B. *Mettete i settori scelti nell'ordine di presentazione seguito nell'articolo.*

1. ....
2. ....
3. ....
4. ....
5. ....
6. ....
7. ....
8. ....
9. ....

C. *Completate la seguente tabella assegnando per Roma (Rm) e Milano (Mi) una votazione di + (migliore), — (peggiore) e +/- (simile) per i rispettivi settori, a seconda del contenuto del brano.*

	RM	MI	
NETTEZZA URBANA			
DEPURA-TORI			
TRA-SPORTI			
VIGILI URBANI			
ASILI-NIDO			
GIARDINI			
MUSEI			
BIBLIO-TECHE			

D. *Riscrivete sinteticamente a parole vostre la conclusione dell'inchiesta del cittadino curioso.*

E. *Il problema della casa è sentito tanto a Roma che a Milano. Fate voi confronti che esprimano questa uguaglianza riferendovi alle parole date.*

Esempio. Case / insufficienti
Le case sono (tanto) insufficienti a Roma quanto a Milano.

1. Affitto / costoso
2. Appartamenti / piccoli
3. Soluzione / difficile
4. Problema / urgente
5. Crisi / forte

F. *Vediamo le differenze tra gli abitanti delle due città. Fate un confronto tra i romani e i milanesi, usando le parole suggerite.*

Esempio. Fantasia
I romani hanno più fantasia dei milanesi.

1. Efficienza
2. Soldi
3. Buon gusto
4. Verde

5. Puliti
6. Disordinati
7. Pasticcioni
8. Caotici

G. *Formulate un'unica frase al comparativo.*

Esempio. *È lungo andare in autobus! - Anche in macchina, però.*
Sì, ma è più lungo andare in autobus che in macchina.

1. Il traffico romano è caotico! - Anche lento, però.
2. I vigili se la prendono comoda a Roma! - Anche a Milano, però.
3. È facile prendere multe a Milano! - Anche a Roma, però.
4. Guidare è snervante! - Anche parcheggiare, però.
5. È difficile salire su un autobus nell'ora di punta! - Anche scendere.
6. Le motociclette sono pericolose! - Anche invadenti.
7. Comprare un biglietto dell'autobus a Milano è caro! - Anche a Roma.
8. I mezzi pubblici funzionano male a Roma - Anche a Milano.

H. *Completate i confronti con* DI *o* CHE.

Esempi. *Milano è più efficiente che bella.*
I parchi milanesi sono meno numerosi di quelli romani.

1. Villa Borghese è più grande .... San Siro.
2. È meglio vivere a Roma .... vivere a Milano.
3. Le azalee di Piazza di Spagna sono più belle .... quelle di via Sistina.
4. Il parco dove siamo andati ieri è più vicino .... quello dove andiamo di solito.
5. I giardini romani sono più grandi .... puliti.
6. È più piacevole passeggiare .... sedere su una panchina.
7. Gli alberi sono più spelacchiati .... rigogliosi.
8. Mi sento più felice a casa .... in città.

I. *Cambiate le seguenti frasi secondo l'esempio.*

Esempio. *Milano è più popolosa di quanto pensassi.*
Milano è più popolosa di quello che pensavo.

1. I servizi pubblici sono più inefficienti di quanto credessi.
2. Trovare lo sportello giusto è più complicato di quanto mi aspettassi.
3. Affittare una casa è più difficile di quanto la gente pensi.
4. Iscriversi a una scuola pubblica è meno facile di quanto immaginassi.
5. Andare a una scuola privata è più caro di quanto ci si possa aspettare.

6. Prendere una multa è più semplice di quanto si creda.
7. Respirare aria pura fa meglio di quanto si pensi.
8. Vivere in una grossa città comporta più problemi di quanto prevedessimo.

L. *Rispondete alle domande usando l'una o l'altra delle forme presentate nel precedente esercizio.*

Esempio. Sei stanco?
Sì, sono più stanco di quello che pensavo / di quanto pensassi.

1. È interessante l'articolo?
2. Era lungo?
3. Ci hai messo molto a leggerlo?
4. Ti ha insegnato alcune cose?
5. Questo esercizio è facile?
6. Questo problema è comune?
7. È attraente Roma?
8. Si vive bene a Milano?

M. *Costruite frasi simili all'esempio.*

Esempio. Molte sono le belle città italiane. Sì, ma Roma... .
Sì, ma Roma è la più bella.

1. Ci sono molte città efficienti in Italia. Sì, ma Milano ......
2. Ci sono molte città popolose. Sì, ma Roma ......
3. A Roma ci sono molti bei giardini. Sì, ma Villa Borghese ......
4. A Firenze ci sono molte gallerie famose. Sì, ma gli Uffizi ......
5. A Torino ci sono molte industrie conosciute. Sì, ma la Fiat ......
6. A Venezia ci sono molti alberghi lussuosi. Sì, ma il Danieli ......
7. A Bologna ci sono molti buoni ristoranti. Sì, ma il Pappagallo ......

N. *Fate paragoni tra le due città in base all'esempio.*

Esempio. *Roma / Milano popolosa*
Roma è la più popolosa delle due.

1. antica
2. efficiente
3. bella
4. industriale
5. verde
6. fredda

O. *Consultando il diagramma, confrontate le seguenti condizioni metereologiche.*

1. Le temperature massime di Firenze e Milano
2. Le temperature minime di Ancona e Napoli
3. Il cielo in Veneto e in Italia Centrale
4. Il cielo in Piemonte e in Sardegna
5. Il mare Adriatico e il mar Tirreno

Il tempo

LE TEMPERATURE

Bolzano	14	28
Verona	16	25
Trieste	16	24
Venezia	15	23
Milano	15	26
Torino	16	25
Cuneo	15	23
Genova	17	22
Bologna	15	25
Firenze	13	28
Pisa	12	25
Ancona	10	22
Perugia	14	22
Pescara	11	23
L'Aquila	10	22
Roma U.	10	28
Roma F.	13	26
Campob.	9	18
Bari	15	21
Napoli	13	25
Potenza	10	17
S.M.Leuca	17	23
Reggio C.	18	25
Messina	19	24
Palermo	18	22
Catania	12	26
Alghero	13	27
Cagliari	13	26

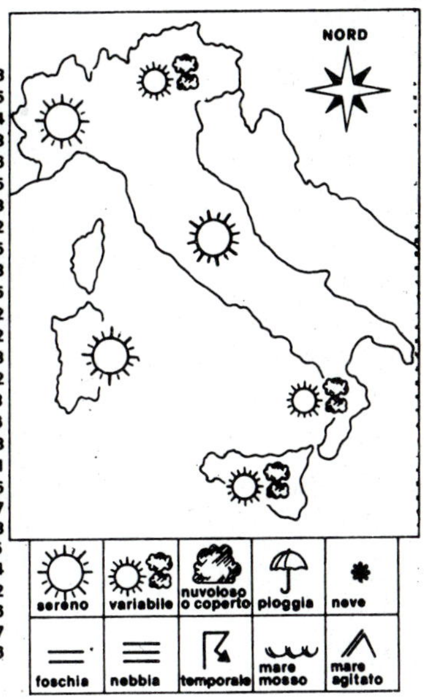

P. *Scrivete una composizione dal titolo «Aspetti positivi e negativi della vostra città».*

Lezione 16

Grazie, prego, scusi, ma le pare

Eleganza, educazione, bon ton: trionfa l'etichetta. Ma c'è chi polemizza

ROMA. Stile, bon ton, classe, educazione... Gli anni Ottanta (dopo piú di un decennio di Rabbie post-sessantottesche e di quotidiani Vaffanculo) riscoprono il fascino discreto dell'Etichetta, e già qualcuno comincia a sperare nel ritorno dei tempi d'oro in cui Fred Astaire confidava al pubblico di aver trovato un invito tra la posta con il quale gli si annunciava di gradire la sua presenza ad una festa, naturalmente purché indossasse «cappello a cilindro, cravatta bianca e frack»...

Nelle librerie, file di neo-educati si affrettano a ricevere il verbo di nuovi galatei come il "Dizionario delle buone maniere" (scritto dalla giornalista milanese Lina Sotis per le edizioni Mondadori) o ad apprezzare i tesori dell'autentica educazione leggendo le ristampe di "Saper vivere" di Donna Letizia (al secolo Colette Rosselli, caposcuola dell'arte di dispensare, "consiglietti") e del "Vero signore", firmato trent'anni fa da Giovanni Ansaldo con lo pseudonimo di Willy Farnese.

I giovanissimi assaporano con crescente entusiasmo il gusto della grande eleganza in un trionfo di blazer, di giacche inglesi da college e di impeccabili smoking (ormai tornati «di rigore»), mentre il passaggio all'età adulta viene solenizzato da iniziative come la Festa dei maggiorenni (con dichiarate ambizioni socioculturali), la cui prima edizione si è svolta lo scorso anno ad Agnone, o come il Ballo delle debuttanti organizzato tre mesi fa alla Villa Reale di Monza (con finalità mondano-promozionali), una vera parata di abiti scuri per lui e di ricercatissimi lunghi per lei.

«Quando, otto anni fa, abbiamo lanciato la prima edizione del nostro premio dedicato alle donne e agli uomini piú eleganti del mondo,» dice Giorgio Pavone, uno dei promotori della manifestazione The Best, «qualcuno ci aveva accusati di voler resuscitare il passato. Diciamo meglio (e i fatti ci hanno dato ragione): l'eleganza e le buone maniere sono tornate di moda».

I neo-educati, comunque, pur avendo raggiunto una solida maggioranza, devono ancora fronteggiare i colpi di coda di un'opposizione che non vuole rassegnarsi a finire stordita da questa giostra avvolgente di baciamani-inchini-gentilezze e, nello stesso tempo, devono scrollarsi di dosso l'accusa di essere i paladini del riflusso. «Il ritorno delle buone maniere non è affatto un segno di riflusso, ma un fenomeno molto positivo», dice Lina Sotis, «Come è noto, i saperi della vita sono tre: il sapere, il saper fare e il saper vivere. Senza i primi due si può sopravvivere, senza il terzo no. Il bon ton non è una specie di "codice della strada" dei rapporti sociali, ma qualcosa di piú. È la grammatica, la sintassi che bisogna necessariamente conoscere per raggiungere un'educazione di sentimenti autentica».

«Le buone maniere mi ricordano i manieristi», osserva Achille Bonito Oliva, critico d'arte e teorico della transavanguardia, «che, nel Cinquecento, non crearono soltano un movimento artistico ma fissarono alcuni codici di comportamento capaci di garantire loro la sopravvivenza e di difenderli dalla minaccia di una vita divenuta inafferrabile. Insomma, le buone maniere sono figlie dei periodi di crisi, di transizione, e servono a proteggere la società dalle paure che puntualmente arrivano in questi momenti». Ma l'accusa di dare spazio ad un fenomeno rétro non è, allora, ancor piú fondata? «Niente affatto » sostiene Bonito Oliva, « le buone maniere sono un sintomo di raggiunta maturità di una società. Finita l'epoca in cui la passione ideologica ci dava la forza di metterci le dita nel naso, finito il boom economico che consentiva ai nuovi ricchi di esibire grossolanamente i livelli di vita raggiunti da poco, subentrata una profonda crisi di valori, le buone maniere ci garantiscono almeno un rapporto di cordialità con il quotidiano e non traumatico con le altre persone».

«Per noi giovani, le buone maniere non sono il risultato di imposizioni esterne, ma l'effetto di un'educazione, di una scelta», dice Urbano Barberini, figlio di Mirta Barberini Sciarra, avviato ad una carriera di pubbliche relazioni. «Quando mi dicono che fino a qualche anno fa, quand'ero bambino, ci si presentava alle feste in jeans ed eskimo, stento quasi a crederci. Adesso è tutto cambiato. I pranzi in smoking non si contano più e le ragazze amano moltissimo indossare abiti d'alta moda, lunghi e sofisticati, ed essere al centro di cortesi attenzioni».

Eppure, sulla strada dei "buoni manieristi", gli ostacoli sono ancora tanti. Che dire, infatti, delle bestemmie televisive di Leopoldo Mastelloni? o della comicità "escrementizia" profusa a piene mani nel film "FF.SS." da Renzo Arbore e da Luciano De Crescenzo? Oppure dello «Sto proprio per rompermi i coglioni», con cui il presidente del Consiglio Craxi ha sintetizzato i suoi rapporti con la stampa italiana ed internazionale? I neo-educati, ovviamente, inorridiscono, ma si dichiarano sicuri di poter battere anche gli avversari più incorreggibili ed accaniti.

«Se il bon ton venisse maggiormente praticato», dice Lina Sotis, «la vita sarebbe certamente piú facile e gradevole per tutti. Ecco perché dedico il mio libro ai grandi maleducati che ho incontrato nella vita». «D'accordo», sostiene Laura Betti, «una certa dose di sublimazione è oggi necessaria per sopravvivere. Ma qualche volta uno sfogo verbale ci vuole! Il problema , però, e che oggi c'è troppa confusione e non si sa più bene chi insultare. L'imbarazzo della scelta è molto aumentato». Quanto alla voce che lei, apprezzatissima cuoca e padrona di casa, abbia inaugurato l'usanza di farsi pagare le cene dai suoi ospiti, aprendo un nuovo capitolo nella storia delle buone maniere, reagisce con un «Ma no...» di meraviglia. «Non ci avevo mai pensato», dice, «ma, mi sembra una buona idea. Comincerò da questa sera con la benedizione delle buone maniere...».

Massimo Di Forti, *L'Espresso*,
26 febbraio 1984

A. *Leggete attentamente l'articolo «Grazie, prego, scusi, ma le pare», poi, nei quesiti che seguono segnate tutte le voci che interpretano l'opinione del giornalista. Più di una è vera.*

1. Il ritorno alle buone maniere è dimostrato da

   a. riscoperta delle regole dell'etichetta
   b. stampa di nuovi galatei
   c. ristampa di famosi testi di buon comportamento
   d. ritorno di moda dell'eleganza
   e. un'autentica generale educazione di sentimenti

2. Il gusto dell'eleganza viene espresso attraverso

   a. il ritorno degli abiti formali
   b. ricercatezza nel vestire
   c. volgarità quotidiana
   d. giostra di baciamani-inchini-gentilezze
   e. aumento delle sfilate di moda ufficiali

3. Il passaggio all'età adulta viene celebrato da

   a. feste di maggiorenni
   b. ballo di debuttanti
   c. vere e proprie manifestazioni culturali
   d. sfilate di costumi

4. Gli anni '60 erano caratterizzati da

   a. passione ideologica
   b. boom economico
   c. maleducazione
   d. crisi di valori

5. Il libro Il dizionario delle buone maniere è diretto a

   a. chi vuole approfondire la propria istruzione
   b. le persone maleducate
   c. chi vuole avere un rapporto armonioso con gli altri

6. Secondo chi è contrario, le buone maniere sono ricercate da persone che

   a. si oppongono al riflusso
   b. vogliono il ritorno al manierismo
   c. hanno paura della vita

7. Secondo l'autrice del libro, per sopravvivere nella vita è assolutamente necessario

   a. sapere
   b. saper fare
   c. saper vivere

8. Episodi in contrasto con la diffusione delle buone maniere sono

   a. bestemmie pronunciate attraverso i mezzi di comunicazione di massa
   b. parolacce dette da personalità pubbliche
   c. gusto deteriore per le volgarità
   d. rivolgere cortesi attenzioni alle signore

9. Di fronte a ciò i seguaci delle buone maniere sono

   a. inorriditi
   b. sicuri di superare le manifestazioni di cattivo gusto degli avversari
   c. rassegnati a rimanere una minoranza

B. *Volgete il brano al passato trasformando i presenti e gli infiniti nelle forme appropriate.*

Oddio, m'han dato del lei

Un giorno, un giovanotto entra nella stazione della metropolitana. Timbra il suo biglietto. Sono le 13,30. Di solito, gli piace mescolarsi alla folla di studenti e studentesse. Osserva quella folla che si accalca sulla piattaforma scura: nei loro visi, a poco a poco, rivede amici e amiche del liceo. L'impressione che ha delle ragazzine è quella classica e a un certo punto pensa: «Ai miei tempi, figliole così carine non ESSERCENE ».

Poi, guarda i ragazzi che portano giacche a vento, piumini e stivali e si dice «Ai miei tempi si VEDERE .... solo cappotti: le giacche a vento ESSERE .. .. obbligatorie solo ai cortei e alle dimostrazioni. Nessuno PRESENTARSI .. in classe con un orecchino e collanine.» Invece, proprio a pochi metri più in là un biondino esibisce l'uno e le altre con assoluta disinvoltura.

Ma, ecco il metrò, tutti salgono faticosamente nella ressa, intanto che la solita signora ad alta voce commenta sulla maleducazione e prepotenza dei giovani d'oggi. Quel commento lo riporta ai tempi del liceo. E tutto l'insieme (l'essere tra i giovani, l'odore dei libri e dei quaderni, i discorsi sulla maleducazione, la ressa del ritorno a casa) lo fa improvvisamente ritornare uno dei tanti ragazzi.

Proprio allora si sente battere sulla spalla «Scusi, Lei scende?» Quel «Lei» interrompe bruscamente il sogno e capisce, quel giorno, che anche se è solo del 1955 non può considerarsi più uno di loro: è troppo vecchio.

In un primo tempo, lo coglie l'angoscia, poi, un dubbio lo rasserena: «Sarà uno dei nuovi educati colpito da mania di supereducazione?!»

C. *Inserite, se necessario, gli aggettivi o i pronomi possessivi mancanti.*

.... carissimi amici,

in occasione del diciottesimo compleanno di . . figlia, Flaminia, ... marito ed io insieme agli altri ... ... figlioli, daremo una festa nella .... villa di campagna.

Saremo, perciò, lieti di invitare voi e i .. .... carissimi ragazzi che certamente vorranno unirsi ai . .... per aiutare la . .... piccolina a soffiare sulle .... candeline.

Io sarò felice di rivedere i ragazzi perché sono sempre stata una . ... divertita ammiratrice, fin dalla . ... più tenera età. Era straordinaria l'allegria dei .. .. giochi e scherzi. Era incredibile cosa gli passava per la .... testa. Il .. .. spirito è sempre così simpatico?

Flaminia è impaziente di tagliare il traguardo dei .... diciotto anni. Magari io, invece, potessi perdere un po' dei . ... !

Spero di ricevere presto la .. .. risposta e naturalmente di rivedervi in questa . ... piacevole ricorrenza. Intanto vi mando i .. ... più affettuosi saluti.

. .carissima

Isabella

N.B. Perdonate se il .. ... invito è battuto a macchina. Questa .... è una mancanza davvero imperdonabile, ma ho avuto la sfortuna di farmi male alla .... mano destra e la . . calligrafia sarebbe incomprensibile.

D. *Ecco delle raccomandazioni per chi vuole comportarsi secondo le buone maniere. Rendetele più cortesi formulando frasi complete al congiuntivo.*

BUONE MANIERE ANNI OTTANTA

1. Salite sull'aereo senza paure evidenti e soprattutto non innervositevi per i ritardi.
   Il viaggiatore disinvolto ......
2. Nei viaggi lunghi, controllate la stanchezza e non addormentatevi addosso al vicino.
   I bravi viaggiatori ......
3. In aereo non fate i provinciali e trattenetevi dall'applaudire il pilota quando l'aereo atterra.
   Il passeggero di mondo ......
4. In barca, fate attenzione al bagaglio! Presentatevi con una sacca di dimensioni ridotte.
   Il vero signore ......
5. Non salite in barca con i tacchi a spillo e non usate creme abbronzanti troppo untuose.
   Le donne eleganti ......
6. Scrivendo lettere, non usate la macchina da scrivere, ma scrivete in modo chiaro e leggibile.
   Chi sceglie l'eleganza ......
7. In piscina, lasciate passare inosservati i difetti degli altri e non esibite le vostre, spesso presunte, bellezze fisiche.
   Le vere signore ......
8. Al telefono, dite sempre nome e cognome. Fate le interurbane solo da casa vostra.
   I veri signori ......

E. *Mettete i verbi nella forma appropriata e, ove necessario, completate con gli indefiniti o i pronomi personali adeguati.*

Le opinioni

«L'etichetta non .... PIACERE», dice mio figlio Pierino di anni 10.

Mia suocera, invece, dice: «Che felicità per noi ragazze! Ai nostri tempi, le cortesi attenzioni .... PIACERE proprio.»

Mio nonno osserva: «Non esagerate. Ricordate che scocciatura erano le passeggiate? Sempre sotto l'occhio di genitori, cugini, parenti. Tutte quelle storie non .... mai .... PIACERE.

«Scherziamo!?» dice mio fratello, «Se seguissi il nuovo galateo, portare un'amica a pranzo fuori mi .... COSTARE un sacco di soldi.»

«Offrire tu il pranzo? Chi te .... FARE fare? Tutti questi complimenti non sono più di moda,» lo rimprovera un suo amico che aggiunge «Quando vado al cinema con una ragazza io .... LASCIARE pagare il suo biglietto con semplicità.»

«Sì, finché dura,» dice mia moglie, «col tempo a lei .... PIACERE di più uscire con persone più galanti e cortesi.»

Ma lui insiste a dire con sicurezza «Certo, ma di cavalieri così generosi in giro non se ne trovano poi .... E gente come me .... TROVARE sempre compagnia.»

Questa è la risposta di mia moglie: «Per ora avete ragione voi. Ma, chissà? Nel futuro i tempi e i costumi .... CAMBIARE a favore di noi donne. Se i corteggiatori cavallereschi aumentano di numero la concorrenza .... FARE restare voi soli e sconsolati.»

Anche il nostro fruttivendolo ha .... suggerimento sul tema «Buone maniere» e dice «.................................. sia l'età, la classe o l'istruzione, io .... MANDARE tutti a lavorare la terra per un po'. Oppure, io .... SPEDIRE tutti questi raffinati a lavare i ponti delle navi. Così loro .... IMPARARE le vere raffinatezze della vita e al tempo stesso .... SCOPRIRE cosa significa guadagnarsi il bel vivere.»

Il nostro fioraio, invece, è favorevole: « In questa atmosfera di cortesia generale, io .... ISTITUIRE mensilmente la «Giornata della Gentilezza». Così la gente .... SPEDIRE fiori e tutti noi .... SORRIDERE felici e contenti.»

Io rimango perplesso perché ho .... dubbi su queste diverse opinioni. Mi domando «.................................... AVERE ragione il fruttivendolo? Tanta raffinatezza .... ADDOLCIRE troppo il carattere? Ma, a lavorare troppo le persone non .... DIVENTARE dei bruti? Se i rapporti umani fossero più umani e cordiali, la vita non .... ESSERE più piacevole? Insomma, nella mia mente c'è .... confusione e non so più cosa fare. Fino a .... anno fa la vita era semplice: si protestava e basta. Adesso ci sono .... situazioni e persone veramente insopportabili; così dire .... parolaccia è proprio necessario. Alla fine delle mie considerazioni ho preso una solenne decisione: .... COMPRARE il Dizionario delle buone maniere. La lettura mi .... CHIARIRE le idee? Mi .... FARE vedere chiaro il problema? Spero proprio di sì.»

F. *Osservate la vignetta che segue e completate in modo corretto la didascalia per descrivere il comportamento anti-buone maniere delle persone sottoindicate.*

BEATA INTIMITÀ

Se a teatro ascoltassimo l'opera
come l'ascoltiamo per radio a casa nostra

Esempio. *«Se a teatro ascoltassimo l'opera come l'ascoltiamo a casa nostra <u>si vedrebbero cose strane.</u>*

1. Il signore del palco in alto a destra

2. I signori del palco accanto

3. Il signore in primo piano

4. La signora accanto a lui

5. Il signore che le sta dietro

G. *Volete festeggiare il vostro compleanno. Con un gruppo di amici discutete le varie possibilità: un ricevimento formale, un ballo in maschera, un picnic all'aperto, una festicciola senza pretese, ecc. Dopo aver sottolineato i pro e i contro di ciascuna, scegliete la soluzione migliore.*

H. *Cosa direste delle seguenti occasioni?*

1. Siete invitati alla festa di compleanno di un amico. Al momento di tagliare la torta vi chiedono di fare un piccolo discorso.
2. Scusatevi per aver dimenticato di riferire un messaggio importante.
3. Rifiutate un invito a cui non tenete, cercando di non offendere la persona che vi invita.

Lezione 17

Questi puffi, puffi, puffi

SCHTROUMPF UND DRANG

Dovuti al genio del disegnatore belga Peyo (la cosiddetta scuola francofona del fumetto è in gran parte belga, basti pensare allo Hergé di *Tintin*), gli Schtroumpf — in italiano i Puffi — sono una delle creazioni più graziose e avvincenti del fumetto comico odierno. Già introdotti in Italia dal *Corriere dei Piccoli*, ora vengono pubblicati dall'editore Salani, in albi cartonati, a colori, e a questi primi quattro albi ne seguiranno, per la gioia dei lettori grandi e piccini, altri sei. Dei lettori piccini qui non ci occuperemo: diremo al massimo ai genitori che le storie dei Puffi sono deliziose, fiabesche ma piene di humour, un occhio al fantastico e un occhio ai problemi dell'attualità, ben disegnate, comprensibili per tutte le età, e quasi educative. Non c'è purtroppo il sesso, perché i Puffi sono una tribù di nanetti blu tutti maschi (tranne una Puffetta che fa apparizioni occasionali e piuttosto fantasmatiche), tanto che non si capisce come si riproducano.

Adesso parliamo per i grandi. Perché le storie dei puffi hanno un grande rilievo filosofico, o *almeno* semiotico. Sono una meditazione pratica sul funzionamento contestuale del linguaggio e non possono che piacere a me che ho appena scritto un libro sull'attività cooperativa nell'interpretazione dei testi. Dunque i puffi vivono nella foresta, sono blu, piccolissimi, di età indefinita, salvo il Gran Puffo, che è vecchio e ha la barba bianca (i puffi vivono in una società gerontocratica perfetta dove tutti sono più o meno infanti e c'è solo un anziano, depositario autoritario ma paterno di tutta la saggezza, compreso il laboratorio alchemico dove distilla filtri ineffabili e segreti). Hanno un nemico, un mago di formato umano (i puffi sono alti come un fungo ben messo), uno stregone cattivo che nella traduzione italiana si chiama Gargamella e che cerca sempre di catturarli e scoprirne i segreti. Tutti i puffi si chiamano Puffo e si assomigliano come gocce d'acqua. Ciascuno è peraltro diverso, c'è il puffo scontento, il puffo secchione con gli occhiali, il puffo goloso, il puffo ambizioso, eccetera. Ma poiché come si è detto, ogni puffo si chiama Puffo, li si distingue solo dalle azioni che compiono e dalle cose che dicono. Una volta decidono di fare le elezioni (per prendere il potere in assenza del Gran Puffo) e ciascuno vota naturalmente per Puffo, così viene eletto Puffo, ma come capite è difficile definire chi sia (anche se un puffo prende poi il potere sugli altri puffi, combinando un sacco di guai e instaurando il culto della personalità). Essi vivono nel paese dei Puffi, nel villaggio Puffo, sotto alla catena dei monti Puffi, vicino al ponte sul fiume Puffo e al lago Puffo.

Cosa fanno i puffi? La domanda mi pare idiota. Naturalmente puffano, tutto il santo puffo. Puffano puffi, si puffano a vicenda, si scambiano puffi, e uno puffa l'altro. Quando uno puffa, gli altri lo puffano, e il puffo che ne segue è di solito molto puffo.

U. Eco, *Sette anni di desiderio*, Bompiani, Milano, 1983

A. *Leggere attentamente il brano e rispondere alle seguenti domande.*

1. Chi sono i Puffi?
2. Chi li ha disegnati?
3. Chi li pubblica in Italia?
4. Perché piacciono ai lettori piccini?
5. A chi è diretto l'articolo?
6. Perché i Puffi sono significativi per gli adulti?
7. Cosa si sa della tribù dei Puffi?
8. Quali persone mancano (o quasi) nella tribù dei Puffi?
9. Quale è la domanda idiota formulata nell'articolo?
10. Perché è una domanda sciocca?

B. *Formare una sola frase usando il* CHE *relativo.*

Esempio. *Ecco dei nuovi fumetti. Vanno di moda in Italia.*
Ecco dei nuovi fumetti che vanno di moda in Italia.

1. Li ha creati Peyo. Peyo è un disegnatore belga.
2. In originale hanno un nome difficile. Il nome assomiglia a uno starnuto.
3. Sono un'invenzione dei disegnatori belgi. Questi hanno creato altri fumetti.
4. In Italia ne sono stati pubblicati già dieci album. Sono a colori.
5. I personaggi sono anche dei pupazzetti di plastica. Ogni bambino li compra.

6. Le storie piacciono a grandi e piccini. Sono fantastiche.
7. La gente compra i pupazzetti. Ma non sempre legge le storie.
8. Il linguaggio è interessante. Lo inventano tutti i personaggi.
9. L'ultimo volume è appena uscito. La Salani lo ha pubblicato.
10. Umberto Eco ha i suoi motivi per leggere le storie. Lui si interessa del funzionamento del linguaggio.

C. *Usare il* CUI *relativo per combinare le seguenti frasi.*

Esempio. Non ho mai letto le storie dei Puffi. Tutti parlano di queste.
Non ho mai letto le storie dei Puffi di cui tutti parlano.

1. Vorrei comprare i fumetti. Tutti i bambini posseggono una copia di questi.
2. Il figlio del vicino non me li ha voluti dare. Li ho chiesti in prestito a lui.
3. Non li ho trovati nella mia libreria. Lì si vendono le ultime novità.
4. Il giornalaio li ha esauriti. Da lui compero regolarmente i giornali.
5. Ho trovato un libro. In questo Umberto Eco parla del linguaggio dei Puffi.
6. Ci deve essere un motivo. Per ciò queste storie sono così popolari.
7. Per principio non leggo fumetti. La lingua è impoverita da loro.
8. L'avidità è sorprendente. Ho letto le storie con avidità.

D. *Sostituire* IL/LA QUALE *e* I/LE QUALI *col pronome* CUI *cambiando opportunamente la costruzione.*

Esempio. Ecco i Puffi la storia dei quali ha vinto il primo premio.
Ecco i Puffi la cui storia ha vinto il primo premio.

1. Il primo è il Puffo la curiosità del quale è famosa.
2. Il secondo è quello il nome del quale non ricordo mai.
3. È un tipo la faccia del quale è poco svelta.
4. Questo, il dito del quale è ferito, fa il falegname.
5. Le sue opere, la perfezione delle quali è famosa, sono dei veri capolavori.
6. Il suo vestito, il modello del quale è unico, è blu e bianco.
7. Ha altri fratelli, la casa dei quali cade a pezzi.
8. La donna, la bellezza della quale è insolita, si chiama Puffetta.
9. Porta un vestitino il colore del quale è viola.
10. C'è anche un Grande Puffo la saggezza del quale è riconosciuta da tutti.

E. *Riformulare i seguenti proverbi, usando* CHI *al posto del relativo dato.*

1. Le persone che dormono non pigliano pesci.
2. Ride bene la gente che ride ultima.
3. Gli individui che vanno piano, vanno sani e vanno lontano.
4. Quelli che vanno con lo zoppo, imparano a zoppicare.
5. Dimmi le persone con cui vai e ti dirò la persona che sei.
6. La persona che rompe paga e i cocci sono suoi.
7. Il mondo è fatto a scale: c'è qualcuno che le scende e qualcuno che le sale.
8. Le persone che non sanno leggere la propria scrittura sono asini per natura.
9. La gente che tardi arriva, male alloggia.

F. *Dare una definizione delle seguenti parole simile a quella presentata nell'esempio.*

Esempio. Editore *è la persona che pubblica riviste, libri ecc.*

pasto Mahlzeit
merenda Brotzeit

1. Genio
2. Laboratorio alchemico
3. Stregone Hexer
4. Secchione
5. Sordo
6. Edicola
7. Aperitivo
8. Foresta Urwald
9. Goloso
10. Relativo

G. *Inserire nel brano i pronomi relativi mancanti.*

Pensieri del Puffo pigrone

Guardo sconsolato la mia vecchia fungo-casa a .... ormai dovrei fare qualche restauro e vedo innanzitutto le finestre i .... vetri tra poco cadranno a terra.

Sul tetto c'è un nido di uccelletti i .... proprietari se ne sono andati da tempo; evidentemente non era la residenza .... preferivano. Adesso lassù non c'è nessuno .... ci abita, però qui in basso ci sono diverse formiche .... vanno avanti e indietro, forse per controllare le condizioni in .... si trovano le fondazioni.

Ecco arriva un Puffo attivo .... mi saluta e a .... devo restituire la scala .... mi ha prestato. Il tipo con .... sta parlando è il Puffo architetto .... è appena tornato dalle vacanze e a .... potrei chiedere aiuto.

Invidio molto .... può stare al sole e non far niente. Invece devo decidermi a dipingere anche le pareti il .... stato è deplorevole. Lo farò domani. «.................... comincia è a metà dell'opera», dice il Gran Puffo, la .... saggezza è infinita.

H. *Correggere le seguenti frasi in modo da eliminare le «amenità» dovute all'inesatta posizione del relativo.*

Esempio. *Mario ci ha preparato un pollo squisito che è un ottimo cuoco.*
Mario che è un ottimo cuoco ci ha preparato un pollo squisito.

1. Alcuni miei amici hanno attraversato il Tirreno e l'Adriatico che sono appassionati di vela.
2. Quel camion è di mio padre che ha sei ruote e che è un potente automezzo.
3. Quel vaso fu comprato da mio nonno che è un capolavoro dell'800.
4. Il cane è dello zio che ha tentato di morsicarmi.
5. Quell'avvocato è di Torino che merita tutta la nostra fiducia.
6. Giorgio ha una bellissima barca a vela che ama i viaggi di mare.
7. Due miei compagni hanno vinto tre premi che sono ciclisti dilettanti.
8. Sulla pista nera ho incontrato Giulia che è la parte più difficile della discesa.
9. Quel gatto appartiene alla nonna che miagola giorno e notte.
10. Quel ragazzino è il figlio del mio medico che fa i capricci.

I. Riassumere la seguente storiella.

Lezione 18

1 L'infame Michele ha un piano diabolico: procurare forti emozioni alla sua vecchia zia, la baronessa Clelia, donna molto facoltosa, che è malata di cuore.

2 Ed un giorno egli riesce in quel suo delittuoso intento: il turbamento è tale da riuscire fatale alla sventurata.

3 Nel pomeriggio, ella viene «trovata» morta in casa sua. L'ispettore Renard vi arriva per le indagini e trova l'infermiera, la degna complice di Michele.

4 Il medico legale ha esaminato il cadavere. La morte appare naturale: crisi cardiaca. La ragazza è tranquilla...

5 Dopo aver interrogato l'infermiera, senza alcun risultato, l'ispettore scende nell'atrio del palazzo per parlare con la custode, ma anche costei non gli rivela nulla che possa destare sospetti.

6 Renard, però, è sicuro che nella faccenda vi sia del losco. **Perché?**

A. *In base al testo e ai disegni dell'enigma poliziesco illustrato, ricavare la soluzione e descrivere brevemente la dinamica degli avvenimenti.*

B. *Come ha fatto l'ispettore a capire che la morte della baronessa non è del tutto pulita?*

C. *Trovare nel testo i sinonimi di:*

1. molto cattivo
2. ricca
3. mortale
4. puntura
5. adatta
6. sempre
7. esito
8. qualcosa di equivoco

D. *Inserire il pronome relativo appropriato e se necessario la preposizione (semplice o articolata) richiesta.*

Il cuore ha ceduto

Michele, ... è un giovane squattrinato e senza scrupoli, ha ideato un piano .... ha intenzione di uccidere la vecchia zia .... ha molti soldi e .... è l'unico erede.

La zia, ... nome è Clelia e .... ha anche un titolo nobiliare, ha mal di cuore e perciò non sarà difficile farle provare un'emozione per .... ci lasci la pelle.

Infatti, durante una gita in macchina, Michele le fa provare un grosso spavento .... le riesce fatale. Michele ha una complice, ... è l'infermiera della zia: una ragazza .... unico interesse è il denaro e .... , per averne altro, farebbe qualsiasi cosa.

Dopo l'incidente i due portano la baronessa Clelia nel suo appartamento, ... è al terzo piano di un palazzo signorile, e la mettono nella poltrona .... la signora si sedeva sempre a guardare la televisione ed è proprio quella la posizione .... l'infermiera dirà di averla trovata morta.

E. *Rispondere alle domande secondo l'esempio.*

Esempio. Chi è che uccide la baronessa Clelia?
È Michele che la uccide.

1. Chi è che aiuta Michele?
2. Chi è che trova il cadavere della baronessa?
3. Chi è che fa le indagini?
4. Chi è che esamina il corpo della baronessa?
5. Chi è che fa le iniezioni alla baronessa?
6. Chi è che risponde alle domande dell'ispettore?
7. Chi è che ha dei sospetti sulla morte naturale di Clelia?
8. Chi è che mi spiega quale errore hanno commesso Michele e la sua complice?
9. Chi è che controlla il palazzo dove viveva la baronessa?

F. *Riferendosi alla vignetta iniziale, formulare le domande logiche relative alle risposte date.*

1. È Michele che guida la macchina.
2. Con l'infermiera della zia.
3. Una forte emozione.
4. Spegne la televisione.
5. Trova l'infermiera.

6. Risale a circa 4 ore prima, cioè all'una.
7. La custode del palazzo.
8. È sicuro che nella faccenda c'è del losco.

G. *Rispondere negativamente.*

Esempio. Ha toccato qualcosa l'infermiera?
No, non ha toccato nulla.

1. È andato qualcuno dalla baronessa nel pomeriggio?
2. La custode rivela qualcosa di importante all'ispettore?
3. La custode ha visto o sentito qualcosa?
4. Michele ama molto sua zia?
5. La zia era già morta prima della gita in macchina?
6. L'infermiera andava sempre alle due del pomeriggio a fare l'iniezione alla baronessa?
7. Il medico legale nota qualcosa di sospetto durante il suo esame?
8. L'infermiera si dimostra nervosa o turbata?

H. *Collegare, una alla volta, alla frase-base le altre, indicate con le lettere, mediante un relativo (con preposizione se necessario).*

1. Michele porta la zia a fare una gita in macchina.

   a. Michele ha un piano diabolico in testa.
   b. Il piano di Michele è diabolico.
   c. La zia è ignara di tutto.
   d. Lui vuole ereditare dalla zia.
   e. La gita le sarà fatale.

2. Michele e l'infermiera mettono la baronessa su una poltrona.

   a. Michele e l'infermiera sono complici.
   b. L'infermiera ama segretamente Michele.
   c. La baronessa si fidava dei due.
   d. La baronessa era già morta.
   e. La poltrona è davanti al televisore.

3. L'ispettore Renard non crede alla storia.

   a. L'ispettore, come dice il nome, è una volpe.
   b. Il fiuto dell'ispettore è infallibile.
   c. La sua famiglia è francese.

d. La storia gli viene raccontata dall'infermiera.
e. L'ispettore è un genio.

4. La custode non rivela nessun particolare importante sul caso.

a. La custode abita a pian terreno.
b. La custode quel giorno non è stata sempre in casa.
c. Nessun particolare importante era sfuggito all'ispettore.
d. Il caso si stava chiarendo nella mente dell'ispettore.

I. *Sostituire* CHE *o* CUI *con* IL/LA QUALE *e* I/LE QUALI *per eliminare la possibile ambiguità.*

1. La macchina di Michele, che vuole uccidere la zia, è in un certo senso l'arma del delitto.
2. Il piano di Michele e dell'infermiera, che sono amanti, è quasi perfetto.
3. L'indagine dell'ispettore, a cui siamo interessati, si presenta molto difficile.
4. C'è un particolare in una figura che svela il mistero.
5. La fama dell'ispettore che varca i confini italiani è ben meritata.

L. *Raccontare la trama di una storia, racconto o film poliziesco.*

Lezione 19

Sorpreso a Roma dai carabinieri a villa Borghese. È un polacco, ma dice: "Sono un Ufo"

Preso l'"Attila" delle statue

In una sola notte ne ha distrutte ottantasei

di DANIELA PASTI

ROMA — A Giuseppe Mazzini, che ebbe l'iniziativa di far ornare i viali con i busti degli italiani importanti, ha staccato di netto il naso, ha miracolosamente rispettato il Valadier, che disegnò il parco, ma si è accanito contro Masaniello, Cristoforo Colombo, Tiziano, Machiavelli, Giolitti, Pietro Aretino, Cicerone, Cattaneo. Sotto la sua furia sono caduti indifferentemente politici, artisti. letterati: ad alcuni ha troncato il naso, ad altri tutta la testa, altri ancora sono stati fatti letteralmente a pezzi.

Il bilancio dello scempio è raccapricciante: dieci busti completamente distrutti, quindici decapitati, settantasei mutilati del naso; in totale un centinaio di statue danneggiate, di cui ottantasei di modo grave.

Le distruzioni sarebbero forse state anche di più se i carabinieri non avessero scoperto l'autore della strage mentre, alle cinque del mattino, girava per il Pincio, uno dei giardini più belli di Roma, incluso nel parco di Villa Borghese, con due buste di plastica: in una aveva raccolto i nasi mozzati, nell'altra conservava il sampietrino con il quale aveva colpito i busti.

Il fermato, che dopo l'interrogatorio è stato mandato al centro clinico di Regina Coeli, si chiama Ijerzj Gumemiale, e ha detto di essere polacco, nato a Bialtia, Lublino. I carabinieri della compagnia di Piazza Venezia che lo hanno interrogato si sono resi conto che l'uomo dava segni di squilibrio mentale. Gumemiale era vestito di un paio di pantaloni sformati e di un poncho sotto il quale era a torso nudo: un «barbone» che vive a Roma chiedendo l'elemosina e suonando l'armonica a bocca tra Piazza di Spagna e Piazza Navona. In tasca aveva un biglietto con la scritta «Io sono un Ufo».

Non si sa cosa può averlo spinto a distruggere le statue: in un italiano stentato ha cercato di spiegare che il suo gesto doveva servire ad attirare l'attenzione sulla Polonia, poi ha anche detto di aver decapitato le statue perché è «contro il Kgb», infine ha aggiunto «mi andava di farlo e l'ho fatto». L'ha aiutato la sua costituzione robusta: è riuscito ad abbattere decine di colonnine che sostenevano i busti e poi si è accanito su di essi con la pietra. Oltre ai nasi sono saltati così barbe, orecchi, pezzi di mento.

Alle dieci di ieri mattina i dipendenti della Sovrintendenza alle belle arti ancora raccoglievano e catalogavano i frammenti sparsi a terra fra la ghiaia e le siepi di mortella. Nella luce mattutina i viali deserti e silenziosi offrivano uno spettacolo desolato, le teste dei padri della patria a terra mutilate e scheggiate, le colonnine rovesciate, i busti decapitati.

I viali più colpiti sono viale degli Ippocastani, viale dei Bambini, viale dei Medici, via dell'Orologio, via Valadier, via Belvedere. È sfuggito alla distruzione il busto di Giuseppe Valadier, che dalla sua nicchia arborea sembrava considerare con severità lo scempio. Si è salvato anche l'astronomo P. Angelo Secchi, nella cui base c'è un forellino che indica il punto in cui passa il meridiano di Roma.

L'incursione del polacco si aggiunge a tutta una serie di atti vandalici che hanno preso di mira Villa Borghese e il Pincio in particolare, anche per via della scarsa sorveglianza di cui gode il luogo: quasi tutte le statue che ne ornano i viali hanno infatti il naso vistosamente incollato per gli attentati subiti.

Verso la fine degli anni 60, in particolare, una banda di vandali rimasti ignoti si divertiva, durante la notte, a rompere i nasi dei busti. Sceglievano però con cura i loro obiettivi e se la prendevano con matematici, fisici e letterati, tanto che polizia e carabinieri pensarono che le amputazioni fossero la vendetta teppistica di studenti bocciati agli esami.

È solo una magra consolazione sapere che le statue prese di mira hanno un valore più storico e ambientale che artistico. I busti furono posti lungo i viali del parco, disegnato dal Valadier fra il 1810 e il 1818, alla metà del secolo scorso, per iniziativa di Giuseppe Mazzini: un patriottico-omaggio agli italiani illustri. Ma sulla scelta dei personaggi da immortalare non ci fu sempre decisione unanime: dopo la fine della Repubblica romana la chiesa vietò che fra le siepi di mortella e sotto le querce fossero effigiati Savonarola, Beato Angelico, Napoleone, Leopardi. Alcune statue subirono operazioni in plastica facciale: i tratti dell'Alfieri, non gradito, furono cambiati in quelli di Vincenzo Monti, Savonarola diventò Pietro Aretino. Fin dall'inizio insomma sui sereni busti del Pincio si sono esercitate polemiche e vendette.

la Repubblica, martedì 17 luglio 1984

A. *Leggere l'articolo «Preso l'"Attila" delle statue» e rispondere alle seguenti domande.*

1. In che cosa consiste le scempio del Pincio?
2. Che informazioni sono date sull'"Attila delle statue", autore della strage?
3. Da chi è stato catturato e in quali circostanze?
4. Quale è l'arma usata per fare la strage?
5. Per quali diversi motivi lo squilibrato ha distrutto le statue?
6. Quali statue si sono salvate dalla distruzione?
7. Questa strage non è una novità: quale altro esempio è riportato nell'articolo?
8. Che valore hanno le statue?
9. Quale è la loro storia?
10. C'è stata polemica sulle persone immortalate dalle statue?

B. *Riportare i verbi che descrivono i diversi danni apportati alle statue.*

C. *Trovare i sinonimi delle seguenti parole o espressioni.*

1. Scempio
2. Statue
3. Pietra
4. Pezzi
5. Prendere di mira
6. Teppistica
7. Effigiati
8. Decisione unanime

D. *Volgere gli infiniti al congiuntivo e osservare i verbi che richiedono tale costruzione.*

Esempio. Mi dispiace che ESSERCI tanti matti in giro.
Mi dispiace che ci siano tanti matti in giro.

Addio, busti di Villa Borghese

1. Mi dispiace che questo busto non AVERE più un orecchio.
2. Sono contento che ESSERCI rimasto qualche busto sano.
3. Volete che tutti VEDERE questa rovina?

4. Propongo che voi FARE una fotografia.
5. Non credo che il cervello del colpevole FUNZIONARE normalmente.
6. Suppongo che i grandi DARE la colpa ai bambini.
7. Non sono sicuro che le statue PIACERE a tutti.
8. Dubito che questa statua TORNARE bella come era.
9. Aspetto che qualcuno la TIRARE su.
10. Poi aspetto che l'autobus della scuola mi VENIRE a prendere.

E. *Modificare i seguenti ordini / divieti in base all'esempio.*

Esempio. I cartelli non permettono alla gente di camminare sull'erba.
I cartelli non permettono che la gente cammini sull'erba.

1. Il cartello dice al pubblico di non calpestare le aiuole.
2. Ordina alle persone di non cogliere fiori.
3. Vieta agli amanti del parco di arrampicarsi sugli alberi.
4. Proibisce ai bambini di giocare a pallone nei prati.
5. Raccomanda a tutti di rispettare le statue.
6. Suggerisce ai padroni di tenere i cani al guinzaglio.
7. Un vigile impedisce al pubblico di compiere infrazioni.
8. Ordina a chiunque di rispettare i comandi.
9. Altrimenti lui impone a tutti di pagare contravvenzioni.

F. *Scrivere ogni frase due volte cominciando con i verbi indicati e facendo i cambiamenti necessari.*

Esempio. «Attila» è folle. *a. Lui crede di essere folle.*
b. Noi crediamo che lui sia folle.

1. È un Ufo. a. Lui pensa ....
b. Voi pensate ....

2. Vive come un barbone. a. È contento ....
b. Loro sono contenti ....

3. Ha perso la memoria.
   a. Lui ha l'impressione ....
   b. Avete l'impressione ....

4. Non ricorda quello che è successo.
   a. Lui pensa ....
   b. Io penso ....

5. Finiamo l'esercizio ora.
   a. Vogliamo ....
   b. L'insegnante vuole ....

G. *Rendere meno generali le affermazioni seguenti, trasformando le frasi in base all'esempio.*

Esempio. Occorre agire con prontezza (i responsabili)
Occorre che i responsabili agiscano con prontezza.

1. È facile parlare. (la gente)
2. È possibile prevenire atti simili. (persone civili)
3. Basta chiudere i cancelli la notte. (il custode)
4. Occorre garantire sorveglianza notturna. (i vigili)
5. È necessario punire il colpevole. (il giudice)
6. È bene dare un esempio. (le autorità)
7. È probabile trovare una rapida soluzione. (gli inquirenti)
8. Vale la pena spendere soldi per il restauro? (il comune)
9. Bisogna riparare i danni. (gli esperti)
10. È necessario fare precisi rilievi. (gli architetti)

H. *Formulare un'unica frase secondo l'esempio, anticipando la posizione del verbo e usando il congiuntivo.*

Esempio. È proprio una cosa seria, temo.
Temo che sia proprio una cosa seria.

Tra Carabinieri

1. La strage è opera di anti-mazziniani, penso.
2. La cosa non è chiara, ho paura.
3. I frammenti non sono di marmo, mi pare.
4. È una vendetta personale, mi sembra.
5. L'autore ha agito da solo, nego.
6. Ha rotto il busto di C. Colombo, sono addolorato.
7. Ha spezzato il naso di Mazzini, sono desolato.
8. Era ubriaco, sospetto.
9. Per vivere, chiedeva l'elemosina, mi pare.
10. Prima non aveva mai fatto niente di strano, sembra.
11. La questura rimanderà "Attila" in Polonia, mi auguro.
12. Gli farà riattaccare i pezzi rotti, prima, spero.
13. Quest'azione sarà rivendicata dal nucleo terrorista anti-patriottico, ho paura.

I. *Riscrivere le seguenti frasi usando* BENCHÉ/SEBBENE, PURCHÉ, PERCHÉ/AFFINCHÉ, PRIMA CHE, SENZA CHE, A MENO CHE, FINCHÉ/FINCHÉ NON.

Esempio. Sono le 5 del mattino. L'extra-terrestre e il terrestre passeggiano.
Benché siano le 5 del mattino, l'extra-terrestre e il terrestre passeggiano.

— Vi siete smarrito?

1. È un marziano, ma fa un giro per il centro. (benché)
2. L'omino non dice una parola, il terrestre gli rivolge una domanda. (senza che)
3. Lui fa la domanda con tono tranquillo, così l'omino non fugge. (affinché)
4. Stanno camminando per la città. La gente non si è ancora alzata. (prima che)
5. L'omino va a zonzo. Nessuno sospetta niente. (senza che)
6. Vuole parlare con il passante, così lui l'aiuta a rintracciare un suo amico che si è perso. (affinché)
7. Il disco volante non ripartirà. Solo quando tutti e due sono a bordo, potrà farlo. (finché non)
8. Lo troverà facilmente. Ma forse è in qualche guaio. (purché non)
9. Deve essere nei paraggi. O forse è andato a raccogliere i terrestri bianchi nel parco. (a meno che non)
10. Non sarebbe la prima volta che si traveste da umano così nessuno lo riconosce. (affinché)

L. *Leggere le seguenti vignette umoristiche e raccontarle riportando le battute in discorso indiretto. Usare il congiuntivo con* CHI/CHE COSA/QUANTO/QUANDO/SE/PERCHÉ/DOVE.

Esempio.

— Vi siete smarrito?

Il passante domanda al marziano se si sia smarrito.

— Dove eravate, durante la dimostrazione?

— Vi spiace alzare un po' il volume?

— Troppo amido, caro?

— Liscio o con selz?

— La signora ritornerà, signore?

— Grosso, eh?

— Ancora telefonate private, ragioniere?

— Ti spiace se accendo la radio, caro?

— Chi è il tuo sarto?

M. Inserire nel brano i verbi mancanti al tempo e al modo appropriato.

Carissima,

Ti scrivo perché ho proprio bisogno di parlare con «estranei». Non fraintendermi: so bene che ESSERE .... mia sorella, ma penso che tu CAPIRE .... cosa io INTENDERE .... per persona estranea alla mia famiglia.

Dopo tanta serenità, adesso mi trovo davanti al problema più grave che INCONTRARE .... e per cui non riesco a trovare una soluzione. Mi spiego: sai bene che la mamma di Giuseppe MORIRE .... l'anno scorso, lasciando mio suocero da solo. Benché lui VOLERE .... la sua indipendenza, non è capace di stare per conto suo. Giuseppe ha paura che la cattiva salute lo SPAVENTARE .... e gli ha proposto di vivere con noi. A sentir lui, è la cosa più bella che un figlio POTERE .... fare. Io temo che ESSERCI .... un sacco di guai. Nonostante io CONDIVIDERE .... i sentimenti di Giuseppe, sono terrorizzata da cosa SUCCEDERE .... in pratica. Non è che non SOPPORTARE .... mio suocero, poveretto. Ma, secondo me, tenerlo con noi ESSERE .... una pazzia. Infatti, a essere onesti, è l'ultima persona che io VOLERE .... in giro per casa.

Figurati che deve prendere delle medicine che sembra lo RENDERE .... un po' strambo. Non c'è giorno in cui non COMBINARE .... qualche guaio. È normale che SALIRE .... sull'autobus senza biglietto. È possibile che COMINCIARE .... a parlare da solo in mezzo alla strada. È probabile che domani METTERSI .... nei guai. Anzi, può darsi che già oggi FARE .... qualche danno visto che è uscito per fare una passeggiata e ancora non è rientrato. Insomma devo permettere che lui USCIRE .... e poi sto in ansia finché non RIENTRARE .... Come con i ragazzini. I ragazzi sono ben contenti che lui VIVERE .... con noi, benché a volte LAMENTARSI .... che lui STARE .... troppo a guardare la tele. Non permette che loro GUARDARE .... i loro programmi preferiti.

Insomma cosa credi che io DOVERE .... fare? Basta così mi sono sfogata abbastanza. Spedisco la lettera, senza chiederti di voi. Mi auguro che STARE .... tutti bene.

Con affetto

Maria

N. Scrivere una lettera di risposta, presentando il proprio parere sulla situazione.

Lezione 20

SCUOLA

Quant'è cara la lezione!

I rimandati aumentano. E con loro il costo delle ripetizioni private. Ecco le cifre, materia per materia.

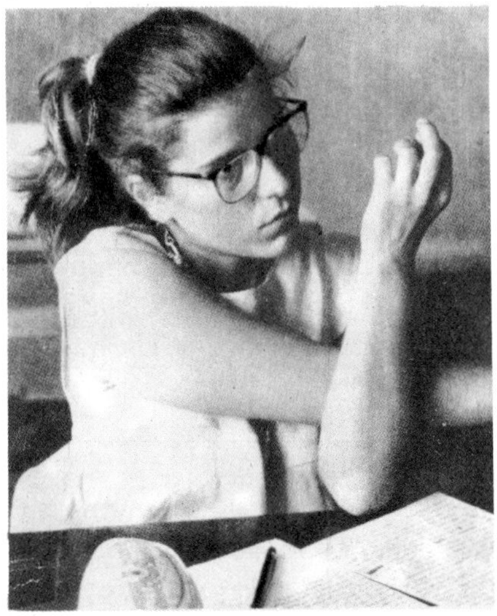

C'è chi è andato a vedere i «quadri» tranquillo, sicuro della promozione. Ma per molti allievi delle scuole medie «sapere com'è andata» ha spesso presentato aspetti che si credevano sepolti nel tempo: pianti e disperazione, dopo gli anni delle promozioni facili, sono diventati di nuovo parte della vita scolatica. E quest'anno la stangata è stata pesantissima. Soprattutto, e per un risvolto molto particolare, per i rimandati. Su 2 milioni e 50 mila studenti delle scuole medie superiori, infatti, ne sono stati rimandati 650 mila. Quasi un terzo. Una cifra primato che alimenterà il mercato sommerso delle lezioni private estive.

Un calcolo del prezzo medio della promozione per i 650 mila rimandati del 1984 lo ha fatto il Dipartimento giovani-scuola di Democrazia proletaria che ha condotto a Milano la prima indagine statistica sul mercato delle lezioni private estive.

Così, con 8 mila questionari distribuiti in nove scuole milanesi (fra Itis, Itc, Licei classici e scientifici), i giovani di Dp hanno potuto censire i prezzi medi per una preparazione estiva. Con oscillazioni che vanno dalle 9 mila lire a ora per materie come disegno tecnico, alle 25 mila per il latino e il greco.

Ora, per tentare la promozione autunnale ai ragazzi si presentano varie possibilità. Potranno ricorrere al professore di ruolo che d'estate, per arrotondare le entrate, rimane in città e dà lezioni. Oppure, si potranno rivolgere a qualche giovane neolaureato, magari disoccupato. O, infine, iscriversi ai corsi di recupero estivi delle migliaia di scuole private esistenti in Italia. A seconda dei casi, il prezzo della promozione settembrina potrà variare. Anche sensibilmente.

«Personalmente, prendo 20 mila lire l'ora» dice Teresa Jodice, che insegna matematica all'Istituto tecnico industriale Meucci di Roma. E aggiunge: «D'estate, però, col ricatto piú o meno evidente degli esami a breve scadenza, i prezzi salgono. E si arriva anche alle 30 mila l'ora».

Quello del pagamento a ore non è però un uso comune in tutta Italia. Nei piccoli centri del Meridione, infatti, il prezzo di una preparazione estiva è forfettario. Ma sempre salatissimo. «La differenza di costo fra il Nord e il Sud è per le lezioni estive quasi irrilevante» spiega Domenico Minniti, insegnante di lettere alla scuola media Lanciani di Roma, ma che per anni ha insegnato in un piccolo centro della Calabria jonica. «E nel Meridione, per una sola materia» sottolinea «si arriva a spendere fino a 600 mila lire».

Di fronte a cifre come questa non resta che rivolgersi allora a qualche studente universitario o a qualche giovane fresco di laurea. «Per la mia preparazione estiva spenderò in tutto 300 mila lire» racconta Renato Caruso, studente del Liceo classico Manzoni di Milano, rimandato in latino e greco. Durante il mese di luglio, Renato prenderà lezioni private da un neolaureato in Lettere antiche. Tariffa richiesta: 15 mila lire l'ora.

Organizzate con turni anche pomeridiani e serali, le scuole private presentano il vantaggio di un sicuro risparmio economico. Anche se spesso a discapito della serietà della preparazione. Specie nel caso in cui le lezioni, da private, diventano di gruppo. E magari di 20 o 30 ragazzi. «In effetti, casi del genere si verificano di frequente» ammette Maria Puma, preside dell'Istituto privato Galileo Ferraris di Roma. «Ma per fortuna» aggiunge «non sono la norma. Noi, per esempio, raggiungiamo un massimo di cinque ragazzi per corso. Così, facciamo pagare 18 mila lire l'ora per le lezioni individuali, mentre si può scendere alle 7 mila per quelle di gruppo».

MARIO FORTUNATO (hanno collaborato Marco de Martino e Antonio Galdo)
Panorama, 16 luglio 1984

A. *Scegliere l'alternativa giusta tra quelle proposte.*

1. Nel 1984 le promozioni sono state

   a. di più
   b. di meno
   c. uguali agli anni precedenti

2. Ci sono stati

   a. più rimandati
   b. più bocciati
   c. stesso numero di rimandati e bocciati

3. I ragazzi rimandati

   a. non possono più presentarsi a scuola l'anno successivo
   b. devono ripetere l'anno
   c. devono fare gli esami a settembre

4. Questa indagine fatta dal Dipartimento giovani-scuola di D.P. è

   a. una delle tante sull'argomento
   b. la più recente sull'argomento
   c. la prima sull'argomento

5. L'indagine è stata fatta a

   a. Roma
   b. Milano
   c. in tutta Italia

6. Da essa risulta che le lezioni private costano in media

   a. dalle 9 alle 25 mila lire
   b. dalle 20 alle 30 mila lire
   c. dalle 7 alle 15 mila lire

7. Il prezzo delle lezioni è

   a. solo ad ora
   b. solo forfettario
   c. l'uno e l'altro

8. Le lezioni sono

   a. solo individuali
   b. solo di gruppo
   c. l'uno e l'altro

9. Gli insegnanti sono

   a. esclusivamente insegnanti di scuole private
   b. insegnanti, studenti universitari o neolaureati
   c. esclusivamente insegnanti di ruolo in scuole statali

10. Il sistema meno costoso è

    a. la lezione di gruppo in un istituto privato
    b. la lezione individuale da un professore
    c. la lezione individuale da uno studente universitario

B. *Spiegare il significato delle seguenti affermazioni.*

1. C'è chi è andato a vedere i «quadri» tranquillo.

2. Il «sapere com'è andata» ha presentato aspetti che si credevano sepolti nel tempo.
3. Quest'anno la stangata è stata pesantissima.
4. Il mercato delle lezioni private estive è un mercato sommerso.
5. Il prezzo della promozione settembrina è dovunque salato.
6. In alcuni centri il prezzo è forfettario.
7. Le scuole private offrono un risparmio economico spesso a discapito della preparazione.

C. *Indicare quali delle seguenti azioni sono riferite all'insegnante e quali allo studente.*

1. fare un esame 2. preparare un esame 3. affrontare un esame 4. bocciare ad un esame 5. essere promosso ad un esame 6. ripetere un esame 7. correggere un esame 8. interrogare ad un esame 9. fare assistenza ad un esame 10. sostenere un esame 11. avere un esame.

D. *Volgere al passato i pensieri della ragazzina rimandata a settembre in tre materie, secondo l'esempio.*

Esempio. Credo che ce la farò!
Che stupida, credevo che ce l'avrei fatta!

1. Bisogna che studi.
2. Spero che i miei insegnanti siano comprensivi.

3. Dubito che le ultime interrogazioni siano andate male.
4. Immagino che terranno conto del voto di ginnastica.
5. Credo che i professori mi abbiano trovata simpatica.
6. È probabile che il professore di fisica mi promuova.
7. Non so se avrò una o due materie, al massimo.
8. Mi auguro che la profe di Italiano si sia dimenticata di quel quattro.
9. Penso però che il preside dirà una buona parola per me.
10. Ho paura che i risultati si sappiano troppo presto.
11. È necessario che i miei genitori non scoprano nulla fino ad allora.
12. Mi pare che non abbiano avuto sospetti.

E. *Usare i tempi opportuni del congiuntivo in dipendenza di condizionali.*

Esempio. Vorrei che l'esame ESSERE .... *facile.*
Vorrei che l'esame fosse facile.

Le speranze dell'esaminando

1. Bisognerebbe che l'esaminatore ESSERE .... di buon umore.
2. Sarebbe utile che l'esaminatore MANGIARE .... bene prima dell'esame.
3. Occorrerebbe che il candidato prima di me FARE .... una buona figura.
4. Sarebbe necessario che tutti i professori SIMPATIZZARE .... tra di loro.

5. Vorrei che loro mi CHIEDERE .... quello che so.
6. Ai miei genitori piacerebbe che io PRENDERE .... dei bei voti.
7. Sarebbe importante che io PREPARARSI .... un argomento in particolare.
8. Vorrei tanto che questo esame FINIRE .... già ....

F. *Esprimere l'azione futura, in base all'esempio.*

Esempio. All'Istituto Tecnico Industriale, c'è stato il 31% dei rimandati.
<u>*Non pensavo che all'I.T.I. ci sarebbe stato il 31% dei rimandati.*</u>

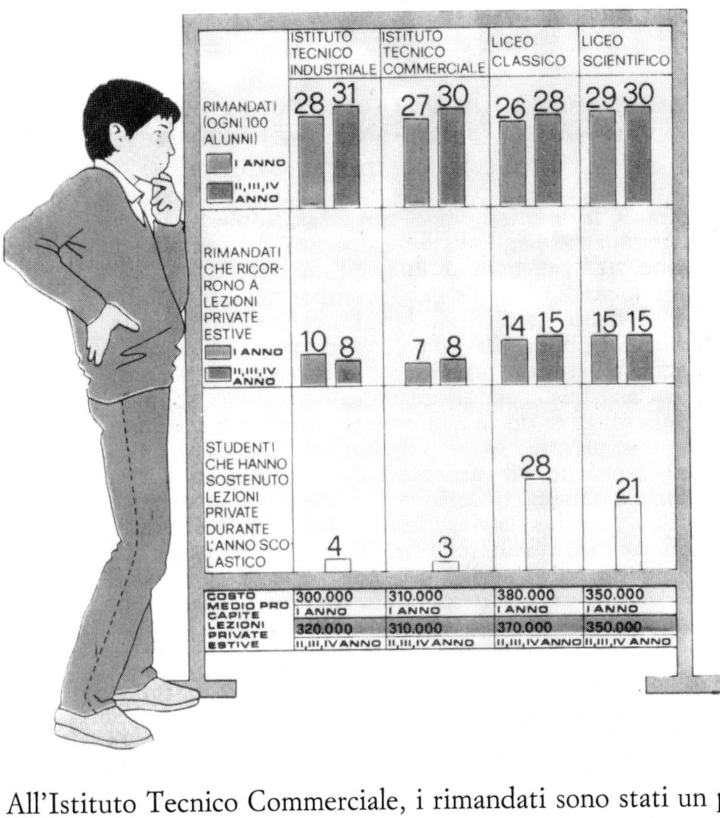

1. All'Istituto Tecnico Commerciale, i rimandati sono stati un po' meno. Era inevitabile che ....
2. Al Classico, alcuni studenti si sono ritirati prima della fine dell'anno. Non immaginavo che ....

3. Il Liceo Scientifico ha bocciato tanto in prima quanto nelle altre classi.
   Temevo che ....
4. Tanti studenti sono dovuti ricorrere alle lezioni private.
   Non sospettavo che ....
5. Le famiglie hanno affrontato grosse spese durante l'estate.
   Era da immaginarsi che ....
6. Voi studenti non avete fatto il vostro dovere.
   C'era da aspettarsi che ....
7. Il numero dei rimandati ha stupito tutti.
   Nessuno prevedeva che ....
8. Lo studente rimandato ha fatto un esame di coscienza.
   Credevo che ....

G. *Completare volgendo l'infinito al tempo opportuno.*

GLI ASINI D'ORO

L'anno scorso nostro figlio era stato rimandato per la prima volta in due materie, benché lui STUDIARE .... durante l'anno. Questo significava che bisognava darsi da fare per le lezioni private, in modo che lui AVERE .... un insegnante bravo e capace.

Cominciai subito a telefonare a tutte le mie amiche affinché loro mi RACCONTARE .... le loro esperienze e soprattutto per sapere quale ESSERE .... il miglior professore che loro CONOSCERE .... personalmente o di cui loro SENTIRE .... parlare.

Mio marito, da parte sua, contattò tutti i colleghi con figli perennemente rimandati e, sebbene lui VERGOGNARSI .... un po', cercò di sapere quali ESSERE .... le tariffe massime che POTERE .... venire richieste.

Prendemmo anche in considerazione l'idea della scuola privata, ma tutti ci sconsigliarono dicendo che, nonostante questa COSTARE .... meno, era il sistema peggiore che loro SPERIMENTARE ....

Loro prevedevano che, prima che il ragazzo RENDERSENE .... conto, noi SPENDERE .... troppi soldi inutilmente, cioè senza che lui IMPARARE .... poi molto.

In conclusione, spendemmo un sacco di quattrini, perché scegliemmo il professore più rinomato che ESSERCI .... in città e trascorremmo l'estate peggiore che noi TRASCORRERE .... mai ....

H. *Inserire al posto dell'infinito i tempi necessari del congiuntivo.*

1. Non avrei mai pensato che ESISTERE .... un paese in cui le lezioni private a domicilio ESSERE .... più diffuse che in Italia.
2. Non sapevo neppure che lo stesso paese SPENDERE .... più di tutti gli altri per il proprio sistema scolastico.
3. Certo non immaginavo che là uno studente PASSARE .... oltre a sei ore di scuole private e altre quattro a casa con insegnanti di sostegno.
4. Voi avreste voluto che, prima ancora dell'asilo, i vostri genitori vi COSTRINGERE .... a prendere lezioni private da specialisti in prima infanzia?
5. Sareste contenti se la vostra vita, come la loro, MIRARE .... all'esame di ammissione all'università tanto che tutta la vostra vita precedente ESSERE .... finalizzata a questa prova?
6. Bisognerebbe che VALERNE .... la pena, e forse là è così.
7. Chi avesse ottenuto l'accesso all'università di prima qualifica, era poi probabile che OTTENERE .... un impiego molto remunerativo e di prestigio.
8. Eravate riusciti a indovinare di che paese TRATTARSI ....? Se non ci RIUSCIRE ...., ve lo dico io: è il Giappone.

I. *Descrivere brevemente il sistema scolastico del proprio paese.*

Lezione 21

Pronto? Vive condoglianze

A Bologna un uomo annuncia per telefono morti inesistenti. Panico

BOLOGNA. Un fantasma cretino o sadico si diverte a telefonare a casa dei bolognesi per annunciare lutti inesistenti. Per vittime immaginarie sceglie quasi sempre i figli di chi risponde al telefono e normalmente li fa morire in un incidente stradale. Spacciandosi per poliziotto indica il nome del "morto" e anche il tipo di auto sulla quale viaggiava gettando così nell'angoscia chi lo sta ascoltando.

Uno scherzo macabro, quindi, che ha già sconvolto molte famiglie di Bologna. A Mauro Zonarelli, un commerciante di cinquant'anni, lo scherzo è addirittura costato la vita: è morto fulminato da un infarto qualche giorno dopo la telefonata. Una voce, di un adulto, senza particolari inflessioni, gli aveva comunicato il decesso del figlio in un incidente stradale. Mauro Zonarelli si è precipitato assieme alla moglie all'obitorio, dove lo aveva fatto accorrere il falso poliziotto e lì ha atteso invano la salma di Marco, il suo ragazzo di 23 anni. Così, sconvolto, è tornato a casa dove ha trovato il figlio che, tranquillo, stava in camera sua a studiare. Uno choc tremendo dal quale non si è più ripreso e che lo ha portato all'infarto.

A un tipografo, di circa sessant'anni, è andata un po' meglio. La stessa voce gli ha annunciato un disastro sulla Porrettana. Gli ha parlato di uno scontro tra più autovetture con otto morti: tra questi suo figlio. Anche per il tipografo è iniziata così la stessa odissea. Ma dopo una corsa affannata da un pronto soccorso all'altro il tipografo ha incontrato il ragazzo che, in perfetta salute, passeggiava con la sua fidanzata. «Da quel giorno», dice, «ho gli incubi ogni notte». E di telefonate così il sadico ne ha fatte tante.

Recentemente ne ha parlato un emittente privata e subito in redazione sono arrivate decine di telefonate di gente indignata e impaurita che diceva: «È successo anche a noi». In questura cercano di minimizzare e avvisano che «in caso di incidente grave, polizia e carabinieri preferiscono andare a casa dei familiari per comunicare la notizia; raramente segnalano il fatto per telefono». Psichiatri e criminologi hanno già tentato di tracciare un primo identikit del maniaco. «Potrebbe essere una personalità pavida, debole; un individuo con grandi problemi di socializzazione che si vendica torturando gli altri», dice lo psichiatra Giovanni De Plato. «È una persona che ricorda un po' gli incendiari che qualche tempo fa infestavano la campagna francese. Prima appiccavano il fuoco, poi davano l'allarme e si divertivano a vedere arrivare i pompieri», osserva il criminologo Augusto Balloni. Ma in quei casi almeno il fuoco c'era. Qui c'è solo un'invenzione atroce. E idiota.

DOMENICO DEL PRETE, *L'Espresso*, 26 giugno 1983

A. *Dopo aver letto il brano «Pronto? Vive condoglianze» rispondete alle seguenti domande.*

1. In che consiste lo scherzo del fantasma telefonico di Bologna?
2. Chi sceglie per vittime?
3. Perché la gente crede alle sue telefonate?
4. Che effetti hanno avuto le sue telefonate nei casi peggiori?
5. Ci sono state altre vittime più fortunate?
6. Come si è saputo di questa storia?
7. Perché, secondo la polizia, non si dovrebbe cadere in scherzi del genere?
8. Che tipo di persona potrebbe avere ideato questo scherzo?
9. A chi assomiglia il maniaco?
10. Che differenza c'è tra questi e il fantasma di Bologna?

B. *Rispondete usando il gerundio.*

Esempio. Come si diverte il pazzo di Bologna?
Telefonando alla gente.

1. In che modo si presenta al telefono?
2. Come rende credibile la notizia dell'incidente?
3. Come reagisce la vittima, di solito?
4. Come si potrebbe mettere fine a questi scherzi?
5. Come si procurerà il pazzo le informazioni?
6. Come puniresti tu questo «burlone»?

C. *Trovate i sinonimi delle seguenti parole.*

1. Panico
2. Choc

3. Salma
4. Morte
5. Disastro
6. Incidente
7. Bravata
8. Fulminato
9. Crudele
10. Idiota

D. *C'è chi continua a fare tranquillamente quello che sta o stava facendo, ignorando lo squillo del telefono. Trasformate le frasi con* STARE + GERUNDIO.

Esempio. Marco è a casa. Studia tranquillamente.
Marco sta studiando tranquillamente a casa.

1. Enrico era allo stadio. Si divertiva alla partita di calcio.
2. Tommaso è in camera. Dorme profondamente.
3. I gemelli erano al cinema. Guardavano un film giallo.
4. Giorgio era al parco. Portava a spasso il cane.
5. Augusta è all'esame di guida. Prende la patente.
6. Teresa è all'opera. Assiste alle prove.
7. Le bambine sono a scuola. Seguono un corso di ginnastica.
8. Andrea è alla riunione degli scout. Organizza la gita domenicale.

E. *Sostituite* STARE + GERUNDIO *e osservate la differenza di significato.*

Esempio. La paura sta per provocare una forte emozione.
La paura sta provocando una forte emozione.

1. L'uomo stava per cadere nella trappola.
2. La moglie stava per andare all'ospedale.
3. Gli altri figli stavano per piangere dalla paura.
4. Tutti stavano per avvertire la polizia.

5. Ma la «vittima» stava per tornare a casa.
6. I nonni stavano per morire dallo spavento.
7. Noi stavamo per staccare i fili.
8. L'esercizio sta per finire.
9. Stavate per dire qualcosa?

F. *Sostituite all'infinito con* IN, CON, A *un gerundio.*

Esempio. Il pazzo si diverte nel fare le sue telefonate.
Il pazzo si diverte facendo le sue telefonate.

Un'emittente privata bolognese nel dare la notizia del fatto, ha sollevato il caso del maniaco di Bologna.

Il primo risultato è stata quasi una valanga di telefonate: gente che, a sentire l'annuncio, si è ricordata di aver avuto esperienze simili che, magari per fortunate coincidenze, non hanno avuto tragiche conseguenze, ma che sono state risolte col dare la colpa della telefonata al solito amico burlone o coll'addebitarla alla pecora nera della famiglia.

A pensarci bene, a posteriori, nel sentirle riportate alla radio, molti hanno capito e hanno avuto una gran paura postuma.

Forse ha ascoltato anche l'interessato: nel trovarsi al centro dell'attenzione, cosa avrà provato? Si sarà divertito nel rendersi conto di aver fatto centro? Avrà avuto rimorsi nei confronti delle sue vittime innocenti? Si sarà reso conto che, per aver avuto un'idea del genere, uno deve essere anormale? O avrà pensato solo che, col passare del tempo, la gente dimenticherà e lui potrà ricominciare a seminare il panico?

G. *Unite le frasi con un gerundio o con una frase relativa.*

Esempi. Ho incontrato mio figlio. Io andavo alla polizia.
Ho incontrato mio figlio andando alla polizia.

Ho incontrato mio figlio. Lui andava a casa.
Ho incontrato mio figlio che andava a casa.

1. Io guardavo fuori dalla finestra dell'ufficio. Ho visto mio figlio. Lui passava in macchina.
2. Io ho sentito il telefono. Il telefono suonava. Io entravo in casa.
3. Mia moglie mi ha detto di rispondere. Lei gridava dalla cucina.
4. Io ho risposto. Pensavo che fosse una seccatura.

5. Ho sentito una voce d'uomo. Lui mi ha detto di essere forte. Lui parlava con voce seria e «di circostanza».
6. Io mi sono sentito mancare. Ho pensato si trattasse di un incidente. L'incidente era capitato a mio figlio.
7. Io tremavo come una foglia. L'ho ascoltato. Lui mi annunciava ufficialmente che ero il fortunato vincitore del «Telefono d'oro».

H. *Sostituite al gerundio una frase introdotta da* QUANDO / MENTRE, DOPO CHE, SE, POICHÉ / PERCHÉ.

Esempio. Correndo mi sono storto una caviglia.
<u>*Mentre correvo, mi sono storto una caviglia.*</u>

1. Andando in motocicletta è necessario portare il casco.
2. Non allacciando le cinture si corrono gravi rischi.
3. Bevendo troppo si è pericolosi per sé e per gli altri.
4. Avendo bevuto troppo è meglio non guidare.
5. Essendo distratto non ho visto il semaforo.
6. Non succederà mai niente osservando scrupolosamente il codice.
7. Incrociando un passaggio a livello, bisogna fermarsi.
8. Attraversando la strada, a piedi o in macchina, bisogna fare attenzione.
9. Avendo avuto un incidente, bisogna chiamare la polizia.

I. *Trasformate le frasi usando* PUR + GERUNDIO.

Esempio. Benché voglia riposare, non staccherei mai il telefono.
<u>*Pur volendo riposare, non staccherei mai il telefono.*</u>

1. Benché sia staccato, il maledetto telefono trilla.
2. Sebbene sia notte fonda, qualcuno chiama.
3. Benché il telefono suoni, lui dorme pacifico.
4. Sebbene abbia preso il tranquillante, lei non dorme.
5. Nonostante sia estate inoltrata, i due sono sotto le coperte.
6. Benché avessero detto a tutti di essere via, si sentono telefonare.
7. Forse, anche se non pagate la bolletta, il telefono funziona ugualmente.
8. Nonostante fosse sordo, si fece mettere il telefono.

L. *Raccontate uno scherzo, divertente o di cattivo gusto, che avete fatto o subito.*

Lezione 22

VELA / IL VARO DELL'AZZURRA

Una barca carica di...

Con 16 sponsor e cinque miliardi anche una vela italiana scende per la prima volta in lizza. Due gli obiettivi: partecipare alla mitica America's Cup e rilanciare in Usa il marchio «Italia».

Il varo di Azzurra a Pesaro. A destra: in alto una fase della costruzione, in basso lo skipper Cino Ricci

Lunedì 19 luglio alle 19, con qualche minuto di ritardo sul programma (ma è un record di precisione in queste occasioni) Azzurra è scesa per la prima volta in mare, nel porto di Pesaro. Tra decine di yacht imbandierati col gran pavese, i fischi e le sirene dei pescherecci, i marinai schierati in quadrato sulla banchina e migliaia di spettatori, ammiragli, politici, imprenditori e industriali (all'ultimo momento è arrivato anche Gianni Agnelli sbarcato in pieno porto dal suo elicottero) quella che è stata definita la «sfida italiana alla America's Cup» (la gara tra barche a vela più antica e prestigiosa del mondo) è diventata una realtà.

L'obiettivo di Azzurra è dei più difficili: superare nelle eliminatorie (su un triangolo di 25 miglia nello specchio delle acque di Newport) altre sei barche, allestite da Gran Bretagna, Australia, Francia, Svezia e Canada e arrivare, nel settembre dell'83, a sfidare il «defender» (detentore del titolo) americano. In 132 anni e 24 sfide, l'impresa non è mai riuscita a nessuno e la «Coppa delle cento ghinee» messa in palio dalla Regina Vittoria nel 1851 e subito conquistata dagli americani è sempre rimasta esposta nelle vetrine della Trophy room, la stanza dei trofei, del New York Yacht Club.

Ma per Karim Aga Khan, che a nome del club Costa Smeralda ha lanciato la sfida agli americani, Azzurra è all'altezza della situazione. Linea elegante, aerodinamica, costruita in cinque mesi (un tempo da record) nelle officine pesaresi, sul progetto del giovane architetto Andrea Vallicelli, in lega di alluminio, 28 tonnellate, 505 metri quadri di vele, 20 metri di lunghezza e una attrezzatura tutta «made in Italy»: la barca ha tutte le carte in regola. E così il suo equipaggio (30 giovani velisti tra titolari e riserve) guidato da uno skipper, Cino Ricci, e con un timoniere, Mauro Pelaschier, entrambi con centinaia di regate all'attivo.

Per varare l'operazione Azzurra sono stati messi in bilancio oltre 5 miliardi raccolti da un consorzio di imprese che vanno dall'Agusta (elicotteri) alla Barilla, dalla Cinzano all'Iveco (Tir), dalla Florio (amari) alla San Pellegrino, dall'Alitalia al Banco di Roma. In totale 16 sponsor privati.

Per il pool di imprese italiane, partecipare alla coppa America è solo un obiettivo secondario. «L'importante era mettere una bandierina tricolore in una regata che negli Stati Uniti è un business equivalente a quello scatenato dai campionati del mondo di calcio. Le reti televisive di tutto il mondo le dedicano ogni volta più di 10 mila ore di trasmissioni tv» sostengono gli organizzatori italiani. E come esempio citano il barone francese Marcel Bich (penne a sfera e rasoi «usa e getta») che ha partecipato a ben tre edizioni passate della Coppa, spendendo oltre 10 miliardi. La sua barca, France, non è mai nemmeno arrivata alle finali, ma i suoi prodotti dopo le regate hanno invaso gli Usa.

Il ruolo di Azzurra è proprio questo. Rilanciare negli Stati Uniti e quindi in tutto il mondo il «marchio Italia». «Noi vogliamo anzitutto portare in America un'immagine efficiente dell'azienda Italia» sostiene Riccardo Bonadeo, responsabile economico e finanziario del consorzio.

E per sostenere la nuova immagine dell'Italia (non più sole, pizza e amore ma nuove tecnologie, efficienza sportiva, management), il gruppo non ha badato a spese. Già dal prossimo aprile e fino all'autunno dell'83 a Newport sarà in funzione una Casa Italia, un vero centro di diffusione e vendita di prodotti italiani, dagli spumanti alle magliette, dall'alta moda al turismo di alta classe. Per coordinare l'operazione di penetrazione a tappeto in Usa l'Italia si è assicurata la prestigiosa collaborazione di Fred Rosen il «public relation man» che cura l'immagine della Coca-Cola e dello stesso Dipartimento di Stato americano.

Intanto, dopo il varo, per Azzurra è

cominciato il conto alla rovescia. E anche se la sfida è azzardata e gli americani faranno di tutto per non perderla, l'Italia sembra avere una buona carta. La vernice di Azzurra è infatti fornita dalla premiata ditta triestina Veneziani-Zonca che già nell'Ottocento possedeva la formula rimasta tuttora segreta, dell'arci-vernice antivegetativa per le navi. Il meglio in fatto di scorrevolezza adottata fin da allora dalla Marina britannica.

Silvestro Serra, *Panorama*, 2 agosto 1982

A. *Dopo aver letto l'articolo «Una barca carica di...», rispondere alle seguenti domande.*

1. Cosa è successo a Pesaro, lunedì 19 luglio 1982, alle ore 19?
2. Che obiettivi si proponeva Azzurra?
3. Cosa è successo nel 1851?
4. Perché la Coppa delle cento ghinee era conservata proprio a New York, nella stanza dei Trofei del New York Yacht Club?
5. Perché, parlando della costruzione di Azzurra, si può parlare di «tempo di record»?
6. Perché Azzurra aveva «tutte le carte in regola» per partecipare alla regata?
7. Perché anche l'equipaggio aveva «tutte le carte in regola»?
8. Come sono stati trovati i 5 miliardi di lire necessari per la sua costruzione?
9. Cosa si voleva portare in America e nel mondo?
10. Perché la vernice di Azzurra è speciale?

B. *Spiegare il significato delle seguenti parole ed espressioni presenti nel testo.*

1. Lizza
2. Pescherecci
3. Marinai
4. Schierati
5. Essere all'altezza
6. Avere le carte in regola
7. Avere all'attivo
8. Regata
9. «Usa e getta»
10. Non badare a spese
11. Conto alla rovescia
12. Avere una buona carta

C. *Trovare il corrispondente italiano delle seguenti parole.*

1. Record
2. Yacht
3. America's Cup
4. Defender
5. Challenger
6. Trophy Room
7. Skipper
8. Sponsor
9. Pool
10. Business
11. Management
12. Public Relation Man
13. Made in Italy

D. *Volgere al passivo le seguenti frasi.*

Esempio. Una nuova malattia contagiosa ha colpito l'Italia.
L'Italia è stata colpita da una nuova malattia contagiosa.

1. L'inaspettata buona condizione di Azzurra ha provocato il contagio.
2. I giornali sportivi diffondono rapidamente il contagio.
3. Con tutta la pubblicità, genitori entusiasti hanno battezzato «Azzurra» centinaia di bambine.
4. Inizialmente i promotori avevano scelto per la barca il nome «Made in Italy».
5. Una volta con quell'etichetta all'estero vendevano oggetti italiani.
6. Fortunatamente, in seguito scartarono quel nome.
7. Un nome buffo avrebbe perseguitato il futuro di tante ragazzine.
8. D'ora in poi i negozi venderanno articoli con il marchio «Azzurro».
9. Adesso le fortunate imprese nella vela cambieranno la situazione.
10. Lo sport cambierà l'immagine italiana nel mondo?

E. *Sostituire* ESSERE *con* VENIRE, ANDARE *o* RIMANERE, *se possibile.*

PROVACI ANCORA AZZURRA

Esempio. La partecipazione dell'Italia alla grande gara velica sarà organizzata con la massima cura.
La partecipazione dell'Italia alla grande gara velica verrà organizzata con la massima cura.

1. L'Italia sarà rappresentata da Azzurra 2, a competere tra i prossimi finalisti mondiali.

2. Se ci fossero altri finanziatori, altre barche e altri equipaggi sarebbero allestiti e organizzati.
3. Ma in questo caso sarebbe un peccato, perché così sarebbe persa la caratteristica di sfida nazionale.
4. Per portare in lizza una barca competitiva nel futuro dovranno essere affrontate ricerche e prove molto impegnative.
5. Alcuni preparativi sono stati già avviati.
6. Il lavoro preparatorio per la prossima edizione della coppa era organizzato a Newport già prima che la sfida del 1983 fosse conclusa.
7. Come operazione più importante è stato acquistato il 12 metri americano Freedom, che funzionerà come allenatore di Azzurra.
8. Freedom è una barca di tipo classico che fu disegnata da Olin Stephen.
9. Prima di essere imbarcata per l'Italia, Freedom è stata provata dall'equipaggio italiano.
10. Tutti sono stati stupiti e ammirati dalla sua perfezione tecnica.

F. Inserire l'ausiliare necessario nei seguenti titoli formulati al passivo.

Ormai si viaggia sulle linee ferroviarie come nel Far West

Treni, achtung banditi

Un altro convoglio assaltato da otto armati

Da una pattuglia di soldati cinesi

Ucciso sull'Himalaya un "Uomo delle nevi"

PECHINO — Torna a fare la sua comparsa sulle cronache di mezzo mondo lo «Yeti», più noto come «l'abominevole uomo delle nevi», uno pseudo antenato dell'uomo perso (o nascosto) sulle inviolate pendici nevose dell'Himalaya. Ma questa volta la fonte è tra le più attendibili: è un serissimo giornalista cinese, redattore dell'agenzia ufficiale «Nuova Cina», Yang Huiming.

In un ampio reportage pubblicato a puntate dalla agenzia cinese, Huiming ha riferito di avere trovato «prove indiscutibili» dell'esistenza dell'uomo delle nevi nel corso d'un suo recente viaggio di lavoro nel Tibet. Giunto infatti in una località dell'Himalaya quasi ai confini col Nepal, Zhongba, ha raccolto le testimonianze degli uomini di una pattuglia confinaria cinese su un «incontro ravvicinato» col presunto ominide, avvenuto nel dicembre del 1972.

Gli abitanti della zona avevan segnalato ai militari la presenza di misteriose creature che lasciavano sulla neve fresca orme gigantesche. Un plotone guidato dal sottocapo di reggimento Jiang Bai, dopo una lunga marcia di avvicinamento, scorse in uno spiazzo privo d'alberi due strani esseri, a metà tra la scimmia e l'uomo. Giunti a quattrocento metri di distanza i soldati avevano fatto fuoco. Uno dei due esseri era caduto al suolo, mentre l'altro riusciva a fuggire. All'avvicinarsi dei soldati, lo Yeti ferito (una femmina) cercava di difendersi lanciando un masso, per poi crollare morta sulla neve. La sua statura, secondo la relazione, era di un metro e 54 centimetri, mentre i piedi misuravano 33 centimetri. Era priva di coda, ma col corpo e il volto coperto di pelo rossastro e con una capigliatura lunga circa venti centimetri.

La magistratura ammonisce gli amnistiati a non parlare

Impedito dalla polizia polacca un incontro tra Kuron e Walesa

Aereo indiano dirottato dai Sikh

ISLAMABAD — Militanti sikh armati di pugnale hanno dirottato ieri mattin aereo di linea indiano 93 persone bordo, cos gendo i piloti a dirigersi Pakistan minacciando uccidere i passeggeri u per uno e di far saltare il v livolo. Dieci ore dopo l'a terraggio in Pakistan il Boeing 737 con 88 persone e bordo è ripartito con presumibile destinazione Bahrein.

Quando era fermo a Lahore la locale agenzia di notizie aveva comunicato che tutti i passeggeri erano stati liberati, ma il portavoce del governo aveva immediatamente smentito la notizia. Funzionari pachistani avevano precisato che i negoziati coi dirottatori continuavano, ma che il jet era stato rifornito di carburante perché essi avevano chiesto di andare negli Stati Uniti via Bahrein.

Durante la sosta i dirottatori hanno liberato due donne norvegesi ammalate, una delle quali, sofferente di cuore, è stata ricoverata in ospedale. Poi è stato liberato un uomo zoppo, sua moglie e un bambino.

Il Boeing volo C 425 con 87 passeggeri e sei membri del'equipaggio era stato diro' ...entre effettuava u' ... da Nuova I ...itale

A Salisburgo nell'opera di Berio

Quasi arrestati in scena "falsi" terroristi

Assassinato un camorrista "traditore"

Festeggiati gli olimpici in Romania

Il treno diretto Cassino-Roma

Rapinato il postale da 4 banditi armati

ROMA — Nuove imprese banditesche sui treni. Ieri mattina quattro malfattori, che sicuramente avevano un informatore, si sono impossessati di sei plichi contenenti valuta sul diretto Cassino-Roma. La rapina è avvenuta alle sei del mattino nel tratto Ferentino-Morolo. I banditi, tutti armati, hanno fatto irruzione in uno scompartimento di prima classe adibito a vagone postale e dopo avere legato e imbavagliato il personale viaggiante hanno scelto con calma i sei plichi contenenti valori fra i venti che erano stati caricati sul treno a Frosinone, poi sono fuggiti.

La seconda rapina, ben più artigianale, ha avuto come vittima un italo canadese di 60 anni, Mario Checchia, che è stato derubato di tutti i suoi averi — una valigia, 15 mila lire e 30 dollari canadesi — da tre malfattori che prima lo avevano addormentato con una bevanda soporifera. La rapina è avvenuta su un vagone fermo alla stazione Tuscolana di Roma.

OPERAZIONE ANTIDROGA A CATANIA — Una partita di eroina del valore di tre miliardi è passata attraverso tre nazioni per finire sequestrata all'aeroporto di Fontanarossa. Quattro persone (tre uomini ed una donna) provenienti da New-Delhi sono state arrestate. La droga, nove chili di eroina pura era nascosta nel doppio fondo di tre valigie. Sembrava tutto tranquillo. Superato il controllo i quattro avrebbero potuto senza problemi consegnare la partita. Solo all'uscita dall'aeroporto, quando erano già saliti sui taxi diretti a Palermo, i quattro sono stati bloccati e le valigie sequestrate.

ORDINE DI CATTURA PER CAPRONI — Un ordine di cattura per truffa aggravata e falso in bilancio è stato spiccato nei confronti dell'industriale Achille Caproni su denuncia della Banca Popolare di Vigevano. Caproni è ricercato da tempo: per truffa, bancarotta e as... ere dai giudici di Mila... inchiesta sulle bische ...stratura di Bergamo.

Assassinato da 3 banditi per un orologio

NAPOLI (g.d'a.) — Un marittimo di Torre del Greco è stato ucciso da tre banditi che avevano tentato di rapinarlo mentre era con la fidanzata. Angelo Liccardi, ventisette anni, era a bordo della sua auto con Caterina Di Stasio, vent'anni, in una stradina buia alla periferia di Ercolano. Un'intera fila di auto era parcheggiata nei pressi. I rapinatori, tre, sono giunti a bordo di uno scooter. Armati e a volto scoperto si sono avvicinati ad Angelo e Caterina.

Il ragazzo, alla vista delle pistole, ha finto di assecondare i banditi. Ha cominciato a sfilarsi l'orologio ma, poi, d'improvviso ha tentato di mettere in moto l'auto. I tre banditi hanno fatto fuoco contemporaneamente colpendolo alla schiena. Poi si sono eclissati. L'a... Liccardi ha perco... metro, poi si è sc... tro un albero. Ange... stato soccorso da u... ma ormai per lui no... nulla da fare.

Siracusa, vietati i cortei funebri 'causa traffico'

SIRACUSA — Fino a qualche anno fa un buon funerale affollato con molte corone e un lungo corteo, era indispensabile per abbandonare degnamente la vita terrena. Ma il traffico ha le sue esigenze. Così, a Siracusa, l'amministrazione comunale si è vista costretta ad emettere un'ordinanza che vieta i cortei funebri. Niente più mesti blocchi stradali e lunghe file di ghirlande. Le lamentele hanno avuto partita vinta. Prima di firmare l'ordinanza, il nuovo sindaco di Siracusa, il democristiano Fausto Spagna, ha consultato i parroci e chiesto pareri.

Non ci sono state però grandi resistenze. Anche i sacerdoti hanno mostrato di condividere le scelte dell'amministrazione comunale. I fu... rali saranno più frettol... o solenni, ma la ... lche vantaggio. ...sto, non sono ...lemiche sull' ... di portare le ...entro il cimi... ...mbe del ca... ... gradito a

Tecnico teatrale preso a bastonate dopo la recita È molto grave

A Sassari e Nuoro

Polizia mobilitata per 2 falsi sequestri

A Riccione, in costume da bagno, mentre tornava a casa in bicicletta

Arrestato il superboss della mafia

G. *Osservare il grafico e esprimere un breve regolamento di gara, cambiando le frasi secondo l'esempio.*

Esempio. Si deve finire il percorso.
Il percorso deve essere finito. e *Il percorso va finito.*

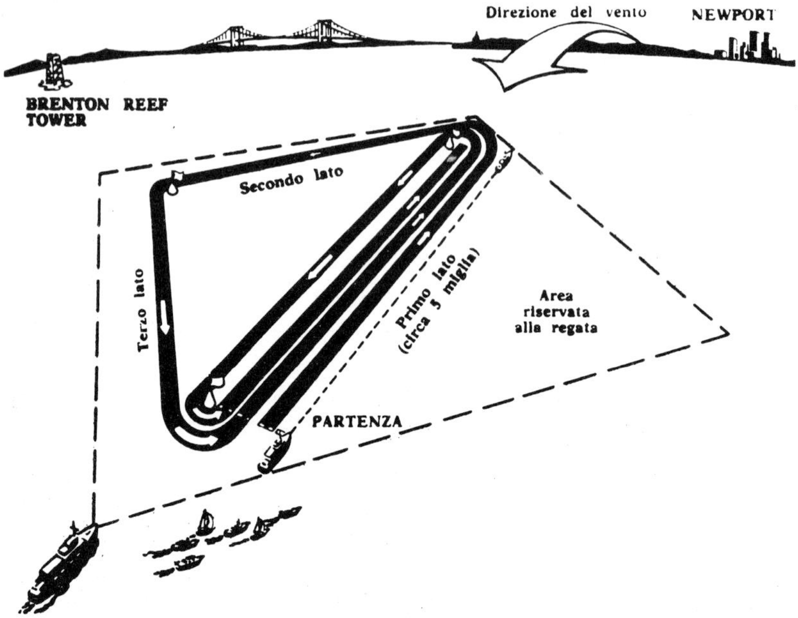

1. Si devono preparare le barche sulla linea di partenza quindici minuti prima del via.
2. Si deve controllare subito la barca avversaria.
3. Si devono prendere le decisioni in un lampo.
4. Si devono effettuare le manovre in pochi secondi.
5. Si devono sincronizzare i gesti di tutto l'equipaggio.
6. Si deve sfruttare la direzione del vento.
7. Si deve usare ogni trucco ammesso.
8. Si deve fare tutto il percorso.
9. Si deve prendere un avvio veloce.
10. Non si deve toccare la barca avversaria.

H. Volgere al passivo.

1. Nel 1983 hanno dato la Coppa all'Australia.
2. Hanno promesso agli uomini dell'equipaggio una ricompensa.
3. Al ritorno hanno fatto loro tante feste.
4. Gli hanno fatto anche tante domande.
5. Finalmente hanno fatto vedere a tutti la famosa chiglia segreta.
6. Al capitano hanno fatto molte congratulazioni.
7. Gli hanno detto che era stato meraviglioso.
8. Mi hanno detto che stanno organizzando la prossima edizione.
9. A voi hanno detto qualcosa?
10. Avevano proibito a tutti di fotografare la barca.

I. Volgere la relativa al congiuntivo.

Esempio. A settembre si celebra l'anniversario della più appassionante vittoria sportiva che si è avuta in Australia nell'83.
A settembre si celebra l'anniversario della più appassionante vittoria sportiva che si sia avuta in Australia nell'83.

1. La Coppa America è la più prestigiosa competizione velica che si disputa nel mondo.
2. L'edizione del 1983 è stata la prima a cui l'Italia ha partecipato.
3. La barca aveva la linea più moderna che potevano ideare.
4. Gli australiani sono stati i soli che hanno strappato il titolo agli Americani.
5. Infatti la Coppa America era il solo trofeo del mondo che era stato vinto sempre dalla stessa nazione.
6. La partenza è la fase più delicata e difficile che c'è nella gara.
7. Non c'è nessuno che ha uguagliato la grinta australiana.
8. Secondo alcuni, spendere tanti soldi in mare è la cosa più assurda che si può fare.
9. Secondo altri, la vela è lo sport meno popolare che si pratica al giorno d'oggi.

L. Descrivere un recente avvenimento sportivo di particolare interesse.

Lezione 23

Bologna si tinge di giallo

È il colore di un piccolo gruppo di giovani che teorizzano l' "egologia"

BOLOGNA. Franco è il più disinvolto: ha passato molti anni con Lotta continua e adesso fa il "public relation man" per una piccola azienda. Anche Gabriele viene da Lc: più serafico, dopo aver fatto mille mestieri, adesso va per i campi con la cooperativa giovanile "Avola". L'altro, Gabriele, fa il medico, anzi, lo faceva, perché dopo essersi specializzato negli Stati Uniti ed essere tornato in Italia ha detto basta. Adesso si arrangia. Gli altri, Franco, Till, Bob, Lucio e Stefano hanno da poco superato i "venti": con la chitarra a tracolla accompagnano le avventure del piccolo gruppo.

È il gruppo dei "gialli", di "quelli che fanno gli occhi dolci". Da qualche mese sono gli invitati di riguardo a tutti gli incontri ecologici d'Italia. Chicco Testa, dell'Arci, ha il loro "pataccone" nel cuore e li delega d'ufficio a tutte le iniziative della Lega ambiente. Ma loro, al "verde", preferiscono il "giallo". All'ecologia vecchia o nuova contrappongono l'"egologia". Dicono che «una pianta, un prato, sono una componente del benessere, ma ciò che conta veramente sono i rapporti tra gli individui».

«A un antinucleare triste», affermano paradossalmente, «preferiamo un nucleare gioioso, pieno di incontri». Hanno così riscoperto il romanticismo, il gusto dell'enfasi, il piacere dei superlativi. I loro strumenti di lavoro li hanno battezzati, non a caso, "pataccone, farfallone, collinone".

Bologna si è accorta dei "gialli" una mattina di primavera, in piazza della Mercanzia, sotto le Due Torri. È lì che ha fatto la sua comparsa il "farfallone", un gigantesco lepidottero di stoffa gialla con un codazzo di vasi di fiori. «Vogliamo giardini e balconi fioriti, pieni di farfalle, anzi, di farfalloni, gente che svolazzi da un fiore all'altro, si fermi a parlare, rallenti la vita e sorrida», dicono quelli degli "occhi dolci". Hanno regalato vasetti, chiedendo in cambio soldi o regali, e il successo è stato notevole.

Qualcosa di simile successe anche quando fece la sua apparizione il "pataccone". È un adesivo ovale e giallo con su stampato un occhio che sembra seguirli. Lo hanno inventato una sera dai microfoni di Radio Città, l'emittente "intelligente" di Bologna. Franco aveva infatti appena concluso una strana inchiesta: interi pomeriggi passati a passeggiare nelle piazze guardando la gente negli occhi. «Fu un disastro», racconta, «su cento occhi ne ho incrociati soltanto due, quelli di un ubriaco. Gli altri se ne sono andati via, persi, diretti chissà dove». La morale che hanno tratto dall'inchiesta è semplice: «Gente», dissero quella sera i "gialli", «siate meno produttivi. Fermatevi, godetevi i sorrisi e le coccole di chi incontrate». Fu così che nacque il "pataccone".

Le istruzioni dicono che bisogna attaccarlo sui vetri dell'auto. Chi sta alla fermata dell'auto o per strada, quando lo vede, faccia un cenno. Se l'autista dagli "occhi dolci" ha voglia, si ferma e si prosegue il viaggio insieme. La trovata funziona, il "pataccone" va a ruba e Chicco Testa ha telefonato da Roma dicendo che l'Arci lo vuole sponsorizzare su tutto il territorio nazionale.

I programmi per il futuro sono intensi. I "gialli" andranno, quest'estate, a un raduno "verde" in Germania e nel frattempo girano l'Italia. A Viadana sul Po, per la prima manifestazione contro la centrale nucleare il loro farfallone ha aperto il corteo che scendeva dai barconi.

Ma le ambizioni dei "gialli" non si fermano qui. «Vogliamo essere corteggiati dalle istituzioni», dicono, e infatti hanno presentato all'assessore alla Cultura di Bologna, Sandra Soster, il progetto del "collinone". Bologna, le hanno spiegato, è circondata da magnifiche colline disabitate. Per tre mesi all'anno, d'estate, perché non riempirne una di musica, stuoie e limonate? Perché non creare lo "zoo degli occhi dolci"? Un luogo, affermano, dove si potrà incontrare, conoscere e accarezzare qualunque tipo di individuo.

Carezze da amici o carezze da amanti e il verde che si confonde, ancora una volta, con il "giallo". L'assessore non ha detto di no e fra qualche settimana, il 23 luglio, si fa la prova generale.

Domenico Del Prete, *L'Espresso*, 26 giugno 1983

A. Rispondete alle seguenti domande.

1. I «Gialli» sostengono l'egologia invece di sostenere l'ecologia. Perché?
2. Quando e dove sono comparsi per la prima volta?
3. Cosa hanno fatto in quell'occasione?
4. Il «pataccone», simbolo del gruppo è nato alla fine di una strana inchiesta. Quale?
5. Quale è il messaggio dei «Gialli»?
6. Come funziona il «pataccone»?
7. Ha successo?
8. Quali erano i programmi dei «Gialli» per il 1983?
9. In cosa consiste il progetto del «collinone»?
10. Quali risposte ci saranno secondo voi?

B. Immaginate di essere «gialli» e cambiate le frasi che seguono esprimendo una certa affettuosa esagerazione con l'uso dei nomi alterati.

Esempio. Sono un ragazzo semplice e sereno.
Sono un ragazzone semplice e sereno.

1. Ho trovato una bella gatta con una gran coda grigia.
2. Mi guardava con gli occhi imploranti.
3. Aveva nella zampa una bella farfalla gialla.
4. L'ho messa sulla mia bicicletta e l'ho portata nella mia camera.
5. L'ho sistemata in un cesto, sotto la mia vecchia coperta.
6. Quando è tornata Gabriella, la mia amica, le ho detto che le avevo fatto un bel regalo.
7. Lei commossa mi ha dato un bacio.
8. Proprio allora una strana donna è entrata urlando «Ladro».
9. Mi ha dato uno schiaffo e ha ripreso il suo micio.

C. *Tutte le seguenti espressioni esprimono atteggiamenti e sentimenti personali. Provate a ordinarli secondo la progressione che voi seguite se volete conquistare l'attenzione e l'affetto di una persona.*

1. Fare gli occhi dolci
2. Essere cortese
3. Ronzare attorno
4. Sorridere
5. Guardare negli occhi
6. Circondare di premure
7. Accarezzare
8. Fare le coccole
9. Fare regali
10. Riempire di complimenti

A cuore aperto.

D. *Sostituite le parti sottolineate con una frase introdotta da* SE.

Esempio. *Non avendo niente da fare, mi sento libero come l'aria.*
Se non ho niente da fare, mi sento libero come l'aria.

La vita non è troppo grigia

1. A dare retta a questi movimenti moderni, tu cambi colore tutti i giorni.
2. Oggi ci vestiamo di verde e difendiamo il bosco e la natura, essendo ecologi convinti.
3. Oppure praticando l'amore spensierato alcune persone si tingono di giallo.
4. A seguire qualche santone orientale, la gente può indossare anche l'arancione
5. L'anno scorso, avendo visto le imprese sportive degli italiani, ci siamo vestiti di azzurro.
6. Una volta, essendo fascisti, alcuni italiani portavano la camicia nera.
7. Al prossimo anniversario di Garibaldi, per dimostrare il senso patriottico, i partecipanti faranno a meno di vestirsi di rosso?
8. Insomma, avendo comprato un abito a tinta unita, hai sposato una causa, lo sapevi?

9. Portando un abito arlecchino, poi, tu sei un tipo indifferente o una persona impegnatissima?

E. *Rispondete alle seguenti domande con una frase.*

Un tocco di colore

1. Se vede rosso, cosa fa il toro?
2. Cosa fai se un gatto nero ti attraversa la strada da sinistra?
3. Di che colore vedi il mondo se sei di ottimo umore?
4. E come invece lo vedi se sei depresso?
5. Se qualcuno ti regala una rosa rossa, cosa pensi?
6. Se, invece, ricevi in regalo una pianta grassa, molto spinosa, sei contento?
7. Se non si vuole più combattere contro un avversario, cosa si fa?
8. Se sono in lutto, cosa fanno gli italiani?
9. Se nasce una femminuccia, cosa fanno i neo-genitori?
10. Se nasce un maschietto, nel vostro paese si mette il nastro celeste sul portone?

F. *Date consigli adatti alla situazione ad un amico che vi espone il suo problema.*

Esempio. Come faccio? Sono sempre triste e depresso...
Se io fossi sempre triste e depresso, mi unirei ai «gialli».

1. Cosa ne dici? Non riesco più a sorridere.
2. Che fare? Nessuno mi ama.
3. Povero me! Sto perdendo i capelli.
4. Cosa mi consigli? Tutti ridono di me.
5. Cosa posso fare? Le ragazze mi trovano antipatico.
6. Mamma mia! I miei vestiti sono fuori moda.
7. Aiutami! Anche il mio vocabolario è sbagliato.
8. Dimmi, c'è rimedio? Non so neanche ballare.
9. Cosa ne pensi? Non mi accarezza nessuno.
10. Dimmi sinceramente: non c'è speranza per me?

G. *Completate le seguenti riflessioni nel modo che ritenete più opportuno.*

1. Se fossi un «giallo», ...
2. Se possedessi un farfallone, ...
3. Se la gente mi fissasse negli occhi, ...
4. Se vedessi un pataccone sulla macchina di fianco a me, ...
5. Se andassi sul «collinone», ...
6. Se qualcuno mi facesse gli occhi dolci, ...

H. *Completate le frasi con il tempo e modo opportuno del verbo in maiuscola.*

L'ESPERIENZA DEL COLLINONE

1. Se l'avessi saputo prima, io non ANDARCI ....
2. Soprattutto se qualcuno DIRMELO .... , non ci avrei portato mia sorella.
3. Se non ESSERCI .... molta gente, sarebbe stato meglio.
4. Se quella gente COMPORTARSI .... diversamente, sarebbe anche potuto essere divertente.
5. Se tutti BALLARE e CANTARE .... , mi sarebbe piaciuto.
6. Se, appena arrivati, non avessero cominciato ad accarezzarci, la cosa ESSERE .... meno imbarazzante.
7. Se poi quel cretino non avesse fatto gli occhi troppo dolci a mia sorella, io non ARRABBIARMI ....

8. Se altri cretini non TENTARE .... di diventare troppo intimi con me, sarei rimasto più a lungo.

L'ESPERIENZA MANCATA DEL COLLINONE

1. Se io ANDARCI .... , di certo anch'io DIVERTIRSI ....
2. Se io PRESENTARSI .... la' da solo, io FARE .... subito molte amicizie.
3. Se qualcuno AVERE .... una chitarra, io POTERE .... cantare.
4. Se poi qualcuno PRENDERSI .... delle confidenze, io lo LASCIARE .... fare.
5. Io non SCANDALIZZARSI .... se VEDERE .... coppie fare l'amore sui prati.
6. Probabilmente nessuno INDIGNARSI .... se anch'io PARTECIPARE ....

I. Costruite dei periodi ipotetici che derivino logicamente dalle situazioni date.

Esempio. *I «gialli» si chiamano così perché il loro simbolo è giallo.*
<u>*I «gialli» non si chiamerebbero così, se il loro simbolo non fosse giallo.*</u>

1. Ho provato a costruire un farfallone, perciò so cosa significa.
2. È molto difficile, perciò ci ho messo un sacco di tempo.
3. La prima volta l'ho fatto di carta e si è subito rotto.
4. Poi ho usato la stoffa ma ho dovuto imparare a cucire.
5. Certo, cucendo tutto il giorno, ci si mette poco tempo.
6. Ma io dovevo lavorare, perciò non potevo stare sempre a cucire.
7. Il lepidottero è enorme, così occupa tutta la mia stanza.
8. Mancano ancora alcuni piccoli ritocchi e poi è finito.
9. Nessuno l'ha ancora visto, perciò sarà una sorpresa generale.
10. L'ho costruito con le mie mani perciò mi ci sono affezionato.

L. *Ormai siamo quasi alla fine del corso, quali sono le vostre riflessioni, valutazioni e rimpianti sul periodo trascorso?*

Lezione 24

Qui comincia l'avventura

di Bernardino Zapponi

Cinquant'anni fa usciva il più clamoroso settimanale per ragazzi, tutto a fumetti. Sesso e violenza, l'America, voli interplanetari, giungle, Mandrake, Gordon Flash, l'Uomo Mascherato, affascinarono come un mondo nuovo i balilla di allora

Si presentò con "La Distruzione del Mondo!!» (due punti esclamativi). Addirittura. E il primo quadretto ribadiva: "La Fine del Mondo". Uno "strano pianeta" precipitava verso la Terra; il cozzo inevitabile; terrore e preghiere in ogni nazione. Il dottor Zarro studia i possibili rimedi.
A bordo di un "velivolo transoceanico" compare il protagonista della storia, Gordon Flasce (sic), un giocatore di polo diventato nella traduzione "ufficiale di polizia". Con lui è la "passeggiera" Dale Arden. Con questi fumetti di Alex Raymond, tradotti in bonario toscano dal direttore Mario Nerbini, esplodeva da Firenze nell'autunno del 1934 il più clamoroso settimanale per ragazzi, "L'Avventuroso".

I ragazzi italiani, sbalorditi, scoprirono il loro giornale più bello, e in poche ore la prima tiratura andò esaurita. Gli edicolanti telefonavano e inviavano telegrammi per avere altre copie, mai "Topolino" o il "Corriere dei Piccoli" avevano conosciuto un successo tanto travolgente. Era una rivoluzione, una liberazione, una tempesta di fantasia, una presa di coscienza. Il formato grande sventolava come una bandiera, ed erano tutti fumetti, in gran parte colorati, con solo pochi accenni di storie scritte; il fumetto, il "balloon" trionfava, ed era questo che volevano i balilla [1] tediati dal moralismo o dalle spiritosaggini melense: un vero giornale di veri uomini, carico di immagine; di coraggio, di violenza, di belle donne. Il sesso, la violenza, la fantasia, l'America, i voli interplanetari, gangsters e poliziotti, giungle, pericoli, cazzotti, assenza totale di fascisti in orbace, tutto questo rappresentava una gran ventata liberatoria, quasi una sommossa.

A guardarlo adesso, "L'Avventuroso" conserva il suo aspetto di grande suggestione; un giornale compatto come un prisma, fatto di essenzialità, d'immagini graficamente splendide, con la sbrigatività rozza del dialogo a fumetto.

Era in fondo una formula semplice, si trattava di riprodurre in Italia le tavole degli autori americani senza interferenze né ammollimenti (come faceva il "Corriere dei Piccoli", che sostituiva il "balloon" con rime puerili), lasciando intatta la durezza feroce di quelle storie prive di sen-

timento. Era quel che ci voleva per i ragazzini italiani, che vivevano in un clima ovattato e provinciale, dove i soli inviti all'ardimento erano quelli delle adunate della Gil [2] di cui avvertivano la falsità e il conformismo.

Gordon "Flasce", proseguendo nelle sue avventure, sempre più si disfaceva dei connotati reali per divenire un eroe-simbolo, un Parsifal moderno, un viaggiatore dello spazio che percorreva mondi dominati da mostruosi tiranni, ma pieni di belle donne verdi, gialle, turchine, dal corpo sensuale coperto da vestaglie e veli da casino. I quadretti si fanno sempre più ampi e irregolari, la dimensione del sogno si dilata. Ingiustamente s'è detto che Gordon impersona un potere razzista; egli è sì, un ariano in mezzo a dei "colorati", e certo somiglia più a Sigfrido che a Orlando, ma la sua presenza è democrazia, è liberazione, è amore. E la censura fascista lo guardava storto come un pericoloso rivale, finché lo soppresse nel 1938. Ma pochi numeri dopo la nascita dell' "Avventuroso", precisamente nel numero 15, ecco fare la sua apparizione un nuovo personaggio, questo del tutto sprovvisto d'implicazioni politiche: "Mandrake, l'Uomo del Mistero".

Se Gordon faceva sognare, portava allegria e gioia di vivere, Mandrake recava inquietudine, dava un affascinato terrore. Vestiva come un prestigiatore, e in questo i ragazzi lo riconoscevano, avevano assistito a spettacoli del genere: ma era infinitamente più potente; egli compieva miracoli. Trasformava gli uomini in pezzi di legno. Se cadeva in un baratro, ne volava fuori portando Lotar per mano. Questo faceva paura. Era come entrare nelle soglie del Proibito; una sfida alla Divinità; Mandrake si trasformò in ipnotizzatore: i presunti miracoli erano suggestione.

Così, in una dimensione di parapsicologia più accettabile, Mandrake diventò un qualsiasi uomo di spettacolo, un po' viveur, dalla pallida faccia del nottambulo; un residuo di follia stava nella sua ostinazione a indossare il frac; si gettava in mare anche in frac. Più tardi ancora comparve il terzo protagonista della triade di punta dell' "Avventuroso", anch'esso connotato da un'eterna uniforme, e da una maschera inamovibile: "L'Uomo Mascherato", di Ray Moore.

Aveva una fidanzata affascinante, Diana Palmer (ribattezzata qui Palmesi), felina e atletica, ch'entra in scena fin dal primo quadretto battendo alla boxe il suo allenatore. Energica e femminile, ma senza femminismo, Diana è sequestrata, torturata, concupita, ma sempre se la cava per la sua resistenza e per gli interventi dell'Uomo Mascherato, il quale però subito dopo scompare; la sua vita è misteriosissima. Con questi disegni di Ray Moore siamo già ad un tratto più moderno, essenziale e secco, di forme irrigidite come quelle dei contemporanei apparecchi radio e paralumi.

Lo stile "Avventuroso", infatti, se fu influenzato dall'Art-Déco riproposta dal cinema, dalle sartorie, dalle carlinghe degli aerei, ebbe a sua volta un influsso sui nostri stilisti (allora non si chiamavano così) e sui nostri designers (come sopra), nonché sui barbieri, tanto che molti uomini si pettinarono alla Mandrake, con gran consumo di brillantina e spazzole dure; i vestiti cangianti e svolazzanti delle regine di Gordon li si vedevano anche sulle spiagge di Riccione e del Lido di Venezia, e certi ragazzotti del Guf [3], incartati nel loro cuoio di cinturoni e stivali, assunsero quella pensosità sdegnosa ed enigmatica che piace tanto alle donne, come tanti Uomini Mascherati.

Ma più che nelle conseguenze dirette del fumetto sulla vita quotidiana (non dimentichiamo la Topolino della Fiat),

"L'Avventuroso" rappresentava un vero movimento spirituale, un modo nuovo di affrontare la vita, una conoscenza del mondo esterno; si sentiva insomma, senza capire bene perché, che era il solo giornale antifascista di quell'epoca. Disse una volta Pasolini che per il suo antifascismo aveva contato più la scoperta di Rimbaud che quella di Marx o Gramsci.

Ebbene, Gordon e Mandrake e Jim della Jungla erano dei piccoli Rimbaud, che hanno saputo dare ai ragazzi della Gil "l'immaginazione"; quella immaginazione che poi, nel Sessantotto, la si voleva addirittura al potere.

BERNARDINO ZAPPONI, *L'Espresso*,
9 settembre 1984

[1] Balilla: ragazzi tra gli 8-14 anni appartenenti a formazioni paramilitari sotto il fascismo.
[2] GIL: sigla di Gioventù Italiana del Littorio.
[3] GUF: sigla di Gruppi Universitari Fascisti.

A. Rispondete alle domande che seguono:

1. Quali sono le informazioni editoriali date su «L'Avventuroso»?
2. Come è stato accolto il primo numero?
3. Perché il giornaletto era particolarmente suggestivo e attraente?

4. I giornaletti di allora erano diversi perché?
5. Che «formula» si seguiva nella pubblicazione dell'«Avventuroso»?
6. Chi era Gordon Flasce e che fine ha fatto?
7. Mandrake, l'Uomo del Mistero, che sentimenti suscitava e che trasformazione ha subito?
8. Cosa si sapeva dell'«Uomo Mascherato»?
9. Da che cosa era influenzato lo stile «Avventuroso»?
10. Quali conseguenze pratiche ha avuto questo fortunato fumetto nella vita di tutti i giorni?
11. Che altra influenza ha avuto?

B. *Spiegate le seguenti frasi a parole vostre.*

1. I balilla erano tediati da moralismo e da spiritosaggini melense.
2. Nel giornale mancavano totalmente i fascisti in orbace.
3. I ragazzi italiani vivevano in un clima ovattato e provinciale.
4. I soli inviti all'ardimento erano quelli delle adunate della Gil.
5. Gordon Flasce assomiglia più a Sigfrido che a Orlando.
6. La cultura fascista guarda storto Gordon Flasce.
7. Leggere Mandrake era come entrare nelle soglie del Proibito.
8. In un secondo momento Mandrake diventò un qualsiasi uomo di spettacolo, un po' viveur, dalla pallida faccia di nottambulo.
9. Con questi disegni di Ray Moore siamo già ad un tratto più moderno, essenziale e secco, di forme irrigidite come quelle di contemporanei apparecchi radio e paralumi.
10. Certi ragazzotti del Guf, incartati nel loro cuoio di cinturoni e stivali, assunsero quella pensosità sdegnosa ed enigmatica che piace tanto alle donne, come tanti Uomini Mascherati.

C. *Completate il raffronto tra l'«Avventuroso» e altri fumetti dell'epoca scrivendo nei puntini le corrispondenti caratteristiche per esprimere le qualità dei due tipi.*

L'AVVENTUROSO	**ALTRI FUMETTI**
1. Storie rudi e violente	1. ....
2.	2. accento sul conformismo
3.	3. scenografie più accurate

4.	4. immagini divertenti e caricaturali
5.	5. donne semplici, caste e quotidiane
6. Rivolto a ragazzi «grandi»	6. ....
7. dialogo sbrigativo, a fumetto	7. ....
8.	8. amore per il lato comico
9.	9. colori realistici

D. *Riferite il dialogo dei due balilla, davanti all'edicola di piazza della Signoria, nell'autunno del 1934.*

«Guarda qua, è uscito proprio oggi un nuovo giornale a fumetti!».	Un balilla dice all'altro ....

«Ehi, mi piace questo titolo 'L'Avventuroso'. Mi sembra adatto al nostro tempo».

L'altro osserva che ....

«Hai ragione, questo Gordon Flasce è un vero uomo; tra poco anche noi saremo veri uomini».

Il primo ribatte che ....

«Queste sono belle storie. Ora finalmente abbiamo qualcosa di interessante da leggere».

L'altro commenta che ....

«Ma i tuoi genitori cosa pensi che diranno, vedendo queste donne-donne, queste facce da gangster?

Il primo balilla chiede all'altro ....

«Mio padre capirà e mia madre non deve necessariamente vederli questi fumetti».

Quello risponde che ....

«Certo e io dirò a tutti i miei amici di venire a comprare oggi stesso una copia del giornale. Domani sarà già esaurito!».

Il primo conclude che ....

E. *Riportate i seguenti fumetti in discorso indiretto.*

Esempio. 

Lo scienziato ordinò di distruggere il mondo / che distruggessero il mondo

DESTINO DI FUOCO!

1. 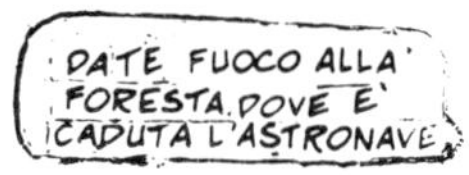

Il comandante crudele aveva ordinato alle sue astronavi ....

2. 

Lui aveva comandato ....

3. 

E aveva detto alla sua flotta ....

4. 

Gordon gridò ai compagni ....

5. Dale avvertì ....

6. L'eroe urlò ....

7. 

Zarro suggerì ....

8. 

La ragazza supplicò ....

9. 

Gordon disse ....

F. *Raccontate cosa disse il mago Mandrake a proposito di una sua straordinaria impresa.*

Esempio. *«Userò la mia bacchetta!»*
<u>Lui disse che avrebbe usato la sua bacchetta.</u>

1. «Mi libererò dei miei nemici con rapidità.»
2. «Ci incontreremo vicino a questo precipizio sul mare.»
3. «Qui, loro prepareranno un agguato.»
4. «Io, che prevedo il futuro, saprò tutti i dettagli del loro piano.»
5. «Fingerò di cadere nella trappola.»
6. «All'ultimo momento disarmerò i miei nemici.»
7. «Li catturerò senza sporcarmi le mani.»
8. «Sbarazzarmi di loro sarà un gioco.»
9. «Nessuno saprà mai come ho fatto.»
10. «Tutti grideranno al miracolo.»

G. *Volgete al discorso indiretto.*

Il 1984 è stato un anno di ricorrenze: infatti 50 anni prima, nel 1934 Alex Raymond disse: «Creerò un personaggio che stupirà il mondo intero. Il mio Flash Gordon conoscerà un successo travolgente. Sarà un personaggio totalmente nuovo: reale e fantastico nello stesso tempo.»

Contemporaneamente Lee Falk e Phil Davis, nel creare il loro Mandrake, si proponevano «Faremo qualcosa di diverso. Lo chiameremo Mandrake e gli daremo dei poteri straordinari. Mandrake si vestirà sempre in frac e compirà miracoli. I lettori ne saranno affascinati e terrorizzati.»

Ma nel lontano 1934 nasceva anche un altro personaggio dei fumetti e, ideandolo, Walt Disney aveva deciso «Sarai nevrotico, scansafatiche e maldestro. Ma ti farò anche dotato di buona volontà e di profonda umanità. Il pubblico ti vorrà bene perché riconoscerà in te i suoi stessi difetti e virtù. Scriverò per te "La gallinella saggia" e poi ti metterò accanto a Topolino e poi... vedremo cosa saprai fare».

H. *Riportate in forma discorsiva le battute scambiate dai personaggi del giornaletto durante una pericolosa fuga in macchina.*

Esempio. *«Se non freni, scontriamo!» urlò lei al suo complice.*
Lei gli urlò che se lui non avesse frenato, loro avrebbero scontrato.

1. «Se tieni alla tua vita, sta' zitta!» rispose lui.
2. «Se vuoi restare con me, cambia musica!» ordinò lei.
3. E aggiunse «Se tu mi amassi, non mi faresti correre questi rischi».
4. «Se uscissimo di strada, ci ammazzeremmo», spiegò.
5. «Sarebbe meglio se tu trovassi un'altra donna», concluse.
6. Lui si scusò «Ora non dovremmo correre tanto se tu non avessi perso del tempo prezioso».
7. «Se fossimo riusciti a seminare l'uomo mascherato, avremmo potuto raggiungere l'isola», disse.
8. «Se l'avessimo raggiunta, saremmo in salvo», si lamentò.
9. «Avremmo risolto il mistero, se avessimo catturato l'Uomo Mascherato», aggiunse poi.

10. «Per quello sarebbe sufficiente se gli avessimo fatto cadere la maschera», lo corresse lei.

I. *Riferite il seguente colloquio con Federico Fellini, cominciando con il* FAMOSO REGISTA ITALIANO DICEVA IN UNA RECENTE INTERVISTA...

AH, LA BACCHETTA DI MANDRAKE!

colloquio con FEDERICO FELLINI

— «Ad essere sinceri, nei miei film, ci sono più riferimenti al Corriere dei Piccoli che all'Avventuroso.
— Tutt'al più nel 'Satyricon' c'è qualche scenografia alla Alex Raymond.
— Ecco, forse, il 'Satyricon' è l'unico film dove si possa trovare qualche traccia dell'Avventuroso.
— Ho sempre amato i fumetti, ma il Corriere dei piccoli era più secondo i miei gusti.
— Ieri ho riletto una storia del Signor Bonaventura: mi piacciono quei quadretti essenziali, ben definiti e racchiusi; è quel che cerco di fare nei miei film: dare l'idea di un ambiente con pochissimi elementi.
— Comunque il lato più affascinante dell'Avventuroso è stato per me la sua redazione. L'ho frequentata quando avevo 18 anni. Ci ho lavorato per qualche mese.
— Era a Firenze. Ci lavoravano tanti disegnatori che dovevano anche disegnare Mandrake e Gordon e rifacevano i personaggi alla perfezione. Io invece lì facevo le sceneggiature perché il fascismo aveva vietato l'uso delle tavole americane.

— Anni fa, Lee Falk, l'autore di Mandrake, è venuto a trovarmi a Roma e gli ho fatto un magnifico scherzo.
— Mi ero messo d'accordo con l'operatore Rotunno. Eravamo in piazza San Giovanni di notte e i riflettori erano spenti.
— Ho detto a Lee che portava sempre con sé un bastoncino come la bacchetta magica di Mandrake: vuoi vedere che è proprio magica?
— L'ho buttata a terra e ho gridato 'Fate luce!'
— E di colpo, come d'accordo, tutti i riflettori s'accesero illuminando la piazza.
— Lee Falk era pallido e qualcuno ha detto 'temo che stia per svenire».

L. *Parlate del personaggio dei fumetti che preferite. Raccontate la storia che vi è piaciuta di più e spiegatene il motivo.*

Lezione 25

L'estate nuda

È sempre più diffusa l'abitudine di spogliarsi sulle spiagge.

di ALESSANDRA ROTA

Qui a fianco **una immagine della spiaggia di Fregene dove è più diffuso il topless Sugli altri arenili, come il «buco» di Castelporziano, praticato anche il nudo integrale**

A. *Leggete attentamente l'articolo «L'estate nuda» e poi rispondete alle domande ad esso relative.*

«Certo che denudarsi è il primo sintomo della pazzia». Così lo scrittore Giovanni Papini commentava la voglia matta di libertà corporale, senza immaginare l'esplosione di carne sulle spiagge nostrane. «E invece è il primo sintomo della saggezza dell'italiano medio» — spiega Franco Ferrarotti sociologo — «c'è finalmente la caduta del velo di mistero, il superamento del dualismo corpo e spirito. È la scoperta del sesso come tenerezza. Il nudo è diventato inoffensivo.»

Un italiano su trenta si spoglia completamente, alcuni lo fanno ufficialmente con tanto di tessera (sono più di 20 mila), ma il resto dell'esercito preferisce agire in sordina e per mostrare le nudità al sole sceglie calette isolate e le terrazze degli amici. Riservato alle signore è invece il topless, monomania scoppiata negli anni '60, e che ormai si è sparsa sulle spiagge a macchia d'olio. Il litorale romano offre facili opportunità di seni al vento. «Ormai è diventato un avvenimento consueto», dicono i romani, «nessuno ci fa più caso».

Tuttavia c'è sempre qualcuno che si rivolge al bagnino per far ricoprire la parte superiore della fanciulla audace. «Perché vede» è la spiegazione della madre «il mio bambino gioca lì accanto e io non voglio che assista a certi spettacoli». E allora per sfuggire alle ire dei genitori censori ci si rifugia in certe zone di spiaggia libera senza bagnini o sorveglianti. «Qui si trova di tutto» commenta un assiduo frequentatore. «Dal guardone, a chi si vergogna perché è la prima volta, all'indifferente che per troppa noncuranza si scotta».

Dal punto di vista legale rimanere senza reggiseno (o senza slip) rischia di offendere «il comune senso di pudore». Questa è la formula giuridica che da trent'anni almeno costringe pretori e tribunali ad emettere sentenze in materia di nudità e monokini.

Ma insomma il seno in libertà è un atto contrario alla pubblica decenza? «La decisione in materia, proprio in mancanza di una certezza sul piano legislativo» afferma Simonetta Matone, giudice di sorveglianza «è affidata al singolo pretore. Per questo le sentenze sono diverse da regione a regione. Io resto all'opinione che quello che conta è il buon gusto del singolo, il codice penale dovrebbe essere escluso».

Tra la fine del 1940 e l'inizio degli anni '50 la legge definiva «inverecconda» qualunque esposizione di nudità; baciarsi in pubblico era ritenuto (fino al '70) atto osceno se espressione di «concupiscenza e istinti lussuriosi»; non erano perseguibili invece i baci tra parenti stretti mentre era in dubbio la legalità o meno dei baci tra fidanzati; particolare severità era riservata ai baci scambiati sui treni: quelli in automobile venivano puniti come atti osceni se erano visibili dall'esterno. «Il costume si evolve e con esso, anche se con molta piú lentezza, l'interpretazione del senso del pudore», spiega l'avv. Nino Marazzita. «Fino al 1974 la Corte di Cassazione sul nudo era molto più repressiva. Soltanto un intervento legislativo potrà dare una definizione al vastissimo concetto di osceno».

Le agenzie di viaggio assicurano

che sono sempre in aumento le famiglie che prenotano vacanze «al naturale» e l'associazione radicale ecologista ha inviato una lettera al presidente del Consiglio per risolvere il grave problema dei turisti naturalisti che, tutte le estati, finiscono in carcere per colpa di pretori troppo severi.

«Il senso del pudore dipende molto dalle aree geografiche» sostiene Stefano Rodotà «se il codice non è cambiato, è mutata la mentalità, la capacità di adattamento dei magistrati». In nome del pudore però è sufficiente una segnalazione alla piú vicina centrale di Polizia e il malcapitato nudista, se i tutori sono molto zelanti, ancora oggi rischia un mese di arresto o una salata multa.

la Repubblica, 4 luglio 1984

1. Perché, secondo Ferrarotti, l'italiano medio è saggio?
2. Come si comportano i nudisti senza tessera?
3. Perché ci si rifugia su tratti di spiagge libere?
4. Cosa offende il «comune senso del pudore»?
5. Perché la legge in materia di pubblica decenza è insoddisfacente?
6. Perché le sentenze variano da regione a regione?
7. Negli anni '50, quali erano i baci in pubblico tranquillamente ammessi dalle disposizioni in vigore?
8. Secondo le stesse disposizioni, quali erano puniti con particolare severità?
9. Cosa si evolve piú velocemente il costume o il codice?
10. Che rischi corre chi espone incautamente le proprie nudità?

B. *Completate i seguenti confronti come necessario.*

1. Le spiagge italiane sono piú affollate .... quelle australiane.
2. In Italia il codice penale è piú repressivo .... in altri paesi europei.
3. Ogni anno in Italia rischiano l'arresto piú nudisti stranieri .... italiani.
4. Ci si spoglia sulle spiagge piú adesso .... cinquant'anni fa.
5. In Australia spogliarsi al mare è meno diffuso .... credano gli italiani.
6. I giovani oggi si preoccupano piú degli effetti dei raggi solari .... della pubblica decenza.
7. I raggi solari in Australia sono molto piú forti .... quelli in Italia.

8. È piú facile prendersi una forte scottatura .... una abbronzatura.
9. La mentalità italiana è cambiata piú .... possono credere gli stranieri.
10. I pretori in alcune regioni sono piú zelanti .... in altre.

C. *Inserite i pronomi relativi* CHE, CUI, IL/LA QUALE, I/LE QUALI, CHI *nel brano seguente.*

Voglio raccontarvi un episodio .... mi è capitato l'anno scorso, mentre ero in crociera nel Mediterraneo con i soliti amici con .... divido la barca.

Un giorno, in .... c'era un bel mare calmo e la temperatura giusta, abbiamo deciso di prendere il gommone e di andare in una spiaggetta .... avevamo scoperto l'anno prima e su .... non c'è mai nessuno.

Siamo partiti in quattro, uomini, e, come al solito, arrivati in vista della spiaggia, uno ha detto «..................... arriva prima, vince» e si è buttato a nuoto e noi tutti dietro.

Nel momento in .... ho toccato la spiaggia, ho notato degli improvvisi movimenti in un gruppo di signore .... erano stese al sole. Io, ... avevo i capelli gocciolanti sugli occhi, non ci ho fatto caso, ma il mio amico, ... è il viveur del gruppo, ha detto «niente male la bionda .... ha il seno rivolto all'insù!».

Erano infatti cinque signore .... portavano nulla addosso e la .... abbronzatura era veramente invidiabile. Ma erano ovviamente italiane e non ragazzine adolescenti.

Infatti proprio quella i .... seni avevano attirato l'attenzione del mio amico ha aperto la borsa .... giaceva al suo fianco e ne ha estratto dei fazzoletti con .... si è subito coperta.

Le altre hanno fatto lo stesso: dopo qualche attimo la spiaggetta, ... prima aveva un aspetto sexy, sembrava il luogo in .... una massaia avesse fatto il bucato della settimana. Patetico! Non c'è rimasto che fare i gentiluomini e andarcene.

Però .... prende il sole integrale, dovrebbe farlo con naturalezza perché il disagio di quelle sirene marine, ... ancora non capisco, ha messo in imbarazzo noi e ci ha fatto sentire dei «guardoni».

D. *Esprimete, mediante periodi ipotetici, le perplessità di una pudica bagnante che non osa fare il salto del topless.*

Esempi. *C'è troppo sole, non vado al mare.*
Se c'è troppo sole, non vado al mare.
Ho comprato un costume nuovo, perciò non posso pensare al topless.
Se non avessi comprato un costume nuovo, potrei pensare al topless.

se vuoi puoi

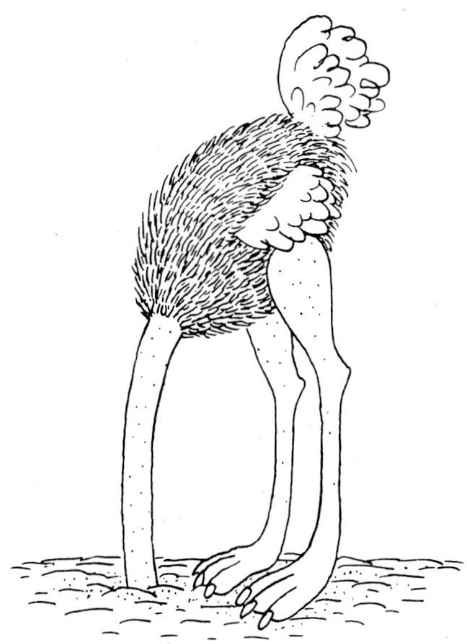

1. Sono di carnagione chiara, perciò mi brucio.
2. A prendere troppo sole, rischio il cancro della pelle.
3. Non ho provato l'anno scorso, perché ero in una spiaggia affollata.
4. Quando incontro qualcuno che conosco, mi vergogno.
5. I ragazzi mi guardano e mi sento a disagio.
6. Mia madre disapprova perciò è difficile.
7. Sono fidanzata da poco perciò non ho motivo di mettermi in mostra.
8. Non ho un seno perfetto, perciò non lo espongo.
9. Durante l'inverno sono stata operata perciò devo mostrare una cicatrice.
10. In fondo quando ci si sveste troppo, non c'è piú mistero.

E. *Sostituite le parti sottolineate con un gerundio (semplice o composto), se possibile. In certi casi non si può fare.*

1. Il semplice andare in barca al giorno d'oggi può mettere a disagio.
2. Mentre passavo le ferie al mare mi è capitata una cosa strana.
3. Poiché mi ero stufato di leggere sotto l'ombrellone, ho fatto una passeggiata e ho visto il mio capo-ufficio.
4. Lui stava per uscire in barca a motore e mi ha invitato ad andare a fare un giro con la sua famiglia.
5. Ho visto quattro bellissime ragazze in topless che si avvicinavano: sua moglie e le sue tre figlie.
6. Una volta in barca, vedevo i loro seni che sobbalzavano alle onde.
7. Benché non volessi guardare, i miei occhi erano attirati dalle bellezze delle signore.
8. Sebbene io non abbia particolari inibizioni, non sapevo cosa fare o di cosa parlare.
9. Secondo voi, come ci si deve comportare se si è in una situazione simile.
10. È meglio fare i complimenti, fare gli spiritosi o far finta di niente?

F. *Inserite la forma appropriata dei verbi al tempo e modo opportuno.*

1. Il mese scorso sono andato dal medico affinché mi SUGGERIRE .... come liberarmi di una febbre continua e fastidiosa.
2. Secondo il dottore, bisognava che l'estate io ANDARE .... al mare.
3. «È bene che lei FARE .... una cura di sole integrale», mi ha detto.
4. «È necessario che il suo corpo RIMANERE .... al sole il piú possibile», ha aggiunto.
5. Temeva che il freddo e la nebbia dell'inverno appena trascorso PROVOCARE .... quella febbre reumatica.
6. Gli ho chiesto se DOVERE .... espormi senza costume.
7. «Certo, sarebbe meglio che lei non METTERSI .... assolutamente niente».
8. «L'importante è che l'umidità USCIRE .... dal suo organismo».
9. Ho pensato allegramente che quelle raccomandazioni mi ARRUOLARE .... nell'esercito dei nudisti.
10. Non sospettavo minimamente in quel momento che, una volta a casa, mia moglie ARRABBIARSI ....

11. «È un vero peccato che io non ASSISTERE .... alla tua visita medica», ha detto.
12. «Penso che se ESSERCI .... io, il medico non ti avrebbe dato questi consigli audaci».
13. Non volevo farle vedere il certificato medico per paura che lei lo STRAPPARE ....
14. «Ci vuole un po' di pazienza perché i suoi nervi CALMARSI ....», mi sono detto.
15. «È più gelosa di quanto IMMAGINARE ....».
16. Non credevo che lei CAMBIARE .... parere tanto facilmente.
17. Invece, prima che io DIRE .... qualcosa, lei aveva cambiato umore.
18. «Non vorrei che tu PENSARE .... di avere una moglie repressiva, ottusa e convenzionale», mi ha detto.
19. «Per evitare che le altre signore ti INFASTIDIRE .... verrò anch'io a fare le vacanze al naturale».
20. «Può darsi che con tanti nudisti intorno, MIGLIORARE .... i miei disturbi agli occhi».

G. *Riportate in discorso indiretto tutto ciò che disse il signore della vignetta. Cominciate le frasi come suggerito.*

EUROPEO/28 APRILE 1984

1. All'inizio disse che ....
2. Un'altra volta disse che ....
3. Poi si lamentò che ....
4. In seguito disse che ....
5. Infine, il 28 aprile 1984, disse che ....

H. *Cosa ne pensate del nudo? Quale è la situazione nel vostro paese? Avete degli episodi da raccontare in proposito?*

APPUNTI GRAMMATICALI

AGGETTIVI

L'aggettivo è la parte variabile del discorso che accompagna il nome per indicarne una qualità o per meglio determinarlo. Concorda sempre in numero e genere con il nome a cui si riferisce.

Si possono distinguere i seguenti gruppi di aggettivi regolari:

	SINGOLARE		PLURALE	
	Maschile	Femminile	Maschile	Femminile
1° GRUPPO	-o	-a	-i	-e
	nuovo	*nuova*	*nuovi*	*nuove*
2° GRUPPO	-e		-i	
	breve		*brevi*	
3° GRUPPO	-a		-i	-e
	pessimista		*pessimisti*	*pessimiste*
4° GRUPPO	invariabile			
	rosa	*rosa*	*rosa*	*rosa*

1. Alcuni aggettivi come OGNI, QUALSIASI e QUALCHE hanno un'unica forma e si usano solo al singolare.

   Ogni persona è importante   Qualsiasi domanda è valida   Qualche tipo è vecchio

2. Aggettivi di colore di origine straniera o che originariamente erano nomi sono invariabili.

   La gonna blu   Le scarpe rosa   I pantaloni viola

3. Se un aggettivo modifica più nomi di genere diverso, si mette al maschile plurale.

   È strano: la gatta e il canarino sono buoni amici

POSIZIONE DEGLI AGGETTIVI

Gli aggettivi possono stare davanti o dopo il nome a cui si riferiscono:

1. Aggettivi qualificativi seguono il nome che modificano.

   Uno studente diligente   Un pasto appetitoso   Una bandiera rossa

   Seguono <u>sempre</u> il nome se sono modificati da MOLTO o da altri avverbi e suffissi.

   Una storia molto lunga   Un racconto troppo complicato   Un film noiosissimo

2. Aggettivi dimostrativi, numerali, possessivi, interrogativi e indefiniti precedono sempre il nome.

   Queste prime due lezioni sono facili Quali punti non sono chiari?

3. Aggettivi di nazionalità, quelli invariabili, i participi passati usati aggettivalmente, seguono il nome.

   Il popolo australiano Le lenzuola lavate Le patate fritte Il cielo blu

4. Alcuni aggettivi qualificativi dei più comuni di solito precedono il nome.

   bello/brutto buono/cattivo caro giovane/vecchio grande/piccolo povero stesso

La posizione prima o dopo il nome porta cambiamenti di significato. Spesso se l'aggettivo qualificativo precede ha un significato figurato e metaforico, mentre, se segue ha un significato oggettivo e letterale.

Significato figurato	Significato letterale
alto dirigente	dirigente alto
bella ragazza	ragazza bella
buon uomo	uomo buono
certe notizie	notizie certe
diverse domande	domande diverse
nuovo disco	disco nuovo
numerose famiglie	famiglie numerose
vecchia conoscente	conoscente vecchia

AGGETTIVI E PRONOMI INDEFINITI

AGGETTIVI			PRONOMI		
	Singolare	Plurale	Singolare	Plurale	
	OGNI		OGNUNO/A		
	CIASCUNO/A		CIASCUNO/A		
	QUALCHE		QUALCUNO/A (QUALCHEDUNO/A)		
	ALCUNO/A	ALCUNI/E	ALCUNO/A	ALCUNI/E	
			UNO/A***		
(un/a)	CERTO/A	CERTI/E			
(un/a)	TALE	TALI			
	QUALSIASI*				
	QUALUNQUE*		CHIUNQUE		a.
	NESSUNO/A		NESSUNO/A		
			NULLA-NIENTE****		b.
	TUTTO/A**	TUTTI/E**	TUTTO/A	TUTTI/E	
	TANTO/A	TANTI/E	TANTO/A	TANTI/E	
+	MOLTO, POCO, ALQUANTO, PARECCHIO, QUANTO,TROPPO		+ MOLTO, POCO, ALQUANTO, PARECCHIO, QUANTO, TROPPO		

NOTA: a. = riferito solo a persone
b. = riferito solo a cose

* = a. Può accompagnare un plurale, se segue.

Prendi dei libri qualunque/qualsiasi

b. Se introduce una fase dipendente, preferisce il congiuntivo.

Qualunque cosa tu dica, è una sciocchezza
Salutiamo qualunque persona si avvicini

** = Notare la costruzione:

Ho lavorato tutto il giorno
Tutti gli studenti sono in classe

*** = Seguito da ALTRO ha l'articolo e può avere anche il plurale

Gli uni e gli altri Le une e le altre

**** = A volte è aggettivo.

Niente paura!

AGGETTIVI E PRONOMI POSSESSIVI

Accordo con l'oggetto posseduto / Accordo con il possessore		Singolare		Plurale	
		M.	F.	M.	F.
Singolare	1ª persona	*mio*	*mia*	*miei*	*mie*
	2ª persona	*tuo*	*tua*	*tuoi*	*tue*
	3ª persona	*suo*	*sua*	*suoi*	*sue*
Plurale	1ª persona	*nostro*	*nostra*	*nostri*	*nostre*
	2ª persona	*vostro*	*vostra*	*vostri*	*vostre*
	3ª persona	*loro*			
Impersonale Indefinito		*proprio*	*propria*	*propri*	*proprie*
«Altri» indefinito		*altrui*			

Aggettivi e pronomi possessivi concordano in genere e numero con la persona o oggetto posseduto e indicano, allo stesso tempo, il numero e la persona del possessore.

Maria ha molti libri: questi sono i suoi libri
Mario ha una cravatta nuova: questa è la sua cravatta
Ragazze, mi fate vedere i vostri appunti? Io ho perso i miei
A scuola gli studenti devono portare la loro uniforme

Gli aggettivi possessivi generalmente precedono il nome a cui sono riferiti e, a loro volta, sono generalmente preceduti dall'articolo determinativo.

Possono anche essere preceduti dall'articolo indeterminativo, o da un numerale o da un indefinito.

Un nostro amico *Due tuoi conoscenti* *I tuoi due fratelli*
Alcune sue amiche *Dei loro amici*

L'articolo determinativo NON si mette

A. con i nomi di parentela singolari, senza suffissi o aggettivi.

mio padre e mia madre *tua sorella* *vostra zia*

MA: *il loro padre*
i miei genitori *le sue sorelle*
il vostro caro zio *il mio amato fratello*

perché { *loro* ha sempre l'articolo; nomi plurali; nomi modificati da aggettivo }

B. con espressioni particolari.

di mio gradimento *in sua difesa*

C. se i pronomi possessivi sono usati dopo ESSERE. Ma, l'articolo si mette se si vuole dare enfasi o sottolineare distinzione.

quella macchina è sua

MA: *questa è la mia macchina e quella è la sua*

Gli aggettivi possessivi seguono il nome, anziché precederlo e non hanno l'articolo:

A. in certe espressioni.

a casa mia *a casa loro* *è colpa vostra* *sono affari tuoi*

B. nelle esclamazioni.

amici miei! *gioia mia!* *mamma mia!*

Gli aggettivi possessivi NON si mettono davanti alle parti del corpo o capi di vestiario, quando si esprimono azioni riferite alle parti del corpo o a capi di vestiario.

Il bambino ha aperto gli occhi *Maria si è lavata le mani*
Il dott. Rossi si è tolto il cappello e i guanti

Gli aggettivi possessivi possono essere sostituiti colle seguenti forme alternative:

A. DI LUI / DI LEI (più pesanti), in caso di ambiguità alla terza persona.

La signora Rossi è con il marito e suo padre (della signora o del signor Rossi?)
La signora Rossi è con il marito e il padre di lui
La signora Rossi è con il marito e il di lui padre (stile burocratico)

B. L'aggettivo PROPRIO/A, PROPRI/E (il cui contrario è ALTRUI, invariabile) che si usa

1. invece di suo/a, suoi/e e loro, in caso di ambiguità, se riferito al soggetto della frase.

   La signora Rossi è con il marito e il proprio padre (cioè della signora)

2. preferibilmente, invece di suo / loro, in riferimento ad un soggetto indefinito.

   Ciascuno fa del proprio meglio *Tutti badano ai propri interessi*

3. obbligatoriamente in espressioni impersonali.

   Bisogna farsi i fatti propri *Si deve andare per la propria strada*

ALTERAZIONE

Nomi e aggettivi possono essere alterati da quattro categorie di suffissi:

1. **accrescitivi** (conferiscono l'idea di «grande» con varie sfumature)	suffissi:	*-one*:	libr*one*
		-otto:	giovan*otto*
		-ozzo:	predic*ozzo*
2. **diminutivi** (conferiscono l'idea di «piccolo»)	suffissi:	*-ino*:	fratell*ino*
		-étto:	libr*etto*
		-èllo:	somar*ello*
		-icello:	camp*icello*
		-erello:	alb*erello*
3. **vezzeggiativi** (indicano affetto e simpatia)	suffissi:	*-ic(c)ino*:	post*icino*, libr*iccino*
		-olino:	pesci*olino*
		-uccio:	cant*uccio*
		-uzzo:	labbr*uzzo*
4. **peggiorativi** (indicano disprezzo e talvolta ironia)	suffissi:	*-accio*:	lavor*accio*
		-astro:	poet*astro*
		-onzolo:	medic*onzolo*
		-iciattolo:	fium*iciattolo*
		-ucolo:	maestr*ucolo*
		-upola:	cas*upola*

I nomi alterati corrispondono a Nome + Aggettivo qualificativo (librone = libro grosso). Questa loro caratteristica guida a distinguere le false alterazioni: cioè, non sono nomi alterati bottone, cabina, postino.

I nomi femminili che prendono i suffissi -ino e -one in genere diventano maschili.

donna *donnino* *donnone* *faccia* *faccino* *faccione*

Le parole che terminano in -one e -ona introducono una c prima del suffisso.

bastone *bastoncino* *balcone* *balconcino*
persona *personcina* *leone* *leoncino*

ARTICOLI

A. DETERMINATIVI

	Singolare		Plurale	
	Maschile	Femminile	Maschile	Femminile
davanti a Consonante	IL *tavolo*	LA *tavola*	I *tavoli*	LE *tavole*
davanti a Vocale	L'*amico*	L'*amica*	GLI *amici*	LE *amiche*
davanti a S seguita da Consonante, Z, Ps, Gn.	LO *psichiatra*		GLI *psichiatri*	

L'articolo determinativo si usa

1. con gli aggettivi e i pronomi possessivi.
   Io faccio il mio lavoro e voi il vostro.
2. con valore possessivo.
   Dammi la mano.
3. dopo il verbo AVERE nelle descrizioni fisiche.
   Silvia ha i capelli neri e gli occhi castani.
4. con espressioni di
   — tempo: *Sono le tre.* (Con le ore è sempre femminile plurale)
   Il mese scorso.
   Il sabato esco (abitualmente, tutti i sabati), ma si omette se ci riferisce a un giorno particolare: *sono partito sabato.*
   — età: *Dimostra tra i quaranta e i cinquant'anni;* ma si omette dopo il verbo AVERE: *ho vent'anni.*
5. con valore distributivo.
   Li ho pagati 1000 lire al/il chilo.
   La mia macchina non fa mai 100 chilometri all'ora/l'ora.
6. con i nomi geografici di continenti, isole, monti, paesi, laghi e fiumi etc., ma si omette dopo la preposizione IN se il termine geografico è femminile, singolare e non è modificato.
   La Lombardia è in Italia, nell'Italia settentrionale.
7. con i nomi propri preceduti da un titolo (Signore, Dottore, Professore etc.), ma si omette se ci si rivolge direttamente alle persone.
   Ecco il ragionier Bianchi... Ragionier Bianchi, come sta?

8. con i cognomi di autori e personaggi illustri.
   Le novelle del Boccaccio sono divertenti.
9. con i soprannomi.
   Ivan il Terribile, Giovanna la Pazza.
10. con i nomi (astratti o concreti) usati in senso generico o che indicano tutta una categoria.
   La carne fa bene alla salute.
11. davanti ai nomi di lingue straniere a meno che questi non siano preceduti da DI o IN e a volte con i verbi PARLARE, INSEGNARE, e STUDIARE.
   Il libro di italiano è scritto in italiano. Studiamo anche il francese.

L'articolo determinativo <u>*NON*</u> si usa:

1. davanti ai nomi di città, a meno che questi non siano modificati, o non indichino il nome di squadre sportive.
   Parigi è sempre bella.
   MA: *Le case della vecchia Roma sono care. La Roma ha vinto il campionato.*
2. in espressioni comuni: *a destra, a sinistra, in basso, in alto.*

B. INDETERMINATIVI

	SINGOLARE	
	Maschile	Femminile
davanti a Consonante	UN *cane*	UNA *donna*
davanti a Vocale	UN *uomo*	UN'*opera*
davanti a S seguita a consonante, Z, Ps, Gn.	UNO *studente*	UNA *studentessa*

L'articolo indeterminativo si usa

1. con valore indefinito.
   Ho visto un tipo strano.
2. con i nomi che indicano tutta una categoria.
   Un vero signore non dà importanza al denaro.
3. con i nomi propri o i cognomi che indicano un'opera d'arte.
   Mi hanno venduto un Picasso falso.

L'articolo indeterminativo si omette:

1. dopo i verbi ESSERE e DIVENTARE se questi precedono nomi non qualificati che indicano professione, religione, appartenenza politica e stato civile.
   Enrico è scapolo. È avvocato; anzi è un bravo avvocato.
2. nelle esclamazioni introdotte da CHE.
   Che bel partito!
3. nelle espressioni con valore distributivo usate col significato di <u>ogni</u>.
   Lavoro otto ore al giorno.

BELLO, QUELLO, BUONO

A. BELLO e QUELLO hanno forme parallele quando precedono il nome che modificano e si comportano come l'articolo determinativo.

	SINGOLARE		PLURALE	
	Maschile	Femminile	Maschile	Femminile
davanti a Cons.	BEL/QUEL	BELLA/QUELLA	BEI/QUEI	BELLE/QUELLE
	Bel tavolo	*Bella tavola*	*Bei tavoli*	*Belle tavole*
	Quel tavolo	*Quella tavola*	*Quei tavoli*	*Quelle tavole*
davanti a Voc.	BELL'/QUELL'	BELL'/QUELL'	BEGLI/QUEGLI	BELLE/QUELLE
	Bell'uomo	*Bell'opera*	*Begli occhi*	*Belle anime*
	Quell'uomo	*Quell'opera*	*Quegli occhi*	*Quelle anime*
davanti a S + Cons., Z, Ps, Gn				
	BELLO/QUELLO	*BELLA/QUELLA*	*BEGLI/QUEGLI*	*BELLE/QUELLE*
	Bello studente	*Bella zia*	*Begli spazi*	*Belle stupide*
	Quello studente	*Quella zia*	*Quegli spazi*	*Quelle stupide*

Quando <u>BELLO</u> segue il nome che modifica o il verbo ESSERE si comporta come un regolare aggettivo in -o/-a.

È un bell'uomo
MA: *È un uomo bello* *Quell'uomo è bello*

B. Se BUONO precede il nome che modifica si comporta al singolare come l'articolo indeterminativo.

	SINGOLARE Maschile	Femminile	PLURALE Maschile	Femminile
davanti a Cons.	BUON *Buon giorno*	BUONA *Buona sera*	BUONI *Buoni vini*	BUONE *Buone feste*
davanti a Voc.	BUON *Buon appetito*	BUON' *Buon'azione*	BUONI *Buoni esami*	BUONE *Buone idee*
davanti a S + Cons., Z, Ps Gn	BUONO *Buono studio*	BUONA *Buona stagione*	BUONI *Buoni studi*	BUONE *Buone strade*

Se BUONO segue il nome che modifica o accompagna il verbo ESSERE, si comporta come un regolare aggettivo in -o/-a.

Come BUONO, si comporta NESSUNO.

COMPARATIVI

A. COMPARATIVI DI UGUAGLIANZA

(COSÌ) ... COME	*La mia casa è (così) grande come la tua* *Oggi è (così) freddo come ieri* *Mio figlio è (così) alto come me* (pronome complemento)
(TANTO) ... QUANTO	*Io spendo (tanto) quanto guadagno* *La mia macchina è (tanto) vecchia quanto la tua* *Non ho tante sedie quante me ne servono* * *Non ho letto tanti libri quanti ne dovevo leggere per l'esame* *

* tanto/quanto si accorda col nome che modifica se non è avverbio.

B. COMPARATIVI DI DISUGUAGLIANZA

1. PIÙ / MENO ... DI — *Milano è piú fredda di Roma*
I romani sono in genere meno riservati dei milanesi
Gli Stati Uniti sono piú grandi dell'Italia

2. PIÙ / MENO ... CHE

Se il confronto è tra due parole della stessa categoria grammaticale (due aggettivi, avverbi, verbi, frasi, nomi preceduti da preposizione) oppure se i due nomi non sono disgiunti da nessun altro elemento della frase.

Milano è piú umida che fredda
È meglio tardi che mai
È piú facile parlare che scrivere
Ci vuole piú tempo ad andare in autobus che in macchina
Sono piú grandi gli Stati Uniti che l'Italia

3. PIÚ / MENO ... DI QUELLO CHE / DI COME + l'indicativo (più raro il congiuntivo)

DI QUANTO + il congiuntivo (più raro l'indicativo)
CHE NON + il congiuntivo

Milano è piú popolosa di quello che pensavo
Prendere una multa è piú semplice di quanto si creda
È arrivato piú presto che non mi aspettassi

SUPERLATIVI

A. SUPERLATIVO RELATIVO

1. Articolo determinativo + Nome + comparativo + DI / TRA / FRA

Lo studente piú intelligente di tutti
L'avventura piú emozionante di tutte

2. Articolo determinativo + comparativo + Nome + DI / TRA / FRA

La piú bella città del mondo
Il piú caro amico fra tutti

L'articolo determinativo può stare prima del nome o prima del comparativo, ma non in tutte e due le posizioni.

B. SUPERLATIVO ASSOLUTO

1. Formato con il suffisso -ISSIMO attaccato al tema dell'aggettivo e dell'avverbio.

Roma è bellissima È tardissimo È prestissimo Hai fatto malissimo

Alcuni aggettivi, modellandosi sul latino, formano il superlativo con -ERRIMO e -ENTISSIMO

Acre	*ACERRIMO*	*Benefico*	*BENEFICENTISSIMO*
Aspro	*ASPERRIMO*	*Malefico*	*MALEFICENTISSIMO*
Celebre	*CELEBERRIMO*	*Magnifico*	*MAGNIFICENTISSIMO*
Misero	*MISERRIMO*	*Munifico*	*BENEVOLENTISSIMO*
Salubre	*SALUBERRIMO*	*Malevolo*	*MALEVOLENTISSIMO*

2. Formato con un avverbio.

Sono stata molto fortunata Tu sei veramente saggio È incredibilmente avaro

3. Formato con un prefisso.

La tua moto è superveloce e ultrapotente È un attore arcinoto e straricco

4. Ripetendo l'aggettivo o l'avverbio.

Buono buono Zitto zitto Presto presto

5. Aggiungendo un altro aggettivo che ha implicita nel suo significato la misura superlativa.

Uguale identico Bagnato fradicio Stanco morto

6. Formato con espressioni varie di significato equivalente.

È brutto da morire È pazzo da legare È sordo come una campana È innamorato cotto

FORME COMPARATIVE SINTETICHE

positivo	*comparativo*	*superlativo*
buono	migliore piú buono	ottimo buonissimo
cattivo	peggiore piú cattivo	pessimo cattivissimo
grande	maggiore piú grande	massimo grandissimo
piccolo	minore piú piccolo	minimo piccolissimo
—	superiore	supremo sommo
—	inferiore	infimo
—	interiore	intimo
—	esteriore	estremo
—	ulteriore	ultimo
—	posteriore	postumo postremo
—	anteriore	—

1. Anteriore, esteriore, interiore, intimo hanno ormai assunto valore di positivo. Intimo ammette perfino un comparativo (= piú intimo) e un superlativo (= il piú intimo, intimissimo).

2. Postumo si dice di un lavoro pubblicato dopo la morte dell'autore e, per estensione, di qualcosa che giunga quando è troppo tardi.

Edizione postuma	*Pentimenti postumi*

COSTRUZIONE CAUSATIVA

È la costruzione in cui il soggetto fa compiere un'azione, incarica o permette a qualcuno di fare qualcosa senza eseguirla personalmente.

Costruzione non causativa	**Costruzione causativa**
Io riparo la macchina	*Io faccio riparare la macchina (dal meccanico)*

A. Se c'è un solo complemento, sia persona, sia cosa, si usa il seguente costrutto:

1. (soggetto) + FARE / LASCIARE + infinito + OD

(io)	*faccio*	*stirare*	*le camicie*
	lascio	*entrare*	*gli ospiti*
	ho fatto	*mangiare*	*i ragazzi*
	lascio	*nuotare*	*mio figlio*

2. Sostituendo con i pronomi si hanno due costrutti a seconda dei verbi usati:

con i verbi di modo finito	con l'imperativo
(sogg.) + OD + FARE / LASCIARE + infinito	FARE / LASCIARE + OD + infinito

(io)	*le*	*faccio*	*stirare*	*falle*	*stirare!*
	li	*lascio*	*entrare*	*lasciali*	*entrare!*
	li	*ho fatti*	*mangiare*	*falli*	*mangiare!*
	lo	*lascio*	*nuotare*	*lascialo*	*nuotare!*

B. Se sono menzionati due complementi, cioè sia la cosa che l'agente dell'azione:

1

(soggetto) +	FARE + LASCIARE	infinito +	OD (per la cosa)	+ OI (per la persona)

Io	*faccio*	*stirare*	*le camicie*	*da/a Maria*
La madre	*farà*	*mangiare*	*la minestra*	*dai/ai ragazzi*
Tu	*hai fatto*	*cucire*	*il vestito*	*dalla/alla sarta*

2. Sostituendo con i pronomi:

con i verbi di modo finito	con l'imperativo
(sogg.) + pron. combinato + FARE + infinito LASCIARE	FARE + pron. comb. + infinito LASCIARE

Io	*gliele*	*faccio stirare*	*Fagliele*	*stirare!*
La madre	*gliela*	*farà mangiare*		
Tu	*glielo*	*hai fatto cucire*	*Faglielo*	*cucire!*

NOTA: Se, dopo FARE o LASCIARE c'è un infinito riflessivo, il pronome riflessivo non si mette.

Non voglio arrabbiarmi: non fatemi arrabbiare
Lui vuole alzarsi, ma il medico non lo lascia alzare

C. Se l'azione dipende da FARE o LASCIARE si riferisce al soggetto della frase si usano FARSI o LASCIARSI:

(sogg.) +	FARSI + LASCIARSI	infinito +	OD +	OI

Io mi farò tingere i capelli dal parrucchiere
Mia moglie si è fatta regalare una collana da suo padre
Il testimonio alle nozze si è fatto imprestare il vestito da un suo zio
Io non mi sono lasciata ingannare dalle sue parole

DISCORSO INDIRETTO

Consiste nel riportare in forma indiretta quanto detto nella normale conversazione, per mezzo di frasi dipendenti dal verbo DIRE / AFFERMARE / DICHIARARE e simili.

A. Per l'uso dei tempi valgono le regole generali della concordanza, cioè:

FRASE PRINCIPALE	RAPPORTO TRA I TEMPI	FRASE DIPENDENTE	ESEMPI
PRESENTE (presente indic., futuro, imperativo, passato prossimo*)	contemporaneità	PRESENTE	*Io dico che Flash Gordon è un personaggio famoso*
	anteriorità	PASSATO/ IMPERFETTO	*Io dico che ha corso tanti pericoli* *Io affermo che era un eroe*
	posteriorità	PRESENTE/ FUTURO	*Io dico che tutti si ricorderanno di lui*
PASSATO (passato prossimo* passato remoto, imperfetto, piuccheperfetto, condizionale presente e passato)	contemporaneità	IMPERFETTO	*La gente diceva che era un personaggio famoso*
	anteriorità	TRAPASSATO	*Lui stesso dichiarava che aveva corso tanti pericoli, ma si era sempre salvato.*
	posteriorità	CONDIZIONALE PASSATO/ IMPERFETTO (Condizionale presente/Futuro**)	*Un famoso regista disse che avrebbe fatto un film sulla sua vita.* *(Disse che lo farebbe subito, ma essendo senza soldi ora, lo farà nel 2000**)*

NOTE: * Il passato prossimo può avere la concordanza dei tempi presenti e quella dei tempi passati, a seconda del significato che gli si attribuisce.
** L'idea del futuro nel passato si esprime con un condizionale presente o con un futuro semplice se il futuro deve ancora realizzarsi.

In conclusione:

1. I tempi della frase dipendente non subiscono trasformazione se il verbo DIRE della frase principale è al presente.

«Flash Gordon è un personaggio famoso»
Il giornalista dice che Flash Gordon è un personaggio famoso

«Flash Gordon era coraggioso e ha corso tanti pericoli»
Il giornalista dice che Gordon era coraggioso e ha corso tanti pericoli

«Tutti si ricorderanno di lui»
Il giornalista dice che tutti si ricorderanno di lui

2. Se il verbo DIRE è al passato ci sono le seguenti trasformazioni:

il PRESENTE diventa IMPERFETTO

«Gordon è un personaggio famoso»
Si diceva che era un personaggio famoso

il PASSATO diventa TRAPASSATO

«Gordon ha corso tanti pericoli, una volta ha quasi perso la vita, ma si è salvato»

Si diceva che aveva corso tanti pericoli, che una volta aveva quasi perso la vita, ma alla fine si era salvato

il FUTURO diventa CONDIZIONALE PASSATO

«Faranno un film su di lui!»
Dicevano che avrebbero fatto un film su di lui

il CONGIUNTIVO PRESENTE diventa IMPERFETTO

«Credo che sia un eroe» diceva la gente

La gente diceva che credeva che fosse un eroe

il CONGIUNTIVO PASSATO diventa TRAPASSATO

«Temo che abbia avuto un incidente»

Dicevano che temevano che avesse avuto un incidente

l'IMPERATIVO diventa a) DI + INFINITO

«Esci!»
Mi ordina/ordinò di uscire

b) CHE + CONGIUNTIVO

«Non sparare!»
Mi supplica che io non spari
Mi supplicò che io non sparassi

Ma: l'IMPERFETTO rimane IMPERFETTO

«I miei tempi erano duri»
Il nonno ripeteva sempre che i suoi tempi erano duri

B. Pronomi e aggettivi cambiano come segue:

1. I pronomi personali di 1ª e 2ª persona singolare e plurale diventano di 3ª:
   io / tu / Lei ⟶ lui, lei   noi / voi / Loro ⟶ loro

   «Io sono stanco e tu non ti fermi mai»
   Il padre osservava con la figlia che lui era stanco e lei non si fermava mai

2. I possessivi di 1ª e 2ª persona singolare e plurale diventano di 3ª:
   il mio/il tuo/il Suo ⟶ il suo   il nostro/il vostro/il loro ⟶ il loro

   «La mia pazienza ha un limite»
   Il padre ha gridato che la sua pazienza aveva un limite

3. QUESTO diventa QUELLO

   «Questa casa mi piace molto.» Cosa ha detto?
   Ha detto che quella casa gli/le piace molto

C. Gli avverbi di tempo e luogo cambiano come segue:

QUI	LÌ
QUA	LÀ
ORA	ALLORA
OGGI	QUEL GIORNO
IERI	IL GIORNO PRECEDENTE / PRIMA
POCO FA	POCO PRIMA
DOMANI	IL GIORNO DOPO / SUCCESSIVO / SEGUENTE / L'INDOMANI
... SCORSO	... PRECEDENTE / PRIMA
... PROSSIMO	... SEGUENTE / SUCCESSIVO / DOPO
TRA POCO	POCO / DOPO
FA	PRIMA

D. Il verbo VENIRE diventa ANDARE

«Vieni da me!»
Mi ha ordinato di andare da lui

E. Il periodo ipotetico diventa di 3° tipo.

«Se mangi troppo, ingrassi!»
La madre aveva spiegato alla figlia che se avesse mangiato troppo, sarebbe ingrassata

«Se lei facesse dello sport, dimagrirebbe»
Il medico disse al paziente che se avesse fatto dello sport, sarebbe dimagrito

«Se avessi fatto più sport, non sarei ingrassato tanto»
Un grassone si lamentava che se avesse fatto piú sport, non sarebbe ingrassato tanto

F. Le domande sono rette dai verbi di CHIEDERE / INTERROGARE / DOMANDARSI e possono andare al congiuntivo e all'indicativo.

«Sei sordo?» domanda la moglie la marito
La moglie domanda al marito se sia / è sordo

«Ti sei perso?» domanda il poliziotto al bambino
Il poliziotto domanda al bambino se si sia / è perso

«Quando verrai a trovarmi?» ti ho chiesto domenica
Domenica ti ho chiesto quando saresti venuto a trovarmi

PERIODO IPOTETICO

Il periodo ipotetico risulta dall'unione di due proposizioni: una dipendente, *protasi*, che contiene un'ipotesi, una condizione introdotta da SE, e una principale, *apodosi*, che contiene la logica conseguenza.

Si presenta in tre tipi:

A. DELLA REALTÀ

L'ipotesi, che è reale e sentita come un fatto indubitabile, esprime una causa certa. A ben guardare, il SE può essere sostituito da POICHÉ, DATO CHE, DAL MOMENTO CHE. I verbi vanno all'indicativo.

con riferimento a un tempo presente o futuro	*Se fai questo, sbagli* *Se mangerai troppo, ti sentirai male* *Vi bruciate, se prendete troppo sole*
con riferimento a un tempo passato	*Se avete comprato una Ferrari, avete speso molto* *Se non vi ho avvertiti, è stato perché non potevo* *Se ti ho insultato, chiedo scusa* *Se ti sei rotto una gamba, va' all'ospedale*

B. DELLA POSSIBILITÀ

L'ipotesi è soltanto possibile, non siamo sicuri che possa verificarsi. Il verbo va al congiuntivo imperfetto, nell'ipotesi e al condizionale presente nella conseguenza.

con riferimento a un tempo presente	*Se vincessi alla lotteria, mi comprerei una macchina* *Se fosse sobrio, non canterebbe* *Sarebbe una fortuna, se fossimo promossi*

C. DELLA IRREALTÀ

Se tutto il periodo è riferito al presente, i verbi vanno come nel secondo tipo.

Se fossi in te, farei salti di gioia
Se io fossi un re, non abiterei in un castello

Se tutto il periodo è riferito al passato, la condizione va al congiuntivo trapassato e la conseguenza al condizionale passato:

Se avessi dormito di piú, avrei fatto tardi
Se voi aveste studiato, sareste stati promossi

È possibile avere una conseguenza del secondo tipo (al condizionale presente) legata a un'ipotesi irreale del terzo tipo (congiuntivo trapassato):

Se avessi dormito di piú, ora non sarei stanco
Se tu mi avessi aiutato, ora sarei ricco

o anche:

Sarebbe un guaio se fossi stato bocciato

NOTE:

1. Dopo il SE, nel 2° e 3° tipo, segue solo il congiuntivo imperfetto o trapassato.

2. Il SE a volte può essere omesso

   Vincessi alla lotteria, mi comprerei una macchina

3. L'ordine della protasi e apodosi è intercambiabile.

PLURALE

A. Molti plurali hanno terminazione in -i o in -e;

	SINGOLARE	PLURALE	
corso	-o		*corsi*
giornale	-e	-i	*giornali*
tesi	-i		*tesi*
moda	-a	-e	*mode*

B. Il plurale di alcuni nomi e aggettivi dipende dal genere;

1. I maschili in -a prendono la terminazione in -i:

	SINGOLARE	PLURALE	
tema	-a	-i	*temi*
artista	-a		*artisti*
duca	-ca	-chi	*duchi*
collega	-ga	-ghi	*colleghi*

2. I femminili in -a prendono la terminazione in -e:

	SINGOLARE	PLURALE	
linguista	-a	-e	*linguiste*
amica	-ca	-che	*amiche*
collega	-ga	-ghe	*colleghe*

C. I nomi e gli aggettivi in -co e -go al plurale fanno a volte in -chi e -ghi, a volte in -ci e -gi. Valgono le seguenti indicazioni generali, ma ci sono molte eccezioni a questo riguardo:

1. Se -co e -go sono preceduti da consonante o la sillaba che li precede è accentuata fanno -chi e -ghi:

	SINGOLARE	PLURALE	
lombríco	-co	-chi	*lombrichi*
chirúrgo	-go	-ghi	*chirurghi*

2. Se la sillaba precedente non ha l'accento, fanno in -ci e -gi:

maníaco	-co	-ci	*maniaci*
astrólogo	-go	-gi	*astrologi*

3. ECCEZIONI: *amico / amici*
nemico / nemici
greco / greci
carico / carichi, ecc. / ecc.

D. Il plurale di altri nomi e aggettivi dipende dalla posizione dell'accento.

1. I maschili si comportano come segue:

	SINGOLARE		PLURALE	
negozio	-io	(-i senza accento)	-i	*negozi*
zio	-ío	(-i con accento)	-ii	*zii*
fresco	-co	(accento sulla sillaba precedente il	-chi	*freschi*
medico	-co	(accento sulla terzultima sillaba)	-ci	*medici*

2. I femminili prendono le seguenti terminazioni:

bilancia	-cia	-i senza accento e suffisso preceduto da consonante)	-ce	*bilance*
spiaggia	-gia	(come sopra)	-ge	*spiagge*
acacia	-cia	(-i senza accento e suffisso preceduto da vocale)	-cie	*acacie*
valigia	-gia	(come sopra)	-gie	*valigie*
farmacia	-cía	(-i con accento)	-cíe	*farmacie*
bugia	-gía	come sopra)	-gíe	*bugie*

E. Non cambiano al plurale:

1. Le parole che terminano per consonante
   il film / i film — *la star / le star* — *lo sport / gli sport*
2. Le parole che terminano in -i e in -ie
   la crisi / le crisi — *la serie / le serie*
3. Le parole che terminano in vocale accentata o sono monosillabi
   la città / le città — *il caffè / i caffè* — *la tribù / le tribù*
4. Le abbreviazioni
   il cinema / i cinema — *la radio / le radio* — *la bici / le bici*

F. Alcune parole sono irregolari al plurale:

uomo / uomini — *dio / dei* — *bue / buoi, ecc.*

G. Alcuni nomi hanno due plurali diversi con diverso significato. Per esempio:

braccio	*braccia, del corpo* *bracci, di un fiume, di un edificio*
ciglio	*ciglia, degli occhi* *cigli, di un burrone*
corno	*corna, di un animale* *corni, strumenti musicali*
filo	*fila, di una congiura* *fili, come in fili da ricamo*
labbro	*labbra, della bocca* *labbri, di una ferita*
membro	*membra, del corpo* *membri, di una associazione*
muro	*mura, di una città* *muri, di una casa*
osso	*ossa, dello scheletro* *ossi, individualmente, o, di pesche, albicocche ecc.*

PLURALE DEI NOMI COMPOSTI

A. Nomi seguiti da Aggettivi (N + A)

SINGOLARE		PLURALE
cassaforte *terracotta*	I due componenti prendono il plurale	*casseforti* *terrecotte*

B. Nomi preceduti da Aggettivi (A + N)

bassorilievo *biancospino*	Solo il secondo componente prende il plurale	*bassorilievi* *biancospini*

C. Aggettivi preceduti da Aggettivi (A + A)

grigioverde *agrodolce*	Solo il secondo componente prende il plurale	*grigioverdi* *agrodolci*

D. Nomi preceduti da Nomi (N + N)

1. *manoscritto* *capofamiglia* *pescespada*	Solo il componente fondamentale prende il plurale.	*manoscritti* *capifamiglia* *pescispada*
2. *cassapanca* *pescecane*	Se i due componenti sono dello stesso genere, vanno tutti e due al plurale	*cassepanche* *pescicani*

E. Verbi seguiti da Nomi (V + N)

giradischi *apriscatole*	Il composto è invariabile	*giradischi* *apriscatole*

F. Verbi seguiti da Verbi (V + V)

fuggifuggi *tiramolla*	Il composto è invariabile	*fuggifuggi* *tiramolla*

PREPOSIZIONI

SEMPLICI	*di, a, da, in, con, su, per, tra (fra)*
ARTICOLATE	*del, dello, della, dei, degli, delle* *al, allo, alla, ai, agli, alle* *dal, dallo, dalla, dai, dagli, dalle* *nel, nello, nella, nei, negli, nelle* *col, con il, coi, cogli* *sul, sullo, sulla, sui, sugli, sulle*
DA AVVERBI	*su, sopra, sotto, presso, prima, dopo, dentro, fuori, davanti, dietro, senza, ecc.* Sono spesso accompagnate da preposizioni semplici o articolate: *dietro a*
DA AGGETTIVI	*lungo, secondo, ecc.*
DA VERBI	*nonostante, durante, mediante, ecc.*
ESPRESSIONI PREPOSITIVE	*per mezzo di, in presenza di, al di fuori di, in luogo di, ecc.*

DI indica:

- possesso / specificazione	*la macchina di mio padre* *il libro di italiano*
- specificazione partitiva	*uno di noi*
- un po', in espressioni partitive	*compro della carne*
- paragone	*lui è più alto di lei*
- tempo	*di giorno/di notte/d'inverno*
- materia	*un foglio di carta*
- argomento	*parla di storia*
- luogo	*è di Londra, esco di casa*
- mezzo	*campare d'aria, pieno di soldi*
- causa	*muoio di fame*

A indica:

- termine	*porto un libro a papà*
- luogo	*sto a casa*
- tempo	*all'alba, alle due*
- modo	*pasta al pomodoro*
- mezzo	*a piedi*

DA indica:

- agente	*fatto da me*
- origine / moto da luogo	*vengo da Roma*
- moto per	*passo da Bologna*
- moto a luogo	*vado dal barbiere*
- tempo	*scrivo da tre ore*
- causa	*muoio dalla fame*
- fine o scopo	*vestito da ballo, carte da gioco*
- necessità	*camicie da stirare*

IN indica:

- luogo	*sto in casa*
- tempo	*in aprile, nel 1939*
- durata	*finisco in tre ore* (periodo entro e cui si compie l'azione)
- modo	*sto in ansia*
- materia	*una poltrona in pelle*
- scopo	*in aiuto*
- numero	*eravamo in tre*

CON indica:

- compagnia	*esco con Lucia*
- mezzo	*vado con la macchina*
- qualità	*con un viso bellissimo*
- modo	*agire con calma*

FRA / TRA indica:

- luogo	*un posto tra i monti*
- tempo	*tra mezz'ora*

PER indica:

- moto a luogo	*parto per Roma*
- moto per luogo	*passo per la Francia*
- durata	*non lavoro per un anno*
- termine nel tempo	*scrivete il saggio per domani*
- mezzo	*sento un concerto per radio*
- causa	*ti ammiro per la tua pazienza*
- scopo	*prendo lo sciroppo per la tosse*
- prezzo	*l'ho comprato per un milione*

SU indica:

- luogo	*sulla torre, sul mare*
- tempo	*sulla cinquantina*
- argomento	*scrive su Leopardi*

PREPOSIZIONI CON LE ESPRESSIONI DI TEMPO

A	1. Indica un momento di tempo ben definito. Si usa davanti alle ore e alle parti del giorno, settimana, mese, anno e secolo.	
(+ articolo)	*il palio comincia alle 18*	*a quell'ora tuona il cannone*
(— articolo)	*il palio si corre a luglio*	*a mezzogiorno si va in chiesa*
	a primavera fioriscono le viole	(sola stagione che prende A)

2. Dopo VOLTA, si usa con valore distributivo.

la gara si corre due volte alla (la) settimana
la festa si celebra due volte all' (l') anno

IN

Indica il periodo (e non il momento) entro cui si compie l'azione.
Si usa davanti ai mesi, anni, secoli e alle parti del giorno.

(+ articolo)

nel 1984 è stato un disastro
nel (al) tempo di Noè il palio non c'era

(— articolo)

il palio si corre anche in (a) agosto
in estate, in autunno e in inverno hanno costruito un duomo
in (a) primavera si cominciano i preparativi della festa
in poco tempo si costruisce un tempio (la costruzione è durata poco)
in otto giorni vado a Parigi (il viaggio durerà otto giorni)

DI

Davanti a nomi implicanti una lunghezza di tempo identificabile (parti del giorno, giorni della settimana, stagioni e mesi).

si fa festa di (--) (il) giorno e di (--) (la) notte
vado in vacanza di (in) (l') estate
di (--) (la) mattina ho sempre sonno
non ci si sposa di (--) (il) venerdì

SENZA PREPOSIZIONE

IN e DI si omettono e si sostituiscono con l'articolo con i giorni della settimana (azioni abituali), con le date e le stagioni.

(+ articolo)

abbiamo lezione il lunedì e il giovedì
il 2 luglio e il 16 agosto sono due ricorrenze speciali

(— articolo)

Con le espressioni precedute da QUESTO / QUELLO, OGNI e i giorni della settimana (azioni non abituali).

quel giorno un soldato era ubriaco
quest'anno ha vinto l'Oca
giovedì non vengo da te
ogni anno non corrono le stesse contrade

DA

Davanti all'ora, data, mese, tempo a partire da cui comincia l'azione.

aspetto da tre ore *vivo qui da tre anni*

DOPO

Significa successivamente e si costruisce direttamente con il suo termine o con DI (con i pronomi personali prende sempre DI).

dopo il corteo comincia la gara
sono arrivato dopo di te

DURANTE

Per indicare tempo continuato.

durate la festa c'è una grande confusione
non fate chiasso durante la lezione

FRA/TRA

Indica la scadenza e implica l'idea di futuro.

partirò tra 5 giorni
le vacanze cominciano tra tre mesi

SU/VERSO

Dà significato approssimativo.

sul tardi *sul calar del sole* *sulla sessantina*
verso sera *verso le otto*

PER

Indica la durata (in tal caso è facoltativo) o dà l'idea del futuro.

ho parlato (per) tre ore
sarò all'estero (per) sei mesi
per domani studierete la terza lezione

PRIMA

Significa nel tempo anteriore ed è sempre accompagnato da DI.

prima della corsa c'è la selezione dei cavalli

PRONOMI

SOGGETTO	RIFLESSIVO	OGGETTO		
		+ ACCENTO	— ACCENTO	
			O. DIRETTO (OD)	O. INDIRETTO (OI)
Masch. Fem.	Masch. Fem.	Masch. Fem.	Masch. Fem.	Masch. Fem.
IO	*MI*	*ME*	*MI*	*MI*
TU	*TI*	*TE*	*TI*	*TI*
EGLI, ELLA, *ESSO, ESSA,* *LUI, LEI,* *COLUI, COLEI,* *COSTUI COSTEI*	*SI* *SÉ*	*ESSO, ESSA,* *LUI, LEI,* *COLUI, COLEI,* *COSTUI COSTEI*	*LO LA* *L' L'*	*GLI LE* *NE*
NOI	*CI*	*NOI*	*CI*	*CI*
VOI	*VI*	*VOI*	*VI*	*VI*
ESSI, ESSE, *LORO,* *COSTORO,* *COLORO*	*SI*	*ESSI, ESSE,* *LORO,* *COSTORO,* *COLORO*	*LI LE*	*LORO/GLI* *NE*

FORMA DI CORTESIA

LEI (ELLA)	*SI*	*LEI*	*LA*	*LE*
LORO (VOI)	*SI*	*LORO* *(VOI)*	*VI* *(LI) (LE)*	*VI* *(LORO)*

PRONOMI SOGGETTO

Sono spesso omessi perché le desinenze verbali sono sufficienti a definire la persona. Tuttavia, si usano per dare chiarezza o enfasi.

Hai ragione tu   Stasera pago io   Lo facciamo noi o lo fate voi

EGLI si usa come pronome di persona, mentre ESSO è riferito ad animale o cosa.
Parallelamente si dovrebbe osservare la stessa differenza tra ELLA e ESSA, ma ESSA prevale nell'uso.

Tuttavia l'uso moderno tende a sostituire in tutti i casi LUI, LEI e LORO come soggetto.

Lui (e non egli) mi ha detto la novità

Loro (e non essi) dovevano prendere una decisione comune, ma lui (e non egli) ha fatto in un modo e lei (e non ella/essa) in un altro.

I pronomi soggetto sono obbligatori:

1. dopo il verbo.
   Esce lui ed entro io
2. in funzione di predicato. Ma dopo l'infinito di ESSERE prendono la forma complemento.
   Sei ancora tu? *Sì, sono sempre io* *Continuo ad essere me stesso*
3. dopo anche, neanche, neppure, nemmeno.
   C'eri anche tu *Non lo so neanch'io*
4. nelle esclamazioni, in cui si usano le forme complemento.
   Contenta lei! *Disgraziati noi!* *Povero me!* *Beati voi!*

PRONOMI RIFLESSIVI

Indicano che il soggetto sta facendo qualcosa a se stesso e solo alla 3ª persona ha una forma particolare SI, che enfaticamente segue il verbo e diventa SÉ o SE STESSO. Nelle altre persone è uguale ai pronomi personali oggetto.

Può essere sempre rinforzato con la parola STESSO/A, STESSI/E.

PRONOMI OGGETTO

Hanno due forme: una è marcata, l'altra è debole. Le due forme hanno lo stesso significato. Se, il tono della frase è enfatico, si preferisce la forma marcata.

+ ACCENTO	— ACCENTO
Vogliono te	*Ti vogliono*
Chiamano noi	*Ci chiamano*

I pronomi senza accento possono avere la funzione di oggetto diretto (OD) e quella di oggetto indiretto (OI). Queste due funzioni hanno forme uguali ad eccezione della 3ª persona singolare e plurale.

Per capire se un pronome ha la funzione di OD o di OI, è consigliabile ricorrere alla forma marcata: in tale forma, i pronomi OD non sono mai accompagnati da preposizione, che invece, precede quelli OI.

Mi senti? Non ti sento.	OD perché	=	*Senti me? Non sento te*
Mi dai un consiglio?	OI perché	=	*Dai un consiglio a me?*
Ci compri un regalo?	OI perché	=	*Compri un regalo per / a noi?*

Distinguere tra OD e OI è importante quando il verbo è a un tempo composto ed è preceduto da un complemento, per usare la forma appropriata del participio passato. Il participio passato non si accorda con OI.

Carla? L'ho vista, ma non le ho parlato
I ragazzi, li ho incontrati e non gli ho detto niente

In italiano, nessun verbo prende più di un OD.

Spiego la regola (OD) *agli studenti* (OI)
oppure, con i pronomi, *La* (OD) *spiego loro* (OI)

Ho fatto due telefonate (OD) *a papà e mamma* (OI)
oppure, *Le* (OD) *ho fatte loro* (OI)

A. OGGETTO DIRETTO (OD)

1. Di solito precede il verbo coniugato ai tempi dei modi finiti e negli ordini cortesi al congiuntivo.

   Mi ami o non mi ami? Io compro il giornale e tu lo leggi Ci aiuti, per piacere!

2. LO, LA (e più raramente MI, TI, CI e VI) si apostrofano davanti a vocale o h, mentre i plurali LI, LE e LE (pronome OI) non si apostrofano mai.

   T'aiuto, se posso Maria, l'invito spesso, ma i suoi fratelli non li invito mai
   Le regole, le ho studiate, ma non le ricordo

3. I seguenti verbi non vogliono preposizione in italiano:

ascoltare	*Mi piace la lirica e la* (OD) *ascolto spesso*
chiedere	*Se volete il permesso, dovete chiederlo* (OD)
pagare	*Che belle scarpe! Quanto le avete pagate* (OD)
aspettare	*Mario non c'è ancora: lo* (OD) *aspetto da tre ore*
guardare	*Ci sono due bei film in TV oggi. Li* (OD) *guardi?*
cercare	*Gli occhiali? Li* (OD) *cerco, ma non li* (OD) *trovo*

4. Si usa in congiunzione ad ECCO.

   Il libro? Eccolo *La rivista? Eccola*
   Le ragazze? Eccole *I bambini? Eccoli*

B. OGGETTO INDIRETTO (OI)

1. Ha forme uguali a quelle dell'oggetto diretto. Ma A LUI, A LEI e A LORO hanno una forma speciale: GLI, LE e LORO (spesso usato senza A). Nella lingua parlata, però, oggi tende a prevalere per i tre casi la forma GLI.

Gli parliamo	si usa per	*Parliamo a lui*
		Parliamo a lei (di uso più raro e limitato)
		Parliamo a loro

2. I seguenti verbi vogliono la preposizione:

bastare	*Mamma, ti* (OI) *basta un chilo di pane?*
dire	*Alla maestra, le* (OI) *dico sempre buongiorno*
dispiacere/piacere	*Ci* (OI) *piace uscire la sera*
domandare/chiedere	*Posso farvi* (OI) *una domanda indiscreta?*
fare male	*Vi* (OI) *fa male fumare tante sigarette*
rispondere	*A Paola, non le* (OI) *ho mai risposto nulla*
somigliare	*Sono uguale a papà, ma non gli* (OI) *somiglio nel carattere*
telefonare	*Telefonale* (OI) *appena arrivi a casa*
voler bene	*A Mario, gli* (OI) *voglio un bene da morire*

POSIZIONE DEI PRONOMI OGGETTO DIRETTO E INDIRETTO

I pronomi OD e OI (deboli) di solito precedono il verbo, MA

1. LORO segue sempre.

   I miei genitori si arrabbiano se diciamo loro bugie

2. Se accompagnano infiniti preceduti da DOVERE / POTERE / VOLERE / SAPERE vanno o prima o dopo il verbo.

   Posso parlarti / Ti posso parlare *Voglio invitarli / Li voglio invitare*

3. Se accompagnano imperativi, gerundi, infiniti e ECCO seguono e si attaccano al verbo.

   Digli la verità *Vedendoti arrivare, volevo chiamarti* *Le ragazze? Eccole*

   Nel combinare imperativo e pronome dei verbi DARE, DIRE, FARE, STARE e ANDARE, la consonante iniziale del pronome si raddoppia (eccetto GLI).

   Dalle un bacio *Dimmi di sì* *Vacci piano* *Fallo ora* *Stalla a sentire*
   MA: *Digli un segreto* *Stagli vicino*

CI E NE

CI può avere il significato di «a / di / in ciò» e, anche, funzionare come un avverbio con il significato di «lí, lá». Nella stessa funzione avverbiale anche VI significa «lí, lá». Inoltre, CI e VI possono sostituire un gruppo o un'intera frase.

Ci credo (ci = a ció)
Ci vado (ci = lí)
Ci passo sempre (ci = per di lá, per quel luogo)
So che hai venduto la casa: cosa ci hai guadagnato? (ci = nel / dal vendere casa)
Tu mi dici che hai vinto al Lotto, ma io non ci credo (ci = che hai vinto)

NE può significare «di lui, di lei, di loro; di ció, di questo (questi), da ció; da quel luogo» e può sostituire un gruppo o un'intera frase.

Hai visto Cesare? Non me ne parlare (ne = di lui)
Ne sono contento (ne = di ció) *Vengo da scuola. Ne vengo ora* (ne = da lí)
Come stanno i tuoi? Non ne so niente (ne = dei miei)
Non piangere per così poco: non ne vale la pena (ne = che tu pianga per così poco)

NE si usa anche per sostituire un nome preceduto da un numero o un'espressione di quantità. In tal caso accompagna il numero o l'espressione di quantità.

Quanti fratelli hai? Ne ho tre
Quanti soldi avete? Ne abbiamo pochi
Vuole delle banane? Ne voglio un chilo

LO

LO è usato come pronome invariabile con i verbi ESSERE, DIVENTARE, SEMBRARE per sostituire un aggettivo, un nome, o un'intera frase.

Mia madre è italiana, ma sua madre non lo era
Signora, Lei è stanca? Sí lo sono
Carlo è dottore? Ancora no, ma lo diventerà presto

FORMA DI CORTESIA

Si usano LEI e LORO come soggetto e oggetto, rivolti sia a uomo che donna.

Signor Mori, Lei è in ritardo Signora, Lei è stanca? Parlo a Loro, signorine oppure, nella forma non accentata:

Signor Ferrari, Le ripeto che non è il caso di fare complimenti
Ing. Chiari, Le presento i miei piú cari auguri
Rag. Rossi, La sento benissimo
Signora, dica pure, La sto ascoltando

Come plurale di LEI, si usa sempre più frequentemente VOI, che tuttavia tende a sparire come forma di cortesia del singolare.

Signori e signore, sintonizzatevi sul primo canale e ascolterete un concerto
Gentili signori,... spero che mi facciate avere una risposta al più presto

Ma è di uso limitato dire: *Signora, spostatevi* *Accomodatevi, ragioniere*

LEI, rivolto a uomo richiede la concordanza di un aggettivo e participio passato al maschile.

Dottore, Lei si è abituato alla sua nuova casa? Lei è contento?

NOTA: LEI e LORO sono spesso scritte con L minuscola.

PRONOMI RELATIVI

	SOGGETTO	OGGETTO	COMPLEMENTO INDIRETTO
CHE	*La macchina che ha vinto il 1° premio è una Ferrari*	*La macchina che voglio comprare è una Fiat*	
IL QUALE/ LA QUALE/ I QUALI/ LE QUALI	*La macchina la quale ha vinto il 1° premio è una Ferrari*		*La macchina contro la quale ho scontrato non era assicurata* *Il signore la macchina del quale è targata MCT 345 è pregato di spostarla* (POSSESSIVO)
CUI			*La macchina contro cui ho scontrato non era assicurata* *Il signore la cui macchina è targata MCT 345 è pregato di spostarla* (POSSESSIVO)
CHI	*Chi dorme non piglia pesci*	*Non sento chi parla*	*Consegna il pacco a chi viene a prenderlo* *Dimmi con chi vai e ti dirò chi sei*

1. CHE

Funziona come soggetto.

La macchina che ha vinto il 1° premio è una Ferrari

Funziona come oggetto.

La macchina che voglio comprare è una Fiat

Può avere l'articolo se si riferisce a tutta la frase precedente, e non solo a un nome, e ha il significato di «ciò, la qual cosa».

Tu canti bene, il che è piacevole
Ti debbo dare dei soldi, del che ci occuperemo dopo

2. IL QUALE / LA QUALE, I QUALI / LE QUALI

È più probabile che funzioni come soggetto che come oggetto.

La macchina la quale ha vinto il 1° premio è una Ferrari

È preceduto da articolo o da preposizione articolata.

La cosa della quale ti ho parlato è un segreto
La macchina contro la quale ho scontrato non era assicurata

Se preceduto dalla preposizione DI e indica possesso, segue il nome a cui si riferisce.

Il regista il film del quale ha vinto il festival non è americano
Il signore la macchina del quale è targata MCT 345 è pregato di spostarla

3. CUI

Funziona come oggetto indiretto.

Ecco la ragazza (a) cui ho prestato gli appunti
Questi sono i giornalisti da cui sarò intervistato

Con articolo davanti, accordato con la persona o l'oggetto che segue, indica possesso.

Il regista il cui film ha vinto il festival non è americano
Il signore la cui macchina è targata MCT 345 è pregato di spostarla

4. CHI

Equivale a «la persona, le persone + che», cioè rappresenta la fusione di un pronome indefinito e di un pronome relativo.

Funziona come soggetto.

Chi dorme non piglia pesci

Funziona come oggetto.

Da qui non si può vedere chi parla

Funziona come oggetto indiretto.

Consegna il pacco a chi viene a prenderlo

Si usa solo al singolare, non segue il nome, ma lo sostituisce.

FRASI RELATIVE

Le frasi relative, introdotte dal pronome relativo appropriato, seguono il nome che modificano o s'incastrano nella frase subito dopo il nome.

Possono avere il verbo a:

A. INDICATIVO

Se sono attributive, cioè se la relativa attribuisce una determinata caratteristica a tutti gli oggetti o persone indicati dal nome a cui si collegano.

Porto al cinema i bambini che sono stati buoni
(tutti i bambini sono stati buoni)

B. CONGIUNTIVO

1. Se sono restrittive, cioè se restringono il numero delle persone o cose di cui si parla o scrive.

   Porto al cinema i bambini che siano stati buoni
   (solo alcuni sono stati buoni)

2. Se sono introdotte da unico, solo, primo, ultimo.

   Tu sei l'unico che abbia finito l'esercizio
   È l'ultima persona al mondo con cui voglia parlare

3. Se introdotte da un antecedente negativo, come niente, nulla, nessuno.

   Non conosco nessuno che perda la pazienza tanto presto
   Non c'era piú niente che potessi fare

4. Se introdotte da superlativo relativo.

   È la cosa piú saporita che abbia mai mangiato
   Erano le persone piú alte che avessi visto fino a quel giorno

5. Se esprimono l'idea di possibilità.

   Raccontami una storiella che mi faccia ridere
   Spero di sposare qualcuno che mi mantenga in una vita comoda

NOTA: Il congiuntivo è scelto nell'uso accurato della lingua; altrimenti si ricorre all'indicativo.

C. INFINITO

Se la frase relativa che esprime l'idea di possibilità (caso B.5.) è introdotta da un pronome relativo indiretto.

Raccontami una storiella su cui ridere insieme
Cerco una persona con cui andare in vacanza

SI IMPERSONALE/PASSIVANTE

A. Se il verbo è intransitivo o transitivo senza oggetto diretto

SI + 3ª persona singolare del verbo

Si cammina   *Si mangia*   *Si beve*

NOTA: Se il verbo è riflessivo SI diventa CI.
Ci si vede   *Ci si pettina*   *Ci si alza*

B. Se il verbo è transitivo con oggetto esplicito

1. | SI + 3ª persona singolare del verbo + oggetto singolare |
|---|

Si guarda la televisione   *Si mangia la pizza*

2. | SI + 3ª persona plurale del verbo + oggetto plurale |
|---|

Si guardano i programmi   *Si mangiano le patatine fritte*

C. Se SI è seguito dal verbo ESSERE / DIVENTARE / SEMBRARE ecc. e da aggettivi o nomi

SI + 3ª persona singolare del verbo + aggettivo maschile/nome plurale

Se si è stanchi, si diventa irritabili   *Si è inseparabili, se si è amici*

Per esprimere l'idea di obbligo, ordine o necessità, questa costruzione impersonale ricorre al congiuntivo o usa il verbo DOVERE + infinito.

COSTRUZIONE PERSONALE	*COSTRUZIONE IMPERSONALE*
Fate i compiti	*Si facciano i compiti* *Si devono fare i compiti*
Nuotate tra le bandiere	*Si nuoti tra le bandiere* *Si deve nuotare tra le bandiere*

Se l'oggetto del verbo retto da SI è rappresentato da un pronome, questo precede e il verbo generalmente rimane singolare.

Gli spaghetti, li si mangia al dente   *Il pollo, lo si mangia caldo e freddo.*

Ma: *Di gelati, se ne mangiano moltissimi col caldo.*

Se la frase è negativa il NON precede il SI.

Non si mangia con la bocca piena

VERBI

CONDIZIONALE

PRESENTE		PASSATO		
io	sarei	io	sarei	stato
tu	saresti	tu	saresti	stato
egli	sarebbe	egli	sarebbe	stato
noi	saremmo	noi	saremmo	stati
voi	sareste	voi	sareste	stati
essi	sarèbbero	essi	sarèbbero	stati
io	avrei	io	avrei	avuto
tu	avresti	tu	avresti	avuto
egli	avrebbe	egli	avrebbe	avuto
noi	avremmo	noi	avremmo	avuto
voi	avreste	voi	avreste	avuto
essi	avrèbbero	essi	avrèbbero	avuto
io	am **er ei**	io	avrei	amato
tu	am **er esti**	tu	avresti	amato
egli	am **er ebbe**	egli	avrebbe	amato
noi	am **er emmo**	noi	avremmo	amato
voi	am **er este**	voi	avreste	amato
essi	am **er èbbero**	essi	avrebbero	amato
io	tem **er ei**	io	avrei	temuto
tu	tem **er esti**	tu	avresti	temuto
egli	tem **er ebbe**	egli	avrebbe	temuto
noi	tem **er emmo**	noi	avremmo	temuto
voi	tem **er este**	voi	avreste	temuto
essi	tem **er èbbero**	essi	avrebbero	temuto
io	part **ir ei**	io	sarei	partito
tu	part **ir esti**	tu	saresti	partito
egli	part **ir ebbe**	egli	sarebbe	partito
noi	part **ir emmo**	noi	saremmo	partiti
voi	part **ir este**	voi	sareste	partiti
essi	part **ir èbbero**	essi	sarebbero	partiti

Il condizionale segue le stesse modificazioni ortografiche del futuro (v. pag. 255).
Il condizionale si usa per esprimere:

1. suggerimenti e consigli.

Per evitare incidenti si dovrebbero prendere alcune precauzioni
I bambini non dovrebbero prendere medicine
Io non darei loro coltelli e proteggerei le prese di corrente

2. richieste cortesi e desideri.

   Vorrei un bicchier d'acqua *Mangerei volentieri una pizza*
   Mi daresti una sigaretta?

3. le conseguenze di un'ipotesi relativa sia a un momento presente che a un momento passato (v. periodo ipotetico).

   Se fossi madre, sarei possessiva *Se fossi ricco, non lavorerei*
   Se avessi mangiato bene stamattina, non avrei fame
   Se mi fossi svegliato prima, sarei arrivato in tempo

   Ipotesi e conseguenze relative al passato si possono esprimere anche con l'imperfetto.

   Se mi svegliavo prima, arrivavo in tempo

4. azioni future rispetto ad un'altra avvenuta nel passato. Questa, in genere, è costituita dai verbi DIRE, SAPERE, INFORMARE, IMMAGINARE, PROMETTERE, SPERARE e simili. In tal caso si mette il condizionale passato (sostituibile nella lingua parla con l'imperfetto).

   Mi ha telefonato alle otto per dirmi che avrebbe preso il treno di mezzogiorno
   Non immaginavo davvero che saresti arrivato
   A suo tempo ti avevo informato che saresti stato promosso

5. dubbi, notizie non confermate, ipotesi non accettate.

   Il presidente sarebbe ammalato *I due attori avrebbero divorziato*
   La bambina sarebbe caduta accidentalmente

   Alternativamente si usano proposizioni al congiuntivo dipendenti da PUÒ DARSI CHE, SEMBRA CHE, PARE CHE, SI DICE CHE, oppure, proposizioni indipendenti all'indicativo accompagnate da FORSE, PROBABILMENTE e simili.

   Pare che il presidente sia ammalato *Sembra che i due attori abbiano divorziato*
   Forse la bambina è caduta accidentalmente

CONGIUNTIVO

				PRESENTE					
che	io	sia		abbia		ami		tema	serva
che	tu	sia		abbia		ami		tema	serva
che	egli	sia		abbia		ami		tema	serva
che	noi	siamo		abbiamo		amiamo		temiamo	serviamo
che	voi	siate		abbiate		amiate		temiate	serviate
che	essi	siano		abbiano		amino		temano	servano
				IMPERFETTO					
che	io	fossi		avessi		amassi		temessi	servissi
che	tu	fossi		avessi		amassi		temessi	servissi
che	egli	fosse		avesse		amasse		temesse	servisse
che	noi	fossimo		avessimo		amassimo		temessimo	servissimo
che	voi	foste		aveste		amaste		temeste	serviste
che	essi	fossero		avessero		amassero		temessero	servissero
				PASSATO					
che	io	sia	stato	abbia	avuto	abbia	amato	temuto	servito
che	tu	sia	stato	abbia	avuto	abbia	amato	temuto	servito
che	egli	sia	stato	abbia	avuto	abbia	amato	temuto	servito
che	noi	siamo	stati	abbiamo	avuto	abbiate	amato	temuto	servito
che	voi	siate	stati	abbiate	avuto	abbiate	amato	temuto	servito
che	essi	siano	stati	abbiano	avuto	abbiano	amato	temuto	servito
				TRAPASSATO					
che	io	fossi	stato	avessi	avuto	avessi	amato	temuto	servito
che	tu	fossi	stato	avessi	avuto	avessi	amato	temuto	servito
che	egli	fosse	stato	avesse	avuto	avesse	amato	temuto	servito
che	noi	fossimo	stati	avessimo	avuto	avessimo	amato	temuto	servito
che	voi	foste	stati	aveste	avuto	aveste	amato	temuto	servito
che	essi	fossero	stati	avessero	avuto	avessero	amato	temuto	servito

MODIFICAZIONI ORTOGRAFICHE.

1. I verbi in -CARE e -GARE prendono h dopo -c e -g:

CERCARE	cerchi	IMPIEGARE	impieghi
	cerchi		impieghi
	cerchi		impieghi
	cerchiamo		impieghiamo
	cerchiate		impieghiate
	cerchino		impieghino

2. I verbi in -CIARE, -GIARE, -SCIARE, -GLIARE, perdono la i del tema:

COMINCIARE	cominci	MANGIARE	mangi
	cominci		mangi
	cominci		mangi
	cominciamo		mangiamo
	cominciate		mangiate
	comincino		mangino

LASCIARE	lasci	TAGLIARE	tagli
	lasci		tagli
	lasci		tagli
	lasciamo		tagliamo
	lasciate		tagliate
	lascino		taglino

3. I verbi in -IARE con la i accentata mantengono, però, la i del tema:

SPIARE	spii	SCIARE	scii
	spii		scii
	spii		scii
	spiamo		sciamo
	spiate		sciate
	spiino		sciino

FORME IRREGOLARI

ANDARE	vada, vada, vada, andiamo, andiate, vadano
BERE	beva, beva, beva, beviamo, beviate, bevano
DIRE	dica, dica, dica, diciamo, diciate, dicano
DOVERE	deva (debba), deva, deva, dobbiamo, dobbiate, devano (debbano)
FARE	faccia, faccia, faccia, facciamo, facciate, facciano
POTERE	possa, possa, possa, possiamo, possiate, possano
SCEGLIERE	scelga, scelga, scelga, scegliamo, scegliate, scelgano
TENERE	tenga, tenga, tenga, teniamo, teniate, tengano
USCIRE	esca, esca, esca, usciamo, usciate, escano
VENIRE	venga, venga, venga, veniamo, veniate, vengano
VOLERE	voglia, voglia, voglia, vogliamo, vogliate, vogliano

CONGIUNTIVO DIPENDENTE

Il congiuntivo esprime un'azione o una situazione sentita come incerta o un giudizio personale soggettivo.

A. È usato in frasi dipendenti introdotte da CHE se il verbo della frase principale denota:

1. emozione.

   Ci dispiace che le statue siano rotte
   Ho paura che l'incidente sia causato da vandalismo

2. opinione personale.

   Credete che io abbia ragione?
   Nego che il colpevole sia mio fratello

3. dubbio e incertezza.

   Dubito che la notizia sia una trovata giornalistica
   Non so che faccia uno in giro per il parco di notte

4. aspettativa.

   Mi aspetto che il colpevole sfugga alla giustizia
   Aspetto che mi vengano date le spiegazioni necessarie

5. comando e desiderio.

   I cittadini insistono che la polizia faccia luce completa sull'accaduto
   Non vogliono che i colpevoli restino in libertà

CHE + congiuntivo è sostituito da DI + infinito

OBBLIGATORIAMENTE: se il soggetto della frase principale è lo stesso della dipendente.

Spero di venire
Il bambino è dispiaciuto di vedere le statue danneggiate

PREFERIBILMENTE: se il verbo della frase principale ha per oggetto un pronome personale.

Vi proibisco di parlare	*Proibisco che tu parli*
Vi chiediamo di uscire	*Chiediamo che voi usciate*

INDIFFERENTEMENTE: se il verbo della principale è un verbo di comando o di divieto.

La polizia ordina alla gente di allontanarsi
La polizia ordina che la gente si allontani

La legge vieta agli spettatori di fumare nei cinema
La legge vieta che gli spettatori fumino nei cinema

B. Il congiuntivo è usato in dipendenza di espressioni impersonali o locuzioni che esprimono possibilità o apparenza.

È facile che la gente parli senza pensare
È probabile che voi non abbiate capito il problema
Può darsi che non mi sia spiegato bene

C. Il congiuntivo segue obbligatoriamente certe congiunzioni:

1. BENCHÉ, MALGRADO, QUANTUNQUE, SEBBENE (concessive).

   Benché sia tardi, sono ancora in ufficio

2. PERCHÉ, AFFINCHÉ, IN MODO CHE, ACCIOCCHÉ (finali).

   Lo dico affinché sia chiaro

3. A PATTO CHE, A CONDIZIONE CHE, PURCHÉ, NEL CASO CHE (condizionali).

   Uscirò solo a condizione che faccia un bel caldo
   Telefonami nel caso tu non possa venire

4. PRIMA CHE, FINCHÉ NON (temporali).

   Resterò a tavola finché non abbiate finito di mangiare

5. A MENO CHE, NON FUORCHÉ, TRANNE CHE (eccettuative).

   Verrò domani a meno che non mi succeda qualcosa

6. SENZA CHE (esclusive).

   Sono usciti senza che io me ne accorgessi

7. COME SE, QUASI (modali) *.

   Parli come se non fosse successo niente
   Vi comportate come se foste a casa vostra

* Si costruiscono sempre con l'imperfetto o il trapassato del congiuntivo.

D. Si mette il congiuntivo dopo IL FATTO CHE o se c'è inversione nella costruzione della frase.

Il fatto che tu sia arrivato tardi all'appuntamento è imperdonabile
Che tu dica la verità mi consola

E. Il congiuntivo segue i pronomi COMUNQUE, CHIUNQUE, DOVUNQUE, QUALUNQUE.

Comunque si comporti, non lo perdoneremo
Dovunque vada, facci sapere come stai

F. Il congiuntivo è usato nelle interrogative indirette introdotte da SE, COME, QUANDO, PERCHÉ, QUANTO, DOVE, ecc.

Gli stavo domandando se il treno fosse arrivato puntualmente
Capisco quanto sia delicata la tua situazione
Vi chiedo cosa vogliate fare

G. È anche usato

1. nelle frasi relative restrittive.

Cerco una dattilografa che non faccia errori
Mi piace il tabacco da pipa che profumi di cioccolato

2. nelle frasi relative che hanno un antecedente negativo.

Non c'è nessuno che sappia parlare come lui
Non abbiamo visto niente che ci piacesse

3. dopo certe espressioni con valore restrittivo, come PRIMO, UNICO, SOLO, ULTIMO.

Mia madre è l'unica persona al mondo che mi capisca
La macchina è la sola cosa che io possieda

4. dopo i superlativi relativi.

È uno degli uomini più interessanti che abbia mai incontrato
Quella fu l'esperienza più straordinaria che avessi mai avuto

NOTA: Nell'uso non accurato della lingua l'indicativo tende a sostituire il congiuntivo, soprattutto nei casi descritti ai punti A., E., F. e G. Il congiuntivo si dimostra stabile nei casi dei punti B., C. e D.

CONCORDANZA DEI TEMPI AL CONGIUNTIVO

L'uso dei tempi dipende da

a. il tempo del verbo della frase principale
b. il rapporto tra il verbo della principale e quella della dipendente:
  - contemporaneità
  - anteriorità
  - posteriorità

FRASE PRINCIPALE	RAPPORTO TRA I TEMPI	FRASE DIPENDENTE	ESEMPI
PRESENTE (presente indic., futuro, imperativo, passato prossimo*)	contemporaneità	PRESENTE	*Penso che i danni delle statue siano gravi*
	anteriorità	PASSATO/ IMPERFETTO	*Penso che il colpevole abbia agito la notte scorsa.* *Penso che fosse folle*
	posteriorità	PRESENTE/ FUTURO	*Spero che lo puniscano* *Mi auguro che lo puniranno*

PASSATO (passato prossimo* passato remoto, imperfetto, piuccheperfetto, condizionale presente e passato	contemporaneità	IMPERFETTO	*Pensavo che le materie fossero difficili*
	anteriorità	TRAPASSATO	*L'insegnante pensava che gli studenti avessero studiato*
	posteriorità	CONDIZIONALE PASSATO/ IMPERFETTO (Condizionale presente/Futuro**)	*Gli studenti speravano che l'esame sarebbe stato/fosse facile* *(Loro si aspettavano che l'esame sarebbe/sarà nella prossima sessione**)*

NOTE: * Il passato prossimo può avere la concordanza dei tempi presenti e quella dei tempi passati, a seconda del significato che gli si attribuisce.

** L'idea del futuro nel passato si esprime con un condizionale presente o con un futuro semplice se il futuro deve ancora realizzarsi.

GERUNDIO

PRESENTE	essendo	avendo	amando	temendo	partendo
PASSATO	essendo stato	avendo avuto	avendo amato	avendo temuto	essendo partito

PRINCIPALI FORME IRREGOLARI

	BERE	DIRE	FARE	INTRODURRE	TRADURRE
PRESENTE	bevendo	dicendo	facendo	introducendo	traducendo
PASSATO	avendo bevuto	avendo detto	avendo fatto	avendo introdotto	avendo tradotto

A. Il gerundio presente accompagna il presente, l'imperfetto o il futuro del verbo STARE per descrivere un'azione incompleta considerata nel suo svolgersi. Per la sua natura imperfettiva questa costruzione non è possibile con altri tempi.

sto ascoltando *stai parlando* *stavate dormendo* *starà uscendo*

Se accompagna i verbi ANDARE o VENIRE, è usato con tutti i tempi e indica un'azione ripetuta o protratta

Maria andava dicendo che era stanca
Cosa andrai dicendo?
È venuto pubblicando molti libri

A volte si considera equivalente alla espressione STARE + PER + INFINITO: tuttavia, questa descrive un'azione in procinto di succedere o di svolgersi, mentre il gerundio considera questo processo già cominciato.

Sto per andare	*Sto andando*
Stavamo per dormire	*Stavamo dormendo*
Stai per uscire?	*Stai uscendo?*

B. In frasi dipendenti, il gerundio presente indica simultaneità di azioni e può riferirsi ad azioni presenti, passate e future.

Guardando la fotografia, ricordo la mia infanzia (presente)
Pulendo la scrivania, ho trovato dei soldi (passato)
Passando in farmacia, comprerò le medicine (futuro)

Il gerundio passato indica azione passata avvenuta in un momento anteriore al tempo della frase principale.

Avendo ricevuto solo oggi la tua lettera, ti rispondo subito (presente)
Avendo finito il compito, uscimmo (passato)
Avendo preso il diploma, ti iscriverai all'università (futuro)

Gerundio presente e passato, sempre usati senza preposizione, corrispondono a una proposizione

1. temporale

   Andando a scuola ho incontrato Giuseppe / mentre andavo a scuola...

2. causale

   Trattandosi di una vecchia conoscenza, l'ho salutato / poiché si trattava...

3. modale

   Sorridendo, gli ho parlato / con il viso sorridente...

4. condizionale

   Potendo, sarei andata a pranzo con lui / se avessi potuto...

5. concessiva

   Pur non avendo tempo, mi sono fermata a lungo / benché non avessi tempo...

NOTA: Nel caso 5., il gerundio è sempre preceduto da PUR.

Il gerundio si riferisce al soggetto della frase principale. Se il soggetto della principale è diverso da quello del gerundio, si ricorre a frasi dipendenti alternative.

Attraversando la strada, ho visto Giuseppe (stesso soggetto)
Ho visto Giuseppe che attraversava la strada (soggetto diverso)

Pur essendoci soggetti diversi, si può usare il gerundio nelle seguenti situazioni:

1. il soggetto del gerundio è esplicitamente espresso.

   Mancando l'insegnante, siamo tornati a casa prima
   Essendo finito il ballo, sono uscita

2. se si tratta di proverbi.

   L'appetito viene mangiando

3. se il verbo al gerundio è impersonale.

   Essendo piovuto, i ragazzi tornarono a casa prima

I pronomi diretti e indiretti (tranne loro) si uniscono al gerundio presente o all'ausiliare del gerundio passato.

portandolo	*parlandogli*	*pettinandosi*
avendolo portato	*avendogli parlato*	*essendosi pettinata*

IMPERATIVO

—— sii sia siamo siate siano	—— abbi abbia abbiamo abbiate abbiano	
—— ama ami amiamo amate amino	—— temi tema temiamo temete temano	—— senti senta sentiamo sentite sentano

FORME IRREGOLARI

	tu	Lei	noi	voi	loro
ANDARE	va' (vai)	vada	andiamo	andate	vadano
DARE	da' (dai)	dia	diamo	date	diano
DIRE	dı'	dica	diciamo	dite	dicano
FARE	fa' (fai)	faccia	facciamo	fate	facciano
STARE	sta' (stai)	stia	stiamo	state	stiano
SAPERE	sappi	sappia	sappiamo	sappiate	sappiano
TENERE	tieni	tenga	teniamo	tenete	tengano
USCIRE	esci	esca	usciamo	uscite	escano
VENIRE	vieni	venga	veniamo	venite	vengano
VOLERE	——	voglia	vogliamo	vogliate	vogliano

Per esprimere comandi, ordini, inviti, esortazioni, consigli, istruzioni, ecc. si usa:

1. l'imperativo, in forma diretta riferito alla 2^a pers. sing. e plur. e 1^a pers. plur.. Se ci sono pronomi OD, OI, combinati, CI e NE, si attaccano al verbo.
   guardalo pensaci portiamoglielo prendiamone ditelo diteglielo

   Con i verbi ANDARE, DARE, DIRE, FARE e STARE si raddoppia la consonante iniziale dei pronomi (ad eccezione di gli):

ANDARE	*va'*	*va' al cinema: vacci oggi*
DARE	*da'*	*dalle un bacione*
DIRE	*di'*	*dimmi di sì*
FARE	*fa'*	*fallo subito*
STARE	*sta'*	*quando tua madre ti parla, stalla a sentire*

Per esprimere l'imperativo negativo alla 2ª pers. sing. si usa non seguito dall'infinito. I pronomi, se ci sono, precedono o seguono l'infinito.

non fumare le mie sigarette — *non le fumare / non fumarle*
non ti mettere le scarpe vecchie — *non te le mettere / non mettertele*
non darmi una brutta notizia — *non me la dare / non darmela.*

2. il congiuntivo, nelle altre persone, cioè la forma di cortesia singolare e plurale. In questo caso, i pronomi precedono il verbo.

   mi indichi il posto   mi dica   mi presenti suo marito   me lo presentino   si compri

   Al negativo si mette il congiuntivo negativo.

   non mi dica niente   non facciano quella faccia   non si siedano lì

Imperativo e congiuntivo sono spesso accompagnati da PURE e UN PO' per attenuare l'intensità del comando.

Dicano pure,   guardi un po'   s'accomodino pure

L'indicativo può essere usato al posto del congiuntivo o dell'imperativo per attenuare gli ordini; ma, allora, si usa l'intonazione e la punteggiatura interrogativa.

Cameriere, mi porti un caffè! — *Cameriere, mi porta un caffè?*
Carlo, passami il sale! — *Carlo, mi passi il sale?*

3. l'infinito è usato al posto dell'imperativo e congiuntivo per dare indicazioni, direzioni stradali, istruzioni.

   Leggere il brano e rispondere alle domande
   Davanti allo STOP, fermarsi, guardare a destra e sinistra e proseguire

FUTURO INDICATIVO

FUTURO SEMPLICE		FUTURO ANTERIORE		
io	sarò	io	sarò	stato
tu	sarai	tu	sarai	stato
egli	sarà	egli	sarà	stato
noi	saremo	noi	saremo	stati
voi	sarete	voi	sarete	stati
essi	saranno	essi	saranno	stati
io	avrò	io	avrò	avuto
tu	avrai	tu	avrai	avuto
egli	avrà	egli	avrà	avuto
noi	avremo	noi	avremo	avuto
voi	avrete	voi	avrete	avuto
essi	avranno	essi	avranno	avuto
io	am **er ò**	io	avrò	amato
tu	am **er ai**	tu	avrai	amato
egli	am **er à**	egli	avrà	amato
noi	am **er emo**	noi	avremo	amato
voi	am **er ete**	voi	avrete	amato
essi	am **er anno**	essi	avranno	amato
io	tem **er ò**	io	avrò	temuto
tu	tem **er ai**	tu	avrai	temuto
egli	tem **er à**	egli	avrà	temuto
noi	tem **er emo**	noi	avremo	temuto
voi	tem **er ete**	voi	avrete	temuto
essi	tem **er anno**	essi	avranno	temuto
io	part **ir ò**	io	sarò	partito
tu	part **ir ai**	tu	sarai	partito
egli	part **ir à**	egli	sarà	partito
noi	part **ir emo**	noi	saremo	partiti
voi	part **ir ete**	voi	sarete	partiti
essi	part **ir anno**	essi	saranno	partiti

MODIFICAZIONI ORTOGRAFICHE.

1. I verbi in -CARE e -GARE, prendono h dopo -c e -g:

CERCARE	cercherò	IMPIEGARE	impiegherò
	cercherai		impiegherai
	cercherà		impiegherà
	cercheremo		impiegheremo
	cercherete		impiegherete
	cercheranno		impiegheranno

2. I verbi in -CIARE e -SCIARE perdono la i del tema:

COMINCIARE	comincerò	MANGIARE	mangerò	LASCIARE	lascerò
	comincerai		mangerai		lascerai
	comincerà		mangerà		lascerà
	cominceremo		mangeremo		lasceremo
	comincerete		mangerete		lascerete
	cominceranno		mangeranno		lasceranno

3. Alcuni verbi e loro composti perdono la e della desinenza del futuro:

ANDARE	andrò	POTERE	potrò
AVERE	avrò	SAPERE	saprò
CADERE	cadrò	VEDERE	vedrò
DOVERE	dovrò	VIVERE	vivrò

4. Alcuni verbi non prendono la e e raddoppiano la r, con le seguenti modifiche: lr, nr, vr, → rr

BERE	berrò	TENERE	terrò	VOLERE	vorrò
PARERE	parrò	VALERE	varrò		
RIMANERE	rimarrò	VENIRE	verrò		

5. Alcuni verbi in -ARE mantengono la vocale del tema:

DARE	darò	FARE	farò	STARE	starò

Il futuro è usato per esprimere

1. azioni che si verificano dopo il momento presente.
   Partirò domani Lo farò dopo Finirò il compito subito

   Può seguire QUANDO, APPENA, NON APPENA, FINCHÈ e SE.
   Quando sarò a Roma, vedrò il papa Se sarai bravo, ti comprerò un gelato

   Alternativamente, il futuro può essere sostituito dal presente indicativo.
   Parto domani Lo faccio dopo Finisco il compito subito
   Quando sono a Roma, vedrò il papa Se sei bravo, ti comprerò un gelato

2. intenzione convinta e ferma di mettere in atto propositi e progetti.
   Butteremo giù quel palazzo Cambieremo la facciata Non faremo niente

   Per esprimere più azioni future in successione, si può usare una proposizione temporale introdotta da APPENA, NON APPENA, QUANDO, DOPO CHE e il futuro anteriore.

   Quando avrò fatto colazione, uscirò
   Dopo che avrò incontrato i miei amici, andremo al cinema
   Appena mi avrai ascoltato, mi dirai se ho ragione

Alternativamente il futuro anteriore può essere sostituito dal passato prossimo o dal futuro semplice.

Quando ho fatto / farò colazione, uscirò
Dopo che ho incontrato / incontrerò i miei amici, andremo al cinema
Appena mi hai ascoltato / ascolterai, mi dirai se ho ragione

3. congetture e supposizioni, indicando scetticismo, possibilità o probabilità.

   Mi dici che è bello; sarà, ma non ci credo
   Che ore sono? Saranno le tre

   Per fare congetture riferite al passato si usa il futuro anteriore.

   Avrete già studiato un po' di matematica a scuola
   Dove sono gli studenti? Avranno fatto sciopero o forse saranno rimasti a casa

   Forme alternative in questo caso sono espresse con il congiuntivo presente o passato introdotto da PUÒ DARSI CHE o l'indicativo presente o passato prossimo preceduto da FORSE, MAGARI ecc.

   Può darsi che siano le tre Forse sono le tre
   Può darsi che abbiate studiato un po' di matematica a scuola - Forse avete studiato un po' di matematica a scuola

4. ordini attenuati, istruzioni poco perentorie, suggerimenti generici.

   Per domani farete i primi due esercizi
   Arriverete in città, farete colazione, andrete in visita turistica, ritornerete in albergo per pranzo
   Dirai a tuo padre le mie parole
   Amerai il prossimo tuo come te stesso

   In tal caso si usa, alternativamente, l'imperativo.

IMPERFETTO INDICATIVO

io	ero	io	avevo	io	am **avo**	io	tem **evo**	io	sent **ivo**
tu	eri	tu	avevi	tu	am **avi**	tu	tem **evi**	tu	sent **ivi**
egli	era	egli	aveva	egli	am **ava**	egli	tem **eva**	egli	sent **iva**
noi	eravamo	noi	avevamo	noi	am **avamo**	noi	tem **evamo**	noi	sent **ivamo**
voi	eravate	voi	avevate	voi	am **avate**	voi	tem **evate**	voi	sent **ivate**
essi	èrano	essi	avévano	essi	am **àvano**	essi	tem **évano**	essi	sent **ìvano**

1. Descrive un ambiente, uno scenario nel quale si svolge un'azione espressa in un tempo perfetto (passato prossimo o remoto).

   Quando ho cominciato a cantare, era il tempo del rock, la gente si ritrovava nelle cantine.

2. Esprime un'azione ripetuta, a cui si vuole dare valore di abitudine.

   Suonava la chitarra al «Santa Tecla», studiava ragioneria, abitava a Milano.
   MA: *Ho suonato la chitarra, ho studiato ragioneria, ho abitato a Milano.*
   (In questo caso mi limito ad enunciare un fatto)

3. Indica un'azione interrotta da un'altra, espressa con un perfetto.

   Quando ti ho telefonato, dormivi ancora.

4. Esprime un'azione considerata nel suo svolgersi.

   Domenica a mezzogiorno dormivo ancora.
   MA: *Domenica ho dormito fino a mezzogiorno.*

5. Indica due azioni che si svolgono contemporaneamente nel passato.

   Mentre mangiavano, parlavano animatamente.

6. Esprime un'intenzione, una volontà che non si è realizzata (equivalente al condizionale passato). Sostituisce il condizionale passato soprattutto con DOVERE, POTERE e VOLERE.

   Volevo (sarei voluto) partire con il treno delle 7, ma non ce l'ho fatto.
   Luigi voleva (avrebbe voluto) smettere di fumare, anni fa, ma continua a farlo.

7. Sostituisce il presente o il condizionale presente nel formulare richieste.

   «Cercava (cerca) qualcosa?» «Volevo (vorrei) sapere se lunedì c'è lezione».

8. Nel discorso indiretto dipendente da un tempo passato, sostituisce il presente.

   Giorgio disse: «Sto bene e penso di fare un altro spettacolo».
   Giorgio disse che stava bene e pensava di fare un altro spettacolo.

9. Nel periodo ipotetico di terzo tipo, sostituisce il congiuntivo trapassato e il condizionale passato.

   Ieri se venivi (fossi venuto), ti divertivi (saresti divertito).

10. Accompagnato da DA + espressioni di tempo, esprime la durata di un'azione nel passato.

    Suonava da tre ore quando ho avuto il coraggio di interromperlo.
    Lo conoscevo da molti anni e poi un giorno mi ha chiesto di sposarlo.

    Lo stesso significato è espresso dalle seguenti costruzioni:

    Erano tre ore che suonava.
    Era dal 1968 che lo conoscevo.
    Era molto tempo che lavorava in America.

PASSATO PROSSIMO

io	sono	stato	ho	avuto	ho	amato	temuto	sentito
tu	sei	stato	hai	avuto	hai	amato	temuto	sentito
egli	è	stato	ha	avuto	ha	amato	temuto	sentito
noi	siamo	stati	abbiamo	avuto	abbiamo	amato	temuto	sentito
voi	siete	stati	avete	avuto	avete	amato	temuto	sentito
essi	sono	stati	hanno	avuto	hanno	amato	temuto	sentito

A. Esprime uno stato del passato con effetti che si considerano legati al presente.
Io ho sempre amato i bambini (li amo ancora o forse adesso non li amo più)

B. Esprime un fatto di cronaca, un evento, un'azione non abituale, anteriore ad un tempo presente.
Una nuova moda ha invaso il mercato   *Daniele ha comprato cento gomme*

L'azione espressa può essere avvenuta:

1. in un tempo indefinito del passato (recente o lontano) che ha ancora una relazione con il presente.
   Oggi ho fatto ginnastica e ora mi fanno male le gambe
   I Romani hanno costruito edifici che si usano ancora
   Ho vissuto a Roma per 18 anni e ora mi sono trasferita
2. in un arco di tempo non interamente trascorso (oggi, questo mese, quest'anno, questo secolo) e può riferirsi anche ad azioni avvenute molto tempo fa.
   In questo secolo Marconi ha inventato la radio che ha decisamente cambiato la nostra vita

C. Si usa talvolta al posto del futuro anteriore.
Quando sarai arrivato / sei arrivato a casa, chiamami

In certe parti d'Italia, al passato prossimo si preferisce usare il passato remoto; infatti c'è una certa libertà di scelta tra i due tempi per raccontare un fatto o per fare un resoconto, all'inizio della narrazione. Dopo aver scelto inizialmente uno dei due tempi, tuttavia, si mantiene quello fino alla fine.

Per il loro aspetto momentaneo il passato prossimo e il passato remoto costituiscono i tempi passati che si oppongono all'imperfetto che ha, invece, un aspetto durativo.

Fortunatamente sei arrivato: ti aspettavo dalle due
Cantava tranquillamente, poi, improvvisamente ha smesso

Il passato prossimo è un tempo composto dal presente dell'ausiliare (ESSERE o AVERE) e dal participio passato del verbo.

DESINENZE DEL	- ATO per i verbi in	- ARE	comprato
PARTICIPIO PASSATO	- UTO per i verbi in	- ERE	venduto
	- IUTO per i verbi in	- SCERE/CERE	conosciuto/piaciuto
	- ITO per i verbi in	- IRE	finito

Molti participi sono irregolari. I più frequenti sono:

ACCENDERE	acceso	PERDERE	perso
ACCOGLIERE	accolto	PRENDERE	preso
APRIRE	aperto	RIMANERE	rimasto
ASSUMERE	assunto	RISPONDERE	risposto
BERE	bevuto	ROMPERE	rotto
CHIEDERE	chiesto	SCEGLIERE	scelto
CHIUDERE	chiuso	SCENDERE	sceso
CORRERE	corso	SCRIVERE	scritto
DECIDERE	deciso	SMETTERE	smesso
DIRE	detto	SPENDERE	speso
FARE	fatto	SUCCEDERE	successo
LEGGERE	letto	TRADURRE	tradotto
METTERE	messo	UCCIDERE	ucciso
MORIRE	morto	VEDERE	visto
NASCERE	nato	VENIRE	venuto
OFFRIRE	offerto		

ACCORDO DEL PARTICIPIO PASSATO CON I PRONOMI

ACCORDO SI

1. Se i pronomi OD precedono il verbo.

I bagagli? Li ho caricati in macchina
Le valigie? Le ho fatte stamattina
La borsa? L'ho presa
Il treno? L'ho perso

2. Se il pronome è costituito da NE = di ciò o parte di ciò.

   Spaghetti? Ne ho mangiati
   Patate? Ne ho pelate
   Vino? Ne ho bevuto
   Pasta? Ne ho mangiata

   MA: Se nella frase è esplicita la quantità, si può accordare con il nome o la quantità.

   Spaghetti? Ne ho comprati/o un chilo
   Vino? Ne ho bevuto/i tre bicchieri
   Patate? Ne ho pelate/o mezzochilo
   Pasta? Ne ho mangiata/o un piatto pieno

ACCORDO NO

1. Se i pronomi OI precedono il verbo.

   Gli ho comprato le scarpe
   Mi hanno detto una bugia

2. Se il pronome è costituito da NE = di lui, lei, loro, di ciò specificazione.

   Maria era in Perù e ne ho sentito la mancanza
   Un giorno ho incontrato Paolo e me ne sono innamorata subito
   Ho rotto la macchina fotografica e ne ho perso i pezzi
   Volevo comprare le sigarette e invece me ne sono dimenticato

ACCORDO FACOLTATIVO

1. Con i pronomi relativi.

   I giocattoli che hai visto/i
   Le bambole che abbiamo comprato/e
   La birra che ho bevuto/a
   L'incidente che hai provocato

2. Con i pronomi personali MI, TI, CI, VI.

   Carla, ti abbiamo visto/a
   Ragazzi, vi ho sentito/i

Con DOVERE, POTERE, e VOLERE valgono regole analoghe ai tre casi precedenti. Perciò:

I bagagli? Li ho dovuti caricare in macchina
Le valigie? Le ho potute fare solo stamattina

La borsa? L'ho dovuta prendere	
Il treno non l'ho potuto prendere	
Spaghetti? Ne ho dovuti mangiare	*Ne ho dovuto/i mangiare troppi*
Patate? Ne ho dovute pelare	*Ne ho dovuto/e pelare tante*
Vino? Ne ho potuto bere	*Ne ho potuto bere pochissimo*
Pasta? Ne ho voluta mangiare	*Ne ho voluto/a mangiare un po'*

Maria era in Italia, ma c'era Silvia e non ne ho dovuto sentire la mancanza
Papà non c'era e ne ho dovuto prendere il posto
Ho rotto la macchina e ne ho dovuto ricomprare i pezzi

Le gomme che i bambini hanno voluto/e comprare

Carla, ti abbiamo potuto/a sentire
Ragazzi, vi ho potuto/i sentire

USO DEGLI AUSILIARI NELLA FORMAZIONE DEI TEMPI COMPOSTI

Il sistema migliore per stabilire quale ausiliare usare nella formazione dei tempi composti sono l'esercizio e l'uso del vocabolario. Tuttavia, generalmente valgono le seguenti indicazioni:

A. La maggioranza dei verbi prende AVERE.

Il participio passato	*Mia sorella ha comprato i giornali*
non si accorda col soggetto	*Noi abbiamo vinto alla Lotteria*

B. Prendono ESSERE i verbi:

Il participio passato si accorda col soggetto nel genere e numero

1. che indicano movimento e non sono seguiti da OD
   Lui è entrato Lei è uscita Noi siamo arrivati
2. che indicano mancanza di movimento (ESSERE, STARE, RESTARE, ECC.)
   Sono stata al cinema Siamo rimasti a casa
3. riflessivi
   Vi siete lavati Ci siamo fatti una birra
4. in forma passiva
   Una nuova moda è lanciata Sono raccolte gomme

C. Prendono ESSERE e AVERE:

1. i verbi impersonali che indicano fenomeni atmosferici, indifferentemente.
   È nevicato (ha nevicato) È piovuto (ha piovuto) È tuonato (ha tuonato)

2. alcuni verbi prendono ESSERE se usati intransitivamente, e AVERE negli altri casi. Per esempio:

	ESSERE	AVERE
AUMENTARE	*Il prezzo è aumentato*	*Il negoziante ha aumentato il prezzo*
CAMBIARE	*La moda è cambiata*	*Ho cambiato indirizzo*
COMINCIARE	*È cominciato il film?*	*Ha cominciato la collezione un anno fa*
CORRERE	*Siamo subito corsi a casa*	*Abbiamo corso un serio pericolo*
FINIRE	*La lezione è finita*	*Hai finito il pranzo?*
PASSARE	*Sono passato al bar*	*Ho passato un'ora in silenzio*
SALIRE	*Sono saliti in macchina*	*Hanno salito il colle*
SALTARE	*È saltato dalla finestra*	*Ho saltato la cena*
SCENDERE	*Siete scesi in cantina*	*Avete sceso le scale*
SUONARE	*La sveglia è suonata*	*Ho suonato già il campanello*
VIVERE *	*È/Ha vissuto sempre qui*	*Ha vissuto mille avventure*
VOLARE	*Il palloncino è volato via*	*Il pilota ha volato molte ore*

3. DOVERE, POTERE e VOLERE prendono ESSERE se precedono un infinito che richiede ESSERE e prendono AVERE se accompagnano un infinito che vuole AVERE. Ma, nell'uso, AVERE tende ad avere la prevalenza.

ESSERE	AVERE
Siamo dovuti uscire	*Non abbiamo potuto leggere il libro*
Sono dovuto partire subito	*Ho dovuto prendere il treno all'una*

Se DOVERE, POTERE e VOLERE precedono un verbo riflessivo, sono ammesse tutte e due le costruzioni, ma, si usa AVERE se il pronome riflessivo è attaccato all'infinito o se questi verbi sono usati da soli, senza infinito.

Mi sono dovuto lavare	*Ho dovuto lavarmi con l'acqua fredda*
Ti sei potuto curare	*Hai potuto curarti da solo*
Sei potuto andare	*Non ho potuto*

VERBI COMUNI CHE PRENDONO ESSERE

Il sistema migliore per stabilire quale ausiliare usare nella formazione dei tempi composti sono l'esercizio e l'uso del vocabolario. Tuttavia, per una rapida consultazione, ecco una veloce lista dei verbi più comuni costruiti con ESSERE.

ACCADERE
AFFOGARE
ANDARE
APPARIRE
APPASSIRE
ARRIVARE
AVVENIRE
BASTARE
BISOGNARE
CADERE
COMPARIRE
COSTARE
CRESCERE
DIPENDERE
DISPIACERE
DIVENTARE
DURARE
EMERGERE
ENTRARE
ESSERE
FIORIRE
FUGGIRE
GIUNGERE
GUARIRE
IMPAZZIRE
INGRASSARE
INVECCHIARE
MANCARE
MORIRE
NASCERE
PARERE
PARTIRE
PASSARE
PIACERE
PIOVERE
RESTARE
RICORRERE
RIENTRARE
RIMANERE
RITORNARE
RIUSCIRE
SCAPPARE
SCOMPARIRE
SCOPPIARE
SEMBRARE
SERVIRE
SORGERE
SPARIRE
STARE
SUCCEDERE
SUSSISTERE
SVANIRE
TORNARE
USCIRE
VENIRE
\+ i verbi riflessivi

PRESENTE INDICATIVO

	ESSERE	AVERE	AMARE	TEMERE	SENTIRE
io	sono	ho	am **o**	tem **o**	sent **o**
tu	sei	hai	am **i**	tem **i**	sent **i**
egli	è	ha	am **a**	tem **e**	sent **e**
noi	siamo	abbiamo	am **iamo**	tem **iamo**	sent **iamo**
voi	siete	avete	am **ate**	tem **ete**	sent **ite**
essi	sono	hanno	am **ano**	tem **ono**	sent **ono**

Il presente si usa per:

A. descrivere un'azione o uno stato.

Il sole splende   Noi siamo in classe   Io parlo   Voi ascoltate

B. esprimere un'azione o uno stato abituali.

Pavarotti abita in America. Lui gioca a tennis tutti i giorni. Incide molti dischi. Appassionati di musica lirica lo applaudono ad ogni suo concerto.

C. esprimere un'azione passata.

Dieci anni fa il cantante si trasferisce in America
Un bel giorno il ragazzino rompe con un calcio la televisione

D. esprimere un'azione imminente o futura. In tal caso l'idea del futuro è specificata da un'espressione di tempo.

Parto domani   Fra un anno mi laureo in italiano   Ci vediamo l'anno prossimo

E. esprimere un'azione o uno stato che ha avuto inizio nel passato e che continua nel presente, se accompagnato dalla preposizione DA + un'espressione avverbiale di tempo.

Voi studiate l'italiano da un anno   Io parlo da mezz'ora   Non guardiamo la televisione da un mese

Forme alternative a questa costruzione sono le seguenti:

1. È / SONO + ESPRESSIONE DI TEMPO SINGOLARE / PLURALE + CHE + PRESENTE

   È molto tempo che guido   *È un anno che ho la patente*
   Sono tre anni che frequentiamo l'università   *Sono cinque anni che abito qui*

2. È + DA + ESPRESSIONE DI TEMPO SINGOLARE/PLURALE + CHE + PRESENTE

   È da un anno che vi conosco   *È da una settimana che veniamo a lezione*
   È da molti mesi che non apro un libro   *È da quando ti ho visto che voglio parlarti*

3. La forma interrogativa di queste costruzioni è:
   DA QUANTO TEMPO o QUANTO TEMPO È CHE + PRESENTE

   Da quanto tempo abiti in questa città?
   Quanto tempo è che studi italiano?

FORMA PASSIVA

(Nelle tre coniugazioni la forma passiva è uguale. Perciò basta dare AMARE)

INDICATIVO			
PRESENTE	IMPERFETTO	PASSATO REMOTO	FUTURO
sono amato sei amato è amato siamo amati siete amati sono amati	ero amato eri amato era amato eravamo amati eravate amati erano amati	fui amato fosti amato fu amato fummo amati foste amati furono amati	sarò amato sarai amato sarà amato saremo amati saranno amati saranno amati
PASSATO PROSSIMO	TRAPASSATO PROSSIMO	TRAPASSATO REMOTO	FUTURO ANTERIORE
sono stato amato sei stato amato è stato amato siamo stati amati siete stati amati sono stati amati	ero stato amato eri stato amato era stato amato eravamo stati amati eravate stati amati erano stati amati	fui stato amato fosti stato amato fu stato amato fummo stati amati foste stati amati furono stati amati	sarò stato amato sarai stato amato sarà stato amato saremo stati amati sarete stati amati saranno stati amati

CONGIUNTIVO			
PRESENTE	IMPERFETTO	PASSATO	TRAPASSATO
sia amato sia amato sia amato siamo amati siate amati siano amati	fossi amato fossi amato fosse amato fossimo amati foste amati fossero amati	sia stato amato sia stato amato sia stato amato siamo stati amati siate stati amati siano stati amati	fossi stato amato fossi stato amato fosse stato amato fossimo stati amati foste stati amati fossero stati amati

CONDIZIONALE		IMPERATIVO	PARTICIPIO	
PRESENTE	PASSATO	PRESENTE	PRESENTE	PASSATO
sarei amato saresti amato sarebbe amato saremmo amati sareste amati sarebbero amati	sarei stato amato saresti stato amato sarebbe stato amato saremmo stati amati sareste stati amati sarebbero stati amati	— sii amato sia amato siamo amati siate amati siano amati		(stato amato)

INFINITO		GERUNDIO	
PRESENTE	PASSATO	PRESENTE	PASSATO
essere amato	essere stato amato	essendo amato	essendo stato amato

La forma passiva è formata dall'ausiliare ESSERE (che indica tempo e modo) e dal participio passato dei verbi transitivi (che concorda in genere e numero col soggetto).

Solo i verbi transitivi seguiti da complemento oggetto diretto possono assumere la forma passiva perché il soggetto diventa complemento d'agente e l'oggetto diventa soggetto passivo.

Eva *soggetto*	offre *verbo attivo*	una mela *ogg. diretto*	a Adamo *ogg. indiretto*
Una mela *soggetto passivo*	è offerta *verbo passivo*	da Eva *agente*	a Adamo *ogg. indiretto*

Il complemento oggetto indiretto non può diventare soggetto passivo.

Il verbo è reso dal participio passato accordato col soggetto preceduto da ESSERE coniugato allo stesso modo del verbo attivo.

I pronomi personali oggetto della frase attiva, una volta diventati soggetto, spariscono. Per esempio:

Me *ogg. ind.*	lo *ogg. dir.*	ha detto *verbo attivo*	qualcuno *sogg.*
-- *sogg. pass.*	mi *odd. ind.*	è stato detto *verbo passivo*	da qualcuno *agente*

La forma passiva si preferisce quando si vuole concentrare l'attenzione sugli altri elementi della frase, piuttosto che sull'agente.
Tale forma è caratteristica dell'uso scritto per lo stile giornalistico e scientifico e non per il parlato perché richiede maggior ponderatezza e una certa elevatezza di espressione da parte di chi l'adopera.

Una strepitosa vittoria è stata raggiunta
È stato rapinato un treno da banditi sconosciuti
Un aereo americano è stato dirottato

Nel parlato si sostituisce il SI (seguito dalla forma attiva) che è preferibile se non si vuole (o può) indicare affatto il nome di chi fa l'azione.

Qui non si capisce più nulla
Si fanno troppe storie

ALTRE FORME DI AUSILIARE

A. ESSERE può essere sostituito da VENIRE, solo nei tempi semplici. VENIRE sottolinea il compiersi dell'azione. ESSERE accentua lo stato e non l'azione ma la differenza di significato è minima.

la finestra viene chiusa	*la finestra è chiusa*
la finestra venne chiusa	*la finestra fu chiusa*
la finestra verrà chiusa	*la finestra sarà chiusa*
la finestra veniva chiusa	*la finestra era chiusa*

B. ESSERE può essere sostituito da ANDARE

1. con i verbi PERDERE, DISPERDERE, SMARRIRE, SPRECARE e simili.
   Il pacco è andato perso *La minestra è andata sprecata*

2. per introdurre un'idea di obbligo e opportunità. Solo nei tempi semplici.
   Regolare domanda va presentata entro la settimana prossima
   Le tasse andranno pagate entro la fine di giugno

C. ESSERE può essere sostituito da RESTARE e RIMANERE con i participi passati dei verbi che descrivono uno stato come FERITO, DELUSO, STUPITO, COMMOSSO, UCCISO, AMMALATO. Si usa questa forma con tutti i tempi.

NOTE:

I verbi modali non hanno forma passiva. Si volge allora al passivo l'infinito che li segue.

Tutti devono leggere il giornale *Il giornale deve essere letto da tutti*

Dopo i verbi di percezione non si mette il passivo.

Ho sentito Ugo cantare una canzone

APPENDICE
FORME VERBALI

CONIUGAZIONE DI AVERE

INDICATIVO			
PRESENTE	IMPERFETTO	PASSATO REMOTO	FUTURO
ho hai ha abbiamo avete hanno	avevo avevi aveva avevamo avevate avevano	ebbi avesti ebbe avemmo aveste ebbero	avrò avrai avrà avremo avrete hanno avuto
PASSATO PROSSIMO	TRAPASSATO PROSSIMO	TRAPASSATO REMOTO	FUTURO ANTERIORE
ho avuto hai avuto ha avuto abbiamo avuto avete avuto hanno avuto	avevo avuto avevi avuto aveva aveva avuto avevamo avuto avevate avuto avevano avuto	ebbi avuto avesti avuto ebbe avuto avemmo avuto aveste avuto ebbero avuto	avrò avuto avrai avuto avrà avuto avremo avuto avrete avuto avranno avuto

CONGIUNTIVO			
PRESENTE	IMPERFETTO	PASSATO	TRAPASSATO
abbia abbia abbia abbiamo abbiate abbiano	avessi avessi avesse avessimo aveste avessero	abbia avuto abbia avuto abbia avuto abbiamo avuto abbiate avuto abbiano avuto	avessi avuto avessi avuto avesse avuto avessimo avuto aveste avuto avessero avuto

CONDIZIONALE		IMPERATIVO	PARTICIPIO	
PRESENTE	PASSATO	PRESENTE	PRESENTE	PASSATO
avrei avresti avrebbe avremmo avreste avrebbero	avrei avuto avresti avuto avrebbe avuto avremmo avuto avreste avuto avrebbero avuto	— abbi abbia abbiamo abbiate abbiano	avente	avuto

INFINITO		GERUNDIO	
PRESENTE	PASSATO	PRESENTE	PASSATO
avere	aver avuto	avendo	avendo avuto

CONIUGAZIONE DI ESSERE

INDICATIVO			
PRESENTE	IMPERFETTO	PASSATO REMOTO	FUTURO
sono	ero	fui	sarò
sei	eri	fosti	sarai
è	era	fu	sarà
siamo	eravamo	fummo	saremo
siete	eravate	foste	sarete
sono	erano	furono	saranno
PASSATO PROSSIMO	TRAPASSATO PROSSIMO	TRAPASSATO REMOTO	FUTURO ANTERIORE
sono stato	ero stato	fui stato	sarò stato
sei stato	eri stato	fosti stato	sarai stato
è stato	era stato	fu stato	sarà stato
siamo stati	eravamo stati	fummo stati	saremo stati
siete stati	eravate stati	foste stati	sarete stati
sono stati	erano stati	furono stati	saranno stati

CONGIUNTIVO			
PRESENTE	IMPERFETTO	PASSATO	TRAPASSATO
sia	fossi	sia stato	fossi stato
sia	fossi	sia stato	fossi stato
sia	fosse	sia stato	fosse stato
siamo	fossimo	siamo stati	fossimo stati
siate	foste	siate stati	foste stati
siano	fossero	siano stati	fossero stati

CONDIZIONALE		IMPERATIVO	PARTICIPIO	
PRESENTE	PASSATO	PRESENTE	PRESENTE	PASSATO
sarei	sarei stato	—	essente (ente)	stato
saresti	saresti stato	sii		
sarebbe	sarebbe stato	sia		
saremmo	saremmo stati	siamo		
sareste	sareste stati	siate		
sarebbero	sarebbero stati	siano		

INFINITO		GERUNDIO	
PRESENTE	PASSATO	PRESENTE	PASSATO
essere	essere stato	essendo	essendo stato

CONIUGAZIONE DI AMARE

INDICATIVO			
PRESENTE	IMPERFETTO	PASSATO REMOTO	FUTURO
am-o am-i am-a am-iamo am-ate am-ano	am-avo am-avi am-ava am-avamo am-avate am-avano	am-ai am-asti am-ò am-ammo am-aste am-arono	am-erò am-erai amerà am-eremo am-erete am-eranno
PASSATO PROSSIMO	TRAPASSATO PROSSIMO	TRAPASSATO REMOTO	FUTURO ANTERIORE
ho amato hai amato ha amato abbiamo amato avete amato hanno amato	avevo amato avevi amato aveva amato avevamo amato avevate amato avevano amato	ebbi amato avesti amato ebbe amato avemmo amato aveste amato ebbero amato	avrò amato avrai amato avrà amato avremo amato avrete amato avranno amato

CONGIUNTIVO			
PRESENTE	IMPERFETTO	PASSATO	TRAPASSATO
am-i am-i am-i am-iamo am-iate am-ino	am-assi am-assi am-asse am-assimo am-aste am-assero	abbia amato abbia amato abbia amato abbiamo amato abbiate amato abbiano amato	avessi amato avessi amato avesse amato avessimo amato aveste amato avessero amato

CONDIZIONALE		IMPERATIVO	PARTICIPIO	
PRESENTE	PASSATO	PRESENTE	PRESENTE	PASSATO
am-erei am-eresti am-erebbe am-eremmo am-ereste am-erebbero	avrei amato avresti amato avrebbe amato avremmo amato avreste amato avrebbero amato	— am-a am-i am-iamo am-ate am-ino	am-ante	am-ato

INFINITO		GERUNDIO	
PRESENTE	PASSATO	PRESENTE	PASSATO
am-are	aver amato	am-ando	avendo amato

CONIUGAZIONE DI TEMERE

INDICATIVO			
PRESENTE	IMPERFETTO	PASSATO REMOTO	FUTURO
tem-o tem-i tem-e tem-iamo tem-ete tem-ono	tem-evo tem-evi tem-eva teme-evamo tem-evate tem-evano	tem-ei tem-esti tem-ette (tem-é) tem-emmo tem-este tem-ettero (tem-erono)	tem-erò tem-erai tem-erà tem-eremo tem-erete tem-eranno
PASSATO PROSSIMO	TRAPASSATO PROSSIMO	TRAPASSATO REMOTO	FUTURO ANTERIORE
ho temuto hai temuto ha temuto abbiamo temuto avete temuto hanno temuto	avevo temuto avevi temuto aveva temuto avevamo temuto avevate temuto avevano temuto	ebbi temuto avesti temuto ebbe temuto avemmo temuto aveste temuto ebbero temuto	avrò temuto avrai temuto avrà temuto avremo temuto avrete temuto avranno temuto

CONGIUNTIVO			
PRESENTE	IMPERFETTO	PASSATO	TRAPASSATO
tem-a tem-a tem-a tem-iamo tem-iate tem-ano	tem-essi tem-essi tem-esse tem-essimo tem-este tem-essero	abbia temuto abbia temuto abbia temuto abbiamo temutc abbiate temuto abbiano temuto	avessi temuto avessi temuto avesse temuto avessimo temuto aveste temuto avessero temuto

CONDIZIONALE		IMPERATIVO	PARTICIPIO	
PRESENTE	PASSATO	PRESENTE	PRESENTE	PASSATO
tem-erei tem-eresti tem-erebbe tem-eremmo tem-ereste tem-erebbero	avrei temuto avresti temuto avrebbe temuto avremmo temuto avreste temuto avrebbero temuto	— tem-i tem-a tem-iamo tem-ete tem-ano	tem-ente	tem-uto

INFINITO		GERUNDIO	
PRESENTE	PASSATO	PRESENTE	PASSATO
tem-ere	aver temuto	tem-endo	avendo temuto

CONIUGAZIONE DI DORMIRE

INDICATIVO			
PRESENTE	IMPERFETTO	PASSATO REMOTO	FUTURO
dorm-o	dorm-ivo	dorm-ii	dorm-irò
dorm-i	dorm-ivi	dorm-isti	dorm-irai
dorm-e	dorm-iva	dorm-i	dorm-irà
dorm-iamo	dorm-ivamo	dorm-immo	dorm-iremo
dorm-ite	dorm-ivate	dorm-iste	dorm-irete
dorm-ono	dorm-ivano	dorm-irono	dorm-iranno
PASSATO PROSSIMO	TRAPASSATO PROSSIMO	TRAPASSATO REMOTO	FUTURO ANTERIORE
ho dormito	avevo dormito	ebbi dormito	avrò dormito
hai dormito	avevi dormito	avesti dormito	avrai dormito
ha dormito	aveva dormito	ebbe dormito	avrà dormito
abbiamo dormito	avevamo dormito	avemmo dormito	avremo dormito
avete dormito	avevate dormito	aveste dormito	avrete dormito
hanno dormito	avevano dormito	ebbero dormito	avranno dormito

CONGIUNTIVO			
PRESENTE	IMPERFETTO	PASSATO	TRAPASSATO
dorm-a	dorm-issi	abbia dormito	avessi dormito
dorm-a	dorm-issi	abbia dormito	avessi dormito
dorm-a	dorm-isse	abbia dormito	avesse dormito
dorm-iamo	dorm-issimo	abbiamo dormito	avessimo dormito
dorm-iate	dorm-iste	abbiate dormito	aveste dormito
dorm-ano	dorm-issero	abbiano dormito	avessero dormito

CONDIZIONALE		IMPERATIVO	PARTICIPIO	
PRESENTE	PASSATO	PRESENTE	PRESENTE	PASSATO
dorm-irei	avrei dormito	—	dorm-iente	dorm-ito
dorm-iresti	avresti dormito	dorm-i		
dorm-irebbe	avrebbe dormito	dorm-a		
dorm-iremmo	avremmo dormito	dorm-iamo		
dorm-ireste	avreste dormito	dorm-ite		
dorm-irebbero	avrebbero dormito	dorm-ano		

INFINITO		GERUNDIO	
PRESENTE	PASSATO	PRESENTE	PASSATO
dorm-ire	aver dormito	dorm-endo	avendo dormito

PRINCIPALI VERBI IRREGOLARI

ACCENDERE (trans.)

Indicativo passato remoto: *accesi, accendesti, accese, accendemmo, accendeste, accesero.* Participio passato: *acceso*

ACCLUDERE (trans.)

Indicativo passato remoto: *acclusi, accludesti, accluse, accludemmo, accludeste, acclusero.* Participio passato: *accluso*

ACCORGERSI (riflessivo)

Indicativo passato remoto: *mi accorsi, ti accorgesti, si accorse, ci accorgemmo, vi accorgeste, si accorsero.* Participio passato: *accòrtosi*

ADDIRSI (difettivo - usato quasi solo in queste forme)

Indicativo presente: *si addice, si addicono.* Imperfetto: *si addiceva, si addicevano.* Congiuntivo presente: *si addica, si addicano.* Imperfetto: *si addicesse, si addicessero*

AFFLIGGERE (trans.)

Indicativo passato remoto: *afflissi, affliggesti, afflisse, affliggemmo, affliggeste, afflissero.* Participio passato: *afflitto*

ALLUDERE (intrans.)

Indicativo passato remoto: *allusi, alludesti, alluse, alludemmo, alludeste, allusero.* Participio passato: *alluso*

ANDARE (intrans.)

Indicativo presente: *vado* (raramente *vo*), *vai, va, andiamo, andate, vanno.* Futuro: *andrò, andrai, andrà, andremo, andrete, andranno.* Congiuntivo presente: *vada, vada, vada, andiamo, andiate, vadano.* Condizionale presente: *andrei, andresti, andrebbe, andremmo, andreste, andrebbero.* Imperativo presente: *va' (vai), vada, andiamo, andate, vadano*

ANNETTERE (trans.)

Indicativo passato remoto: *annessi, annettesti, annesse, annettemmo, annetteste, annessero* (si può coniugare anche regolarmente). Participio passato: *annesso*

APPARIRE (intrans.)

Indicativo presente: *appaio, appari, appare, appariamo, apparite, appaiono.* Passato remoto: *apparvi, apparisti, apparve, apparimmo, appariste, apparirono.* Congiuntivo presente: *appaia, appaia, appaia, appariamo, appariate, appaiano.* Imperativo presente: *appari, appaia, appariamo, apparite, appaiano.* Participio presente: *apparente.* Passato: *apparso*

APPENDERE (trans.)

Indicativo passato remoto: *appesi, appendesti, appese, appendemmo, appendeste, appesero*. Participio passato: *appeso*

APRIRE (trans.)

Indicativo, passato remoto: *apèrsi, apristi, apèrse, aprimmo, apriste, apèrsero* (ma più comune è la forma regolare). Participio passato: *aperto*

ARDERE (trans. e intrans.)

Indicativo passato remoto: *arsi, ardesti, arse, ardemmo, ardeste, arsero*. Participio passato: *arso*

ASSOLVERE (trans.)

Indicativo passato remoto: *assolsi, assolvesti, assolse, assolvemmo, assolveste, assolsero*. Participio passato: *assolto*

ASSUMERE (trans.)

Indicativo passato remoto: *assunsi, assumesti, assunse, assumemmo, assumeste, assunsero*. Participio passato: *assunto*

ATTINGERE (trans.)

Indicativo passato remoto: *attinsi, attingesti, attinse, attingemmo, attingeste, attinsero*. Participio passato: *attinto*

BERE (trans.)

Indicativo presente: *bevo, bevi, beve, beviamo, bevete, bevono*. Imperfetto: *bevevo, bevevi, beveva, bevevamo, bevevate, bevevano*. Passato remoto: *bevvi, bevesti, bevve, bevemmo, beveste, bevvero (anche ma meno comune: bevei o bevetti, bevesti, bevé o bevette, bevemmo, beveste, beverono o bevettero)*. Futuro: *berrò, berrai, berrà, berremo, berrete, berranno*. Congiuntivo presente: *beva, beva, beva, beviamo, beviate, bevano*. Imperfetto: *bevessi, bevessi, bevesse, bevessimo, beveste, bevessero*. Condizionale presente: *berrei, berresti, berrebbe, berremmo, berreste, berrebbero*. Imperativo presente: *bevi, beva, beviamo, bevete, bevano*. Participio presente: *bevete*. Passato: *bevuto*. Gerundio presente: *bevendo*

CADERE (intrans.)

Indicativo, passato remoto: *caddi, cadesti, cadde, cademmo, cadeste, caddero*. Futuro: *cadrò, cadrai, cadrà, cadremo, cadrete, cadranno*. Condizionale presente: *cadrei, cadresti, cadrebbe, cadremmo, cadreste, cadrebbero*

CHIEDERE (trans.)

Indicativo passato remoto: *chiesi, chiedesti, chiese, chiedemmo, chiedeste, chiesero*. Participio passato: *chiesto*

CINGERE (trans.)

Indicativo passato remoto: *cinsi, cingesti, cinse, cingemmo, cingeste, cinsero.* Participio passato: *cinto*

COGLIERE (trans.)

Indicativo presente: *colgo, cogli, coglie, cogliamo, cogliete, colgono.* Passato remoto: *colsi, cogliesti, colse, cogliemmo, coglieste, colsero.* Congiuntivo presente: *colga, colga, colga, cogliamo, cogliate, colgano.* Imperativo presente: *cogli, colga, cogliamo, cogliate, colgano.* Participio passato: *còlto*

COMPRIMERE (trans.)

Indicativo passato remoto: *compressi, comprimesti, compresse, comprimemmo, comprimeste, compressero.* Participio passato: *compresso*

CONCEDERE (trans.)

Indicativo passato remoto: *concessi, concedesti, concesse, concedemmo, concedeste, concessero.* Participio passato: *concesso*

CONDURRE (trans.)

Indicativo presente: *conduco, conduci, conduce, conduciamo, conducete, conducono.* Imperfetto: *conducevo, conducevi, conduceva, conducevamo, conducevate, conducevano.* Passato remoto: *condussi, conducesti, condusse, conducemmo, conduceste, condussero.* Futuro: *condurrò, condurrai, condurrà, condurremo, condurrete, condurranno.* Congiuntivo presente: *conduca, conduca, conduca, conduciamo, conduciate, conducano.* Imperfetto: *conducessi, conducessi, conducesse, conducessimo, conduceste, conducessero.* Condizionale presente: *condurrei, condurresti, condurrebbe, condurremmo, condurreste, condurrebbero.* Imperativo presente: *conduci, conduca, conduciamo, conducete, conducano.* Participio presente: *conducente.* Passato: *condotto.* Gerundio presente: *conducendo*

CONOSCERE (trans.)

Indicativo passato remoto: *conobbi, conoscesti, conobbe, conoscemmo, conosceste, conobbero.* Participio passato: *conosciuto*

CONVERGERE (intrans.)

Indicativo passato remoto: *conversi, convergesti, converse, convergemmo, convergeste, conversero.* Participio passato: *converso*

CORRERE (intrans.)

Indicativo passato remoto: *corsi, corresti, corse, corremmo, correste, corsero.* Participio passato: *córso*

CRESCERE (trans. e intrans.)

Indicativo passivo remoto: *crebbi, crescesti, crebbe, crescemmo, cresceste, crebbero.* Participio passato: *cresciuto*

CUOCERE (trans.)

Indicativo passato remoto: *còssi, cuocesti, còsse, cuocemmo, cuoceste, còssero.* Participio presente: *cocente.* Passato: *còtto*

DARE (trans.)

Indicativo presente: *do, dai, dà, diamo, date, danno.* Passato remoto: *diedi, désti, diede, démmo, déste, diedero (esiste un'altra forma, più rara: dètti desti, dètte, démmo, déste, dèttero).* Congiuntivo presente: *dia, dia, dia, diamo, diate, diano.* Imperfetto: *dessi, dessi, desse, dessimo, deste, dessero.* Imperativo presente: *da' (dai), dia, diamo, date, diano*

DECIDERE (trans.)

Indicativo passato remoto: *decisi, decidesti, decise, decidemmo, decideste, decisero.* Participio passato: *deciso*

DIFENDERE (trans.)

Indicativo passato remoto: *difesi, difendesti, difese, difendemmo, difendeste, difesero.* Participio passato: *difeso*

DIPINGERE (trans.)

Indicativo passato remoto: *dipinsi, dipingesti, dipinse, dipingemmo, dipingeste, dipinsero.* Participio passato: *dipinto*

DIRE (trans.)

Indicativo presente: *dico, dici, dice, diciamo, dite, dicono.* Imperfetto: *dicevo, dicevi, diceva, dicevamo, dicevate, dicevano.* Passato remoto: *dissi, dicesti, disse, dicemmo, diceste, dissero.* Congiuntivo presente: *dica, dica, dica, diciamo, diciate, dicano.* Imperfetto: *dicessi, dicessi, dicesse, dicessimo, diceste, dicessero.* Imperativo presente: *di' (di), dica, diciamo, dite, dicano.* Participio presente: *dicente.* Passato: *detto.* Gerundio presente: *dicendo*

DIRIGERE (trans.)

Indicativo passato remoto: *diressi, dirigesti, diresse, dirigemmo, dirigeste, diressero.* Participio passato: *diretto*

DISCUTERE (trans.)

Indicativo passato remoto: *discussi, discutesti, discusse, discutemmo, discuteste, discussero.* Participio passato: *discusso*

DISTINGUERE (trans.)

Indicativo passato remoto: *distinsi, distinguesti, distinse, distinguemmo, distingueste, distinsero.* Participio passato: *distinto*

DIVIDERE (trans.)

Indicativo passato remoto: *divisi, dividesti, divise, dividemmo, divideste, divisero.* Participio passato: *diviso*

DOLERE (DOLERSI) (intrans.)

Indicativo presente: *mi dolgo, ti duoli, si duole, ci doliamo, vi dolete, si dolgono.* Passato remoto: *mi dolsi, ti dolesti, si dolse, ci dolemmo, vi doleste, si dolsero.* Futuro: *mi dorrò, ti dorrai, si dorrà, ci dorremo, vi dorrete, si dorranno.* Congiuntivo presente: *mi dolga, ti dolga, si dolga, ci doliamo, vi doliate, si dolgano.* Imperativo presente: *duoliti, si dolga, doliamoci, doletevi, si dolgano.* Participio presente: *dolentesi.* Passato: *doluto (dolutosi).* Gerundio presente: *dolendo (dolendosi)*

DOVERE (trans.)

Indicativo presente: *devo, devi, deve, dobbiamo, dovete, devono.* Passato remoto: *dovetti, dovesti, dovette, dobbiamo, dovete, devono.* Futuro: *dovrò, dovrai, dovrà, dovremo, dovrete, dovranno.* Congiuntivo presente: *debba, debba, debba, dobbiamo, dobbiate, debbano.* Condizionale presente: *dovrei, dovresti, dovrebbe, dovremmo, dovreste, dovrebbero.* Imperativo presente e participio presente: *mancano.* Participio passato: *dovuto.* Gerundio presente: *dovendo*

EMERGERE (intrans.)

Indicativo passato remoto: *emersi, emergesti, emerse, emergemmo, emergeste, emersero.* Participio passato: *emerso*

ESPELLERE (trans.)

Indicativo passato remoto: *espulsi, espellesti, espulse, espellemmo, espelleste, espulsero.* Participio passato: *espulso*

FARE (trans.)

Indicativo presente: *faccio* (raramente *fo), fai, fa, facciamo, fate, fanno.* Imperfetto: *facevo, facevi, faceva, facevamo, facevate, facevano.* Passato remoto: *feci, facesti, fece, facemmo, faceste, fecero.* Congiuntivo presente: *faccia, faccia, faccia, facciamo, facciate, facciano.* Imperfetto: *facessi, facessi, facesse, facessimo, faceste, facesserero.* Imperativo presente: *fa' (fai), faccia, facciamo, fate, facciano.* Participio presente: *facente.* Passato: *fatto.* Gerundio presente: *facendo*

FERVERE (difettivo)

È usato quasi solo in queste forme: Indicativo presente: *ferve, fervono.* Imperfetto: *ferveva, fervevano.* Participio presente: *fervente.* Gerundio presente: *fervendo*

FINGERE (trans.)

Indicativo passato remoto: *finsi, fingesti, finse, fingemmo, fingeste, finsero*. Participio passato: *finto*

FLETTERE (trans.)

Indicativo passato remoto: *flessi, flettesti, flesse, flettemmo, fletteste, flessero* (si può anche coniugare regolarmente). Participio passato: *flesso*

FONDERE (trans.)

Indicativo passato remoto: *fusi, fondesti, fuse, fondemmo, fondeste, fusero*. Participio passato: *fuso*

FRANGERE (trans.)

Indicativo passato remoto: *fransi, frangesti, franse, frangemmo, frangeste, fransero*. Participio passato: *franto*

FRIGGERE (trans.)

Indicativo passato remoto: *frissi, friggesti, frisse, friggemmo, friggeste, frissero*. Participio passato: *fritto*

FUNGERE (intrans.)

Indicativo passato remoto: *funsi, fungesti, funse, fungemmo, fungeste, funsero*. Participio passato: *funto*

GIACERE (intrans.)

Indicativo presente: *giaccio, giaci, giace, giacciamo* (anche *giaciamo*), *giacete, giacciono*. Passato remoto: *giacqui, giacesti, giacque, giacemmo, giaceste, giacquero*. Congiuntivo presente: *giaccia, giaccia, giaccia, giacciamo (giaciamo), giacciate (giaciate), giacciano*. Imperativo presente: *giaci, giaccia, giacciamo (giaciamo), giacete, giacciano*

GIUNGERE (intrans.)

Indicativo passato remoto: *giunsi, giungesti, giunse, giungemmo, giungeste, giunsero*. Participio passato: *giunto*

INDULGERE (intrans.)

Indicativo passato remoto: *indulsi, indulgesti, indulse, indulgemmo, indulgeste, indulsero*. Participio passato: *indulto (raro)*

INTRIDERE (trans.)

Indicativo passato remoto: *intrisi, intridesti, intrise, intridemmo, intrideste, intrisero*. Participio passato: *intriso*

INVADERE (trans.)

Indicativo passato remoto: *invasi, invadesti, invase, invademmo, invadeste, invasero*. Participio passato: *invaso*

LEDERE (trans.)

Indicativo passato remoto: *lesi, ledesti, lese, ledemmo, ledeste, lesero*. Participio passato: *leso*

LEGGERE (trans.)

Indicativo passato remoto: *lessi, leggesti, lesse, leggemmo, leggeste, lessero*. Participio passato: *letto*

METTERE (trans.)

Indicativo passato remoto: *misi, mettesti, mise, mettemmo, metteste, misero*. Participio passato: *messo*

MORDERE (trans.)

Indicativo passato remoto: *morsi, mordesti, morse, mordemmo, mordeste, morsero*. Participio passato: *morso*

MORIRE (intrans.)

Indicativo presente: *muoio, muori, muore, moriamo, morite, muoiono*. Futuro: *morrò, morrai, morrà, morremo, morrete, morranno* (esiste anche la forma regolare). Congiuntivo presente: *muoia, muoia, muoia, moriamo, moriate, muoiano*. Condizionale presente: *morrei, morresti, morrebbe, morremmo, morreste, morrebbero* (più comune la forma regolare). Imperativo presente: *muori, muoia, moriamo, morite, muoiano*. Participio presente: *morente*. Passato: *morto*. Gerundio presente: *morendo*

MUNGERE (trans.)

Indicativo passato remoto: *munsi, mungesti, munse, mungemmo, mungeste, munsero*. Participio passato: *munto*

MUOVERE (trans.)

Indicativo passato remoto: *mossi, muovesti, mosse, movemmo* (anche *muovemmo*), *moveste, mossero*. Participio passato: *mosso*

NASCERE (intrans.)

Indicativo passato remoto: *nacqui, nascesti, nacque, nascemmo, nasceste, nacquero*. Participio passato: *nato*

NASCONDERE (trans.)

Indicativo passato remoto: *nascosi, nascondesti, nascose, nascondemmo, nascondeste, nascosero*. Participio passato: *nascosto*

NUOCERE (intrans.)

Indicativo presente: *noccio (nuoccio), nuoci, nuoce, nociamo, nocete, nocciono (nuocciono)*. Imperfetto: *nocevo, nocevi, noceva, nocevamo, nocevate, nocevano* (esiste anche la forma regolare). Passato remoto: *nocqui, nocesti, nocque, nocemmo, noceste, nocquero*. Futuro: *nocerò, nocerai, nocerà, noceremo, nocerete, noceranno* (esiste anche la forma regolare). Congiuntivo presente: *noccia, noccia, noccia, nociamo, nociate, nocciano* (esiste anche la forma regolare). Imperfetto: *nocessi, nocessi, nocesse, nocessimo, noceste, nocessero* (esiste anche la forma regolare). Condizionale presente: *nocerei, noceresti, nocerebbe, noceremmo, nocereste, nocerebbero* (si usa tuttavia anche la forma regolare). Imperativo presente: *nuoci, noccia, nociamo, nocete, (nuocete), nocciano*. Participio presente: *nocente*. Passato: *nociuto*. Gerundio presente: *nocendo*

OFFRIRE (trans.)

Indicativo passato remoto: *offersi, offristi, offrì, offrimmo, offriste, offersero* (si coniuga anche regolarmente). Participio passato: *offerto*

PARERE (intrans.)

Indicativo presente: *paio, pari, pare, paiamo, parete, paiono*. Passato remoto: *parvi, paresti, parve, paremmo, pareste, parvero*. Futuro: *parrò, parrai, parrà, parremo, parrete, parranno*. Congiuntivo presente: *paia, paia, paia, paiamo, paiate, paiano*. Condizionale presente: *parrei, parresti, parrebbe, parremmo, parreste, parrebbero*. Imperativo presente: *manca*. Participio presente: *parvente*. Passato: *parso*. Gerundio presente: *parendo*

PERDERE (trans.)

Indicativo passato remoto: *persi, perdesti, perse, perdemmo, perdeste, persero*. Participio passato: *perso (perduto)*

PERSUADERE (trans.)

Indicativo passato remoto: *persuasi, persuadesti, persuase, persuademmo, persuadeste, persuasero*. Participio passato: *persuaso*

PIACERE (intrans.)

Indicativo presente: *piaccio, piaci, piace, piacciamo (piaciamo), piacete, piacciono*. Passato remoto: *piacqui, piacesti, piacque, piacemmo, piaceste, piacquero*. Congiuntivo presente: *piaccia, piaccia, piaccia, piacciamo (piaciamo), piaciate, piacciano*. Imperativo presente: *piaci, piaccia, piacciamo, piacete, piacciano*

PIANGERE (trans. e intrans.)

Indicativo passato remoto: *piansi, piangesti, pianse, piangemmo, piangeste, piansero.* Participio passato: *pianto*

PIOVERE (intrans.)

Indicativo passato remoto: *piovvi, piovesti, piovve, piovemmo, pioveste, piovvero.* Participio passato: *piovuto*

PORGERE (trans.)

Indicativo passato remoto: *porsi, porgesti, porse, porgemmo, porgeste, porsero.* Participio passato: *pórto*

PORRE (trans.)

Indicativo presente: *pongo, poni, pone, poniamo, ponete, pongono.* Imperfetto: *ponevo, ponevi, poneva, ponevamo, ponevate, ponevano.* Passato remoto: *posi, ponesti, pose, ponemmo, poneste, posero.* Futuro: *porrò, porrai, porrà, porremo, porrete, porranno.* Congiuntivo presente: *ponga, ponga, ponga, poniamo, poniate, pongano.* Imperfetto: *ponessi, ponessi, ponesse, ponessimo, poneste, ponessero.* Condizionale presente: *porrei, porresti, porrebbe, porremmo, porreste, porrebbero.* Imperativo presente: *poni, ponga, poniamo, ponete, pongano.* Participio presente: *ponente.* Passato: *posto.* Gerundio presente: *ponendo*

POTERE (trans.)

Indicativo presente: *posso, puoi, può, possiamo, potete, possono.* Futuro: *potrò, potrai, potrà, potremo, potrete, potranno.* Congiuntivo presente: *possa, possa, possa, possiamo, possiate, possano.* Imperfetto: *potessi, potessi, potesse, potessimo, poteste, potessero.* Condizionale presente: *potrei, potresti, potrebbe, potremmo, potreste, potrebbero.* Imperativo presente: manca

PRENDERE (trans.)

Indicativo passato remoto: *presi, prendesti, prese, prendemmo, prendeste, presero.* Participio passato: *preso*

PROTEGGERE (trans.)

Indicativo passato remoto: *protessi, proteggesti, protesse, proteggemmo, proteggeste, protessero.* Participio passato: *protetto*

PRUDERE (difettivo usato solo in queste forme)

Indicativo presente: *prude, prudono.* Imperfetto: *prudeva, prudevano.* Futuro: *pruderà, pruderanno.* Congiuntivo presente: *pruda, prudano.* Imperfetto: *prudesse, prudessero.* Condizionale presente: *pruderebbe, pruderebbero.* Gerundio presente: *prudendo*

PUNGERE (trans.)

Indicativo passato remoto: *punsi, pungesti, punse, pungemmo, pungeste, punsero.* Participio passato: *punto*

RADERE (trans.)

Indicativo passato remoto: *rasi, radesti, rase, rademmo, radeste, rasero.* Participio passato: *raso*

REDIGERE (trans.)

Indicativo passato remoto: *redassi, redigesti, redasse, redigemmo, redigeste, redassero.* Participio passato: *redatto*

REDIMERE (trans.)

Indicativo passato remoto: *redensi, redimesti, redense, redimemmo, redimeste, redensero.* Participio passato: *redento*

REGGERE (trans.)

Indicativo passato remoto: *ressi, reggesti, resse, reggemmo, reggeste, ressero.* Participio passato: *retto*

RENDERE (trans.)

Indicativo passato remoto: *resi, rendesti, rese, rendemmo, rendeste, resero.* Participio passato: *reso*

RIDERE (intrans.)

Indicativo passato remoto: *risi, ridesti, rise, ridemmo, rideste, risero.* Participio passato: *riso*

RIFULGERE (intrans.)

Indicativo passato remoto: *rifulsi, rifulgesti, rifulse, rifulgemmo, rifulgeste, rifulsero.* Participio passato: *rifulso*

RIMANERE (intrans.)

Indicativo presente: *rimango, rimani, rimane, rimaniamo, rimanete, rimangono.* Passato remoto: *rimasi, rimanesti, rimase, rimanemmo, rimaneste, rimasero.* Futuro: *rimarrò, rimarrai, rimarrà, rimarremo, rimarrete, rimarrano.* Congiuntivo presente: *rimanga, rimanga, rimanga, rimaniamo, rimaniate, rimangano.* Condizionale presente: *rimarrei, rimarresti, rimarrebbe, rimarremmo, rimarreste, rimarrebbero.* Imperativo presente: *rimani, rimanga, rimaniamo, rimanete, rimangano.* Participio passato: *rimasto*

RODERE (trans.)

Indicativo passato remoto: *rosi, rodesti, rose, rodemmo, rodeste, rosero.* Participio passato: *roso*

ROMPERE (trans.)

Indicativo passato remoto: *ruppi, rompesti, ruppe, rompemmo, rompeste, ruppero.* Participio passato: *rotto*

SALIRE (trans. e intrans.)

Indicativo presente: *salgo, sali, sale, saliamo, salite, salgono.* Congiuntivo presente: *salga, salga, salga, saliamo, saliate, salgano.* Imperativo presente: *sali, salga, saliamo, salite, salgano*

SAPERE (trans.)

Indicativo presente: *so, sai, sa, sappiamo, sapete, sanno.* Passato remoto: *seppi, sapesti, seppe, sapemmo, sapeste, seppero.* Futuro: *saprò, saprai, saprà, sapremo, saprete, sapranno.* Congiuntivo presente: *sappia, sappia, sappia, sappiamo, sappiate, sappiano.* Condizionale presente: *saprei, sapresti, saprebbe, sapremmo, sapreste, saprebbero.* Imperativo presente: *sappi, sappia, sappiamo, sappiate, sappiano.* Participio presente: *sapiente.* Passato: *saputo*

SCEGLIERE (trans.)

Indicativo presente: *scelgo, scegli, sceglie, scegliamo, scegliete, scelgono.* Passato remoto: *scelsi, scegliesti, scelse, scegliemmo, sceglieste, scelsero.* Congiuntivo presente: *scelga, scelga, scelga, scegliamo, scegliate, scelgano.* Imperativo presente: *scegli, scelga, scegliamo, scegliate, scelgano.* Participio passato: *scelto.*

SCENDERE (trans. e intrans.)

Indicativo passato remoto: *scesi, scendesti, scese, scendemmo, scendeste, scesero.* Participio passato: *sceso*

SCINDERE (trans.)

Indicativo passato remoto: *scissi, scindesti, scisse, scindemmo, scindeste, scissero.* Participio passato: *scisso*

SCIOGLIERE (trans.)

Indicativo presente: *sciolgo, sciogli, scioglie, sciogliamo, sciogliete, sciolgono.* Passato remoto: *sciolsi, sciogliesti, sciolse, sciogliemmo, scioglieste, sciolsero.* Congiuntivo presente: *sciolga, sciolga, sciolga, sciogliamo, sciogliate, sciolgano.* Imperativo presente: *sciogli, sciolga, sciogliamo, sciogliete, sciolgano.* Participio passato: *sciolto*

SCRIVERE (trans.)

Indicativo passato remoto: *scrissi, scrivesti, scrisse, scrivemmo, scriveste, scrissero.* Participio passato: *scritto*

SCUOTERE (trans.)

Indicativo passato remoto: *scossi, scotesti, scosse, scotemmo (scuotemmo), scoteste (scuoteste), scossero.* Participio passato: *scosso*

SEDERE (SEDERSI) (intrans.)

Indicativo presente: *siedo, siedi, siede, sediamo, sedete, siedono* (anche, ma più raro: *seggo, siedi, siede, sediamo, sedete, seggono).* Congiuntivo presente: *sieda, sieda, sieda, sediamo, sediate, siedano* (anche: *segga, segga, segga, sediamo, sediate, seggano).* Imperativo presente: *siedi, sieda (segga), sediamo, sedete, siedano (seggano)*

SOLERE (intrans.)

Indicativo presente: *soglio, suoli, suole, sogliamo, solete, sogliono.* Congiuntivo presente: *soglia, soglia, soglia, sogliamo, sogliate, sogliano.* Participio passato: *solito (con cui si forma la locuzione* essere solito, *che si adopera al posto di questo verbo, di uso un po' antiquato o ricercato, e che comunque serve a formare il passato remoto mancante e tutti gli altri tempi, tranne quelli qui indicati)*

SORGERE (intrans.)

Indicativo passato remoto: *sorsi, sorgesti, sorse, sorgemmo, sorgeste, sorsero.* Participio passato: *sorto*

SPANDERE (trans.)

Indicativo passato remoto: *spansi, spandesti, spanse, spandemmo, spandeste, spansero.* Participio passato: *spanso*

SPINGERE (trans.)

Indicativo passato remoto: *spinsi, spingesti, spinse, spingemmo, spingeste, spinsero.* Participio passato: *spinto*

STARE (intrans.)

Indicativo presente: *sto, stai, sta, stiamo, state, stanno.* Passato remoto: *stetti, stesti, stette, stemmo, steste, stettero.* Congiuntivo presente: *stia, stia, stia, stiamo, stiate, stiano.* Imperfetto: *stessi, stessi, stesse, stessimo, steste, stessero.* Imperativo presente: *sta' (stai), stia, stiamo, state, stiano*

STRINGERE (trans.)

Indicativo passato remoto: *strinsi, stringesti, strinse, stringemmo, stringeste, strinsero.* Participio passato: *stretto*

SVELLERE (trans.)

Indicativo passato remoto: *svelsi, svellesti, svelse, svellemmo, svelleste, svelsero.* Participio passato: *svèlto*

TACERE (intrans.)

Indicativo presente: *taccio, taci, tace, taciamo, tacete, tacciono.* Passato remoto: *tacqui, tacesti, tacque, tacemmo, taceste, tacquero.* Congiuntivo presente: *taccia, taccia, taccia, taciamo, taciate, tacciano.* Imperativo presente: *taci, taccia, taciamo, tacete, tacciano.*

TENDERE (trans.)

Indicativo passato remoto: *tesi, tendesti, tese, tendemmo, tendeste, tesero.* Participio passato: *teso*

TENERE (trans.)

Indicativo presente: *tengo, tieni, tiene, teniamo, tenete, tengono.* Passato remoto: *tenni, tenesti, tenne, tenemmo, teneste, tennero.* Futuro: *terrò, terrai, terrà, terremo, terrete, terranno.* Congiuntivo presente: *tenga, tenga, tenga, teniamo, teniate, tengano.* Condizionale presente: *terrei, terresti, terrebbe, terremmo, terreste, terrebbero;* Imperativo presente: *tieni, tenga, teniamo, tenete, tengano*

TERGERE (trans.)

Indicativo passato remoto: *tersi, tergesti, terse, tergemmo, tergeste, tersero.* Participio passato: *terso*

TINGERE (trans.)

Indicativo passato remoto: *tinsi, tingesti, tinse, tingemmo, tingeste, tinsero.* Participio passato: *tinto*

TOGLIERE (trans.)

Indicativo presente: *tolgo, togli, toglie, togliamo, togliete, tolgono.* Passato remoto: *tolsi, togliesti, tolse, togliemmo, toglieste, tolsero.* Congiuntivo presente: *tolga, tolga, tolga, togliamo, togliate, tolgano.* Imperativo presente: *togli, tolga, togliamo, togliete, tolgano.* Participio passato: *tolto*

TRARRE (trans.)

Indicativo presente: *traggo, trai, trae, traiamo, traete, traggono.* Imperfetto: *traevo, traevi, traeva, traevamo, traevate, traevano.* Passato remoto: *trassi, traesti, trasse, traemmo, traeste, trassero.* Congiuntivo presente: *tragga, tragga, tragga, traiamo, traiate, traggano.* Imperfetto: *traessi, traessi, traesse, traessimo, traeste, traessero.* Imperativo presente: *trai, tragga, traiamo, traete, traggano.* Participio presente: *traente.* Passato: *tratto.* Gerundio presente: *traendo*

UDIRE (trans.)

Indicativo presente: *odo, odi, ode, udiamo, udite, odono.* Congiuntivo presente: *oda, oda, oda, udiamo, udiate, odano.* Imperativo presente: *odi, oda, udiamo, udite, odano*

UNGERE (trans.)

Indicativo passato remoto: *unsi, ungesti, unse, ungemmo, ungeste, unsero.* Participio passato: *unto*

UNGERE (difettivo)

Ha solo queste forme: Indicativo presente: *urge, urgono.* Imperfetto: *urgeva, urgevano.* Futuro: *urgerà, urgeranno.* Congiuntivo presente: *urga, urgano.* Imperfetto: *urgesse, urgessero.* Condizionale presente: *urgerebbe, urgerebbero.* Participio presente: *urgente.* Gerundio presente: *urgendo*

USCIRE (intrans.)

Indicativo presente: *esco, esci, esce, usciamo, uscite, escono.* Congiuntivo presente: *esca, esca, esca, usciamo, usciate, escano.* Imperativo presente: *esci, esca, usciamo, uscite, escano.*

VALERE (intrans.)

Indicativo presente: *valgo, vali, vale, valiamo, valete, valgono.* Passato remoto: *valsi, valesti, valse, valemmo, valeste, valsero.* Futuro: *varrò, varrai, varrà, varremo, varrete, varranno.* Congiuntivo presente: *valga, valga, valga, valiamo, valiate, valgano.* Condizionale presente: *varrei, varresti, varrebbe, varremmo, varreste, varrebbero.* Imperativo presente: *vali, valga, valiamo, valete, valgano.* Participio passato: *valso*

VEDERE (trans.)

Indicativo passato remoto: *vidi, vedesti, vide, vedemmo, vedeste, videro.* Futuro: *vedrò, vedrai, vedrà, vedremo, vedrete, vedranno.* Condizionale presente: *vedrei, vedresti, vedrebbe, vedremmo, vedreste, vedrebbero.* Participio passato: *visto* (o raro *veduto*)

VENIRE (intrans.)

Indicativo presente: *vengo, vieni, viene, veniamo, venite, vengono.* Passato remoto: *venni, venisti, venne, venimmo, veniste, vennero.* Futuro: *verrò, verrai, verrà, verremo, verrete, verranno.* Congiuntivo presente: *venga, venga, venga, veniamo, veniate, vengano.* Condizionale presente: *verrei, verresti, verrebbe, verremmo, verreste, verrebbero.* Imperativo presente: *vieni, venga, veniamo, venite, vengano.* Participio passato: *venuto*

VERTERE (difettivo usato solo in queste forme)

Indicativo presente: *verte, vertono*. Imperfetto: *verteva, vertevano*. Futuro: *verterà, verteranno*. Passato remoto: *verté, verterono*. Congiuntivo presente: *verta, vertano*. Imperfetto: *vertesse, vertessero*. Condizionale presente: *verterebbe, verterebbero*. Participio presente: *vertente*. Gerundio presente: *vertendo*

VIGERE (difettivo usato solo in queste forme)

Ha solo queste forme: Indicativo presente: *vige, vigono*. Imperfetto: *vigeva, vigevano*. Futuro: *vigerà, vigeranno*. Congiuntivo presente: *viga, vigano*. Imperfetto: *vigesse, vigessero*. Condizionale presente: *vigerebbe, vigerebbero*. Participio presente: *vigente*. Gerundio presente: *vigendo*

VINCERE (trans.)

Indicativo passato remoto: *vinsi, vincesti, vinse, vincemmo, vinceste, vinsero*. Participio passato: *vinto*

VIVERE (trans. e intrans.)

Indicativo passato remoto: *vissi, vivesti, visse, vivemmo, viveste, vissero*. Futuro: *vivrò, vivrai, vivrà, vivremo, vivrete, vivranno*. Condizionale presente: *vivrei, vivresti, vivrebbe, vivremmo, vivreste, vivrebbero*. Participio passato: *vissuto*

VOLERE (trans.)

Indicativo presente: *voglio, vuoi, vuole, vogliamo, volete, vogliono*. Passato remoto: *volli, volesti, volle, volemmo, voleste, vollero*. Futuro: *vorrò, vorrai, vorrà, vorremo, vorrete, vorranno*. Congiuntivo presente: *voglia, voglia, voglia, vogliamo, vogliate, vogliano*. Condizionale presente: *vorrei, vorresti, vorrebbe, vorremmo, vorreste, vorrebbero*. Imperativo presente: ——, *voglia, voglia, vogliamo, vogliate, vogliano*

INDICE GRAMMATICALE

APPENDICE FORME VERBALI

Finito di stampare
nella Tipo-lito-SAGRAF - Napoli
nel mese di giugno 1987